アクチュアリー数学シリーズ

5
生命保険数理

黒田耕嗣［著］

日本評論社

まえがき

　生命保険数理はアクチュアリーをめざす人々にとって，まず最初に勉強する科目です．生命保険数理の理解のためには，それほど高度な数学は必要としません．初等的な確率論の知識と高校数学の微積分の知識があれば十分です．それゆえ，アクチュアリー試験も「数学」と「生保数理」の 2 科目から受けるのが一般的になっています．

　本書は生命保険数理における基礎部分，保険料の決定原理，責任準備金の算出方法から始まり，定常社会における人口問題，多重脱退問題，連合生命の保険数理，契約の変更問題に至るまでの道筋を演習問題を解きながらたどっていきます．生命保険数理の理解のためには，さまざまな問題に対処できないと実務的な力はつきません．そのため，多くの例題や演習問題がちりばめられています．これらの演習問題はアクチュアリー試験の内容にマッチしたものを選んでいます．英語力も単語の意味だけを知っているだけでは役には立たず，その単語が使われる状況を理解し，使い方を学んでいかないと真の英語力はつきません．生命保険数理についても同様です．理論を知っているだけでは不十分で，その理論の使われ方を知っていなければなりません．

　従来の生命保険数理では，生命表を下にした決定論的な考え方で保険料や責任準備金を定めています．本書では保険料を確率論的な立場から，「支払われる保険金を予定利率を用いて現在価値に変換したものの期待値」として定めています．確率論の 1 つの応用分野として，生命保険数理がとらえられるように書かれていますので，確率論をある程度学んだ人にとっては理解しやすい内容になっていると思います．

　本書が，アクチュアリー試験を目指す人にとって最初の一歩をどのように歩めば良いかの道しるべとなれば幸いです．

2016 年 2 月 1 日

黒田耕嗣

目 次

まえがき		i
記号表		vi
第 1 章　現価計算と確定年金		**1**
1.1　数学の準備		1
1.1.1　微積分の基本定理		1
1.1.2　確率密度関数とは		3
1.1.3　部分積分の有用な公式		6
1.1.4　テイラー展開		7
1.2　保険会社の仕組み		8
1.3　確定年金		14
第 2 章　生命確率		**21**
2.1　生命表による生命確率		21
2.2　死力 μ_x による生命確率		25
第 3 章　保険料の算出		**34**
3.1　定期保険の保険料算出		34
3.1.1　死亡時期末払いの定期保険の一時払い保険料		35
3.1.2　即時払い定期保険の一時払い純保険料		38
3.2　生存保険と養老保険の一時払い保険料		39
3.2.1　生存保険		39
3.2.2　養老保険		39
3.3　生命年金		40
3.4　据置定期保険と据置生命年金		42
3.4.1　据置定期保険		42
3.4.2　据置生命年金		44

3.5	年払い保険料	46
3.5.1	養老保険の年払い保険料	46
3.5.2	$A_{x:\overline{n}|}, P_{x:\overline{n}|}, \ddot{a}_{x:\overline{n}|}$ の間の関係	48
3.6	累加, 累減保険と生命年金	49
3.6.1	累加, 累減定期保険	49
3.6.2	累加, 累減生命年金	51
3.6.3	累加, 累減保険, 年金に関する関係式	52
3.7	計算基数	54
3.8	終身契約	58
3.9	再帰式	60
3.10	生命年金現価の死亡確率, 余命の確率密度関数を用いた表現	62
3.11	さまざまな保険と年金	67
3.11.1	遺族年金	67
3.11.2	ローン生命保険	69
3.11.3	完全年金	70
3.11.4	保証期間付き年金	71
3.11.5	支出現価式の一般形	73
3.12	営業保険料	75
3.12.1	営業年払い保険料	75
3.12.2	営業一時払い保険料	77
3.13	保険料決定原理	77

第4章 責任準備金 **86**

4.1	過去法と将来法による責任準備金の算出	87
4.1.1	過去法による責任準備金	87
4.1.2	将来法による責任準備金	88
4.2	ファックラーの再帰式	94
4.3	危険保険料と貯蓄保険料	96
4.4	Thiele の微分方程式	98
4.5	チルメル式責任準備金	100
4.5.1	チルメル式責任準備金とは	100
4.5.2	初年度定期式責任準備金	102

第 5 章　定常社会　108

- 5.1　定常社会における人口と死亡者数 108
  - 5.1.1　定常社会とは 108
  - 5.1.2　レキシスの図形と定常人口，死亡者数 109
  - 5.1.3　中央死亡率 m_x とは 116
- 5.2　定常社会と年金制度 118

第 6 章　多重脱退と就業-就業不能問題　123

- 6.1　多重脱退残存表 123
- 6.2　絶対脱退率とは 124
- 6.3　脱退力とは 130
- 6.4　脱退力と絶対脱退率 132
- 6.5　多重脱退に関する保険 134
  - 6.5.1　期末払い保険 134
  - 6.5.2　即時払い保険 135
- 6.6　就業-就業不能問題 137
  - 6.6.1　就業-就業不能脱退残存表 137
  - 6.6.2　就業-就業不能に関する生命確率 139
  - 6.6.3　就業-就業不能に関する年金と保険 145
  - 6.6.4　就業-就業不能に対する脱退力 153
  - 6.6.5　脱退力を用いた生命確率の表現 154
  - 6.6.6　保険金即時払いの保険の一時払い保険料 156
  - 6.6.7　保険料払い込み免除特約 157

第 7 章　連合生命　164

- 7.1　共存と最終生残者の生命確率 164
- 7.2　連合生命の条件付き生命確率 166
- 7.3　連合生命に関する年金と保険 173
  - 7.3.1　連合生命に関する年金 173
  - 7.3.2　連合生命に関する保険 174

第 8 章　契約の変更　187

- 8.1　解約返戻金 187

	8.2	払い済み保険と延長保険	188
	8.3	転換	190
	8.4	保険料振替貸付	195

Appendix 199

	A.1	【座談会】アクチュアリーのこれまでとこれから	199
	A.2	演習問題解答	216

文献案内 262

索引 263

プロフィール一覧 265

記号表

以下の表は本書で取り扱われるアクチュアリー記号をまとめたものである．

●──名称利率，割引率関連

$v = \dfrac{1}{1+i}$：現価率， $d = \dfrac{i}{1+i}$：割引率， $\delta = \log(1+i)$：利力

$i^{(k)} = k\left((1+i)^{\frac{1}{k}} - 1\right)$：実利率 i，転化回数 k のときの名称利率

$d^{(k)} = \dfrac{i^{(k)}}{1 + \dfrac{i^{(k)}}{k}} = k(1 - v^{\frac{1}{k}})$：転化回数 k，名称利率が $i^{(k)}$ のときの割引率

●──確定年金関連

$\ddot{a}_{\overline{n}|} = 1 + v + v^2 + \cdots + v^{n-1}$：期始払い n 年契約，年額 1 の確定年金現価

$a_{\overline{n}|} = v + v^2 + \cdots + v^n$：期末払い n 年契約，年額 1 の確定年金現価

$\ddot{a}_{\infty} = 1 + v + v^2 + \cdots = \dfrac{1}{d}$：期始払い永久年金現価

$a_{\infty} = v + v^2 + v^3 + \cdots = \dfrac{1}{i}$：期末払い永久年金現価

$\ddot{a}_{\overline{n}|}^{(k)} = \dfrac{1}{k}\displaystyle\sum_{t=0}^{nk-1} v^{\frac{t}{k}}$：期始払い n 年契約，年額 1，年 k 回払いの確定年金現価

$\bar{a}_{\overline{n}|} = \displaystyle\lim_{k \to \infty} \ddot{a}_{\overline{n}|}^{(k)} = \int_0^n v^t\, dt = \dfrac{1}{\delta}(1 - v^n)$：$n$ 年契約連続払い確定年金現価

$(I\ddot{a})_{\overline{n}|} = 1 + 2v + 3v^2 + \cdots + nv^{n-1} = \dfrac{nv^{n+1} - (n+1)v^n + 1}{d^2}$

：期始払い累加確定年金現価

$(Ia)_{\overline{n}|} = v + 2v^2 + 3v^3 + \cdots + nv^n = v \cdot (I\ddot{a})_{\overline{n}|}$：期末払い累加確定年金現価

$(\bar{I}\bar{a})_{\overline{n}|} = \displaystyle\int_0^n tv^t\, dt = \dfrac{1}{\delta^2} - \dfrac{v^n}{\delta}\left(n + \dfrac{1}{\delta}\right)$：連続払い累加確定年金現価

$\ddot{s}_{\overline{n}|} = (1+i)^n + (1+i)^{n-1} + \cdots + (1+i)$：期始払い確定年金終価

$s_{\overline{n}|} = (1+i)^{n-1} + (1+i)^{n-2} + \cdots + 1$：期末払い確定年金終価

$\ddot{s}_{\overline{n}|}^{(k)} = \dfrac{1}{k}\displaystyle\sum_{t=1}^{nk} (1+i)^{\frac{t}{k}}$：年 k 回払い，期始払い確定年金終価

$s^{(k)}_{\overline{n}|} = \dfrac{1}{k} \sum\limits_{t=0}^{nk-1} (1+i)^{\frac{t}{k}}$：年 k 回払い，期末払い確定年金終価

●──生命確率関連

${}_t p_x = \dfrac{l_{x+t}}{l_x}$：$(x)$ が t 年後に生存している確率（(x) は x 歳の人を表す）

${}_t q_x = \dfrac{l_x - l_{x+t}}{l_x}$：$(x)$ が t 年以内に死亡する確率

${}_{t|} q_x = \dfrac{d_{x+t}}{l_x}$：$(x)$ が $(x+t, x+t+1)$ の間に死亡する確率（据置死亡率）

$\mu_x = -\dfrac{1}{l_x} \dfrac{d}{dx} l_x = -\dfrac{d}{dx} \log l_x$：死力

$\overset{\circ}{e}_x = \displaystyle\int_0^\infty {}_t p_x \, dx$：$(x)$ の平均余命

${}_n \overset{\circ}{e}_x = \displaystyle\int_0^n {}_t p_x \, dt$：$(x)$ の定期平均余命

${}_{n|} \overset{\circ}{e}_x = \displaystyle\int_n^\infty {}_t p_x \, dt$：$(x)$ の据置平均余命

$e_x = \sum\limits_{t=1}^\infty {}_t p_x$：略算平均余命

${}_n e_x = \sum\limits_{t=1}^n {}_t p_x$：略算定期平均余命

${}_{n|} e_x = \sum\limits_{t=n+1}^\infty {}_t p_x$：略算据置平均余命

●──保険料，生命年金現価関連

$A^1_{x:\overline{n}|} = v q_x + v^2 {}_{1|} q_x + \cdots + v^n {}_{n-1|} q_x = \dfrac{M_x - M_{x+n}}{D_x}$
　：定期保険一時払い保険料

$\bar{A}^1_{x:\overline{n}|} = \displaystyle\int_0^n v^t {}_t p_x \mu_{x+t} \, dt$：死亡保険金即時払い定期保険一時払い保険料

$A_{x:\overset{1}{\overline{n}|}} = v^n {}_n p_x = \dfrac{D_{x+n}}{D_x}$：生存保険一時払い保険料

$A_{x:\overline{n}|} = v q_x + v^2 {}_{1|} q_x + \cdots + v^n {}_{n-1|} q_x + v^n {}_n p_x$：養老保険一時払い保険料

$$\ddot{a}_{x:\overline{n}|} = 1 + vp_x + \cdots + v^{n-1}{}_{n-1}p_x = \frac{N_x - N_{x+n}}{D_x} : 期始払い生命年金現価$$

$$a_{x:\overline{n}|} = vp_x + v^2{}_2p_x + \cdots + v^n{}_np_x = \frac{N_{x+1} - N_{x+n+1}}{D_x}$$

：期末払い生命年金現価

$$\ddot{a}^{(k)}_{x:\overline{n}|} = \frac{1}{k} \sum_{t=0}^{nk-1} v^{\frac{t}{k}} {}_{\frac{t}{k}}p_x : 年\ k\ 回払い生命年金現価$$

$$\bar{a}_{x:\overline{n}|} = \lim_{k \to \infty} \ddot{a}^{(k)}_{x:\overline{n}|} = \int_0^n v^t {}_tp_x\, dt : 連続払い生命年金現価$$

$$_{f|}A^1_{x:\overline{n}|} = v^{f+1}{}_{f|}q_x + v^{f+2}{}_{f+1|}q_x + \cdots + v^{f+n}{}_{f+n-1|}q_x$$

：据置定期保険一時払い保険料

$$_{f|}\ddot{a}_{x:\overline{n}|} = v^f {}_fp_x + v^{f+1}{}_{f+1}p_x + \cdots + v^{f+n-1}{}_{f+n-1}p_x$$

：据置期始払い生命年金現価

$$P_{x:\overline{n}|} = \frac{A_{x:\overline{n}|}}{\ddot{a}_{x:\overline{n}|}} : 養老保険の全期払い込み年払い保険料$$

$$P^1_{x:\overline{n}|} = \frac{A^1_{x:\overline{n}|}}{\ddot{a}_{x:\overline{n}|}} : 定期保険の全期払い込み年払い保険料$$

$$P_{x:\frac{1}{\overline{n}|}} = \frac{A_{x:\frac{1}{\overline{n}|}}}{\ddot{a}_{x:\overline{n}|}} : 生存保険の全期払い込み年払い保険料$$

$$(IA)^1_{x:\overline{n}|} = vq_x + 2v^2{}_{1|}q_x + \cdots + nv^n{}_{n-1|}q_x = \frac{R_x - R_{x+n} - nM_{x+n}}{D_x}$$

：累加定期保険 (期末払い) 一時払い保険料

$$(I\bar{A})^1_{x:\overline{n}|} = \int_0^1 v^t {}_tp_x\mu_{x+t}\, dt + 2\int_1^2 v^t {}_tp_x\mu_{x+t}\, dt + \cdots + n\int_{n-1}^n v^t {}_tp_x\mu_{x+t}\, dt$$

：累加定期保険 (即時払い) 一時払い保険料

$$(\bar{I}\bar{A})^1_{x:\overline{n}|} = \int_0^n tv^t {}_tp_x\mu_{x+t}\, dt : 連続累加定期保険 (即時払い) 一時払い保険料$$

$$(DA)^1_{x:\overline{n}|} = n \cdot vq_x + (n-1) \cdot v^2{}_{1|}q_x + \cdots + 1 \cdot v^n{}_{n-1|}q_x$$

：累減定期保険 (期末払い) 一時払い保険料

$$(I\ddot{a})_{x:\overline{n}|} = 1 + 2vp_x + 3v^2{}_2p_x + \cdots + nv^{n-1}{}_{n-1}p_x$$

：累加生命年金 (期始払い) 現価

$$(I\bar{a})_{x:\overline{n}|} = \int_0^1 v^t {}_tp_x\, dt + 2\int_1^2 v^t {}_tp_x\, dt + \cdots + n\int_{n-1}^n v^t {}_tp_x\, dt$$

：累加生命年金 (連続払い) 現価

$(\bar{I}\bar{a})_{x:\overline{n}|} = \int_0^n tv^t{}_tp_x\,dt$：連続累加生命年金 (連続払い) 現価

$(D\ddot{a})_{x:\overline{n}|} = n + (n-1)\cdot vp_x + \cdots + 1\cdot v^{n-1}{}_{n-1}p_x$
  ：累減生命年金 (期始払い) 現価

$(IA)_{x:\overline{n}|} = (IA)^1_{x:\overline{n}|} + nA_{x:\overline{n}|}^{\ 1}$：累加養老保険一時払い保険料

$(\bar{I}\bar{A})_{x:\overline{n}|} = (\bar{I}\bar{A})^1_{x:\overline{n}|} + nA_{x:\overline{n}|}^{\ 1}$：連続累加養老保険一時払い保険料

$\overset{\circ}{a}_{x:\overline{n}|} = a_{x:\overline{n}|} + (\bar{I}a)_{x:\overline{n}|} - (I\bar{a})_{x:\overline{n}|} + \bar{A}^1_{x:\overline{n}|}$：完全年金現価

$A_x = \sum_{t=1}^\infty v^t{}_{t-1|}q_x$：期末払い終身保険の一時払い保険料

$\bar{A}_x = \int_0^\infty v^t{}_tp_x\mu_{x+t}\,dt$：即時払い終身保険の一時払い保険料

$\ddot{a}_x = \sum_{t=0}^\infty v^t{}_tp_x$：期始払い終身生命年金現価

$\bar{a}_x = \int_0^\infty v^t{}_tp_x\,dt$：連続払い終身生命年金現価

$P_x = \dfrac{A_x}{\ddot{a}_x} = \dfrac{1}{\ddot{a}_x} - d$：終身保険の年払い保険料

$(I\ddot{a})_x = \sum_{t=1}^\infty tv^{t-1}{}_{t-1}p_x$：累加終身生命年金現価 (期始払い)

$(IA)_x = \sum_{t=1}^\infty tv^t{}_{t-1|}q_x$：累加終身保険の一時払い保険料

●──責任準備金関連

${}_tV_{x:\overline{n}|} = P_{x:\overline{n}|}\cdot\dfrac{N_x - N_{x+t}}{D_{x+t}} - \dfrac{M_x - M_{x+t}}{D_{x+t}}$
  ：養老保険の t 年度末責任準備金 (過去法)

${}_tV_{x:\overline{n}|} = A_{x+t:\overline{n-t}|} - P_{x:\overline{n}|}\cdot\ddot{a}_{x+t:\overline{n-t}|}$
  ：養老保険の t 年度末責任準備金 (将来法)

${}_tV_x = A_{x+t} - P_x\cdot\ddot{a}_{x+t}$：終身保険の t 年度末責任準備金 (将来法)

${}_tP^r = v(1 - {}_tV_{x:\overline{n}|})q_{x+t-1}$：養老保険の t 年度危険保険料

${}_tP^s = v{}_tV_{x:\overline{n}|} - {}_{t-1}V_{x:\overline{n}|}$：養老保険の t 年度貯蓄保険料

$\dfrac{d{}_tV}{dt} = (\delta + \mu_{x+t}){}_tV + P_t - E_t - \mu_{x+t}S_t$：Thiele の微分方程式

$$_tV^{[hz]}_{x:\overline{n}|} = {}_tV_{x:\overline{n}|} - \alpha \cdot \frac{\ddot{a}_{x+t:\overline{h-t}|}}{\ddot{a}_{x:\overline{h}|}}$$

：チルメル割合 α の h 年チルメル式責任準備金 $(0 < t < h)$

● ── 定常社会関連

$$L_x = \int_x^{x+1} l_u \, du = \int_0^1 l_{x+t} \, dt$$

：ある時点で観測したときの x 歳と $x+1$ 歳の間の人口

$$T_x = \int_x^\infty l_u \, du$$ ：ある時点で観測したときの x 歳以上の人口

$$T_0 = \int_0^\infty l_u \, du$$ ：ある時点で観測したときの総人口

$$m_x = \frac{d_x}{L_x}$$ ：中央死亡率

● ── 就業-就業不能問題関連

p_x^{aa}：x 歳の就業者が 1 年後に就業者として生存している確率

q_x^{aa}：x 歳の就業者が 1 年以内に就業者として死亡する確率

$q_x^{(i)}$：x 歳の就業者が 1 年以内に就業不能になる確率

q_x^i：x 歳の就業不能者が 1 年以内に死亡する確率

p_x^{ai}：x 歳の就業者が 1 年後に就業不能者として生存している確率

q_x^{ai}：x 歳の就業者が 1 年以内に就業不能者として死亡する確率

${}_tp_x^{aa}$：x 歳の就業者が t 年後に就業者として生存している確率

${}_tp_x^{ai}$：x 歳の就業者が t 年後に就業不能者として生存している確率

${}_{t|}q_x^{ai}$：x 歳の就業者が t 年後と $t+1$ 年後の間に就業不能者として死亡する確率

$$\ddot{a}^{aa}_{x:\overline{n}|} = \sum_{t=0}^{n-1} v^t {}_tp_x^{aa}$$ ：n 年契約，期始払いの就業者生命年金現価

$$a^{aa}_{x:\overline{n}|} = \sum_{t=1}^{n} v^t {}_tp_x^{aa}$$ ：n 年契約，期末払いの就業者生命年金現価

$$\ddot{a}^{i}_{x:\overline{n}|} = \sum_{t=0}^{n-1} v^t {}_tp_x^{i}$$ ：n 年契約，期始払いの就業不能者生命年金現価

$$a^{i}_{x:\overline{n}|} = \sum_{t=1}^{n} v^t {}_tp_x^{i}$$ ：n 年契約，期末払いの就業不能者生命年金現価

$a^{ai}_{x:\overline{n}|} = \sum\limits_{t=1}^{n} v^t {}_t p^{ai}_x$：就業者が就業不能になってから生存を条件に n 年度末まで年額 1 が支払われる年金の現価

$A^{1\ aa}_{x:\overline{n}|} = \sum\limits_{t=1}^{n} v^t {}_{t-1|}q^{aa}_x$：就業者として死亡のとき 1 が支払われる定期保険の一時払い保険料 (期末払い)

$A^{1\ ai}_{x:\overline{n}|} = \sum\limits_{t=1}^{n} v^t {}_{t-1|}q^{ai}_x$：就業者が就業不能者として死亡のとき 1 が支払われる定期保険の一時払い保険料 (期末払い)

$A^{1\ i}_{x:\overline{n}|} = \sum\limits_{t=1}^{n} v^t {}_{t-1|}q^{i}_x$：就業不能者の定期保険一時払い保険料

$A^{(i)}_{x:\overline{n}|} = \sum\limits_{t=1}^{n} v^t {}_{t-1|}q^{(i)}_x$：就業者が就業不能になったとき期末に 1 が支払われる保険の一時払い保険料

$\bar{A}^{1\ aa}_{x:\overline{n}|} = \int_0^n v^u {}_u p^{aa}_x \mu^{ad}_{x+u}\, du$：就業者が就業者として死亡するとき即時に 1 が支払われる定期保険の一時払い保険料

$\bar{A}^{1\ ai}_{x:\overline{n}|} = \int_0^n v^u {}_u p^{ai}_x \mu^{id}_{x+u}\, du$：就業者が就業不能者として死亡するとき即時に 1 が支払われる定期保険の一時払い保険料

$\bar{A}^{1\ i}_{x:\overline{n}|} = \int_0^n v^u {}_u p^{i}_x \mu^{id}_{x+u}\, du$：就業不能者が死亡するとき即時に 1 が支払われる定期保険の一時払い保険料

●──連合生命関連

${}_t p_{xyz} = {}_t p_x {}_t p_y {}_t p_z$：$(x),(y),(z)$ の共存確率

${}_t p_{\overline{xyz}} = {}_t p_x + {}_t p_y + {}_t p_z - {}_t p_{xy} - {}_t p_{yz} - {}_t p_{zx} + {}_t p_{xyz}$
：最終生残者の生存確率

${}_t q_{xyz} = {}_t q_x + {}_t q_y + {}_t q_z - {}_t q_x {}_t q_y - {}_t q_y {}_t q_z - {}_t q_z {}_t q_x + {}_t q_x {}_t q_y {}_t q_z$
：$(x),(y),(z)$ の共存が t 年以内に壊れる確率

${}_t q_{\overline{xyz}} = {}_t q_x {}_t q_y {}_t q_z$：最終生残者の死亡確率

$\overset{\circ}{e}_{xyz} = \int_0^\infty {}_t p_{xyz}\, dt$：$(x),(y),(z)$ の共存年数の期待値

$\overset{\circ}{e}_{\overline{xyz}} = \int_0^\infty {}_tp_{\overline{xyz}}\, dt$：$(x), (y), (z)$ の最終生残者の余命の期待値

$\ddot{a}_{xyz:\overline{n}|} = \sum_{k=0}^{n-1} v^t {}_tp_{xyz}$

：$(x), (y), (z)$ の共存を条件とした期始払い生命年金現価

$a_{xyz:\overline{n}|} = \sum_{k=1}^{n} v^t {}_tp_{xyz}$

：$(x), (y), (z)$ の共存を条件とした期末払い生命年金現価

$\ddot{a}_{\overline{xyz}:\overline{n}|} = \sum_{t=0}^{n-1} v^t {}_tp_{\overline{xyz}}$

：最終生残者の生存を条件とした期始払い生命年金現価

$\bar{a}_{xyz:\overline{n}|} = \int_0^n v^t {}_tp_{xyz}\, dt$

：$(x), (y), (z)$ の共存を条件とした連続払い生命年金現価

$\bar{a}_{\overline{xyz}:\overline{n}|} = \int_0^n v^t {}_tp_{\overline{xyz}}\, dt$

：最終生残者の生存を条件とした連続払い生命年金現価

$a_{x|y:\overline{n}|} = \sum_{t=1}^{n} v^t {}_tq_x {}_tp_y$：$(x)$ の死亡後，(y) の生存を条件に n 年度末まで年額 1 の年金が支払われる遺族年金の現価

$A^{\ 1}_{\overline{xyz}:\overline{n}|} = \sum_{t=1}^{n} v^t {}_{t-1|}q_{xyz}$：$(x), (y), (z)$ の共存がこわれたとき 1 が支払われる保険の一時払い保険料 (期末払い)

$A^{\ 1}_{\overline{xyz}:\overline{n}|} = \sum_{t=1}^{n} v^t {}_{t-1|}q_{\overline{xyz}}$：$(x), (y), (z)$ の最終生残者が死亡したとき 1 が支払われる保険の一時払い保険料 (期末払い)

$\bar{A}^{\ 1}_{xyz:\overline{n}|} = \int_0^n v^t {}_tp_{xyz}\mu_{x+t}\, dt$：$(x)$ が一番最初に死亡するとき即時に 1 が支払われる保険の一時払い保険料

第1章
現価計算と確定年金

1.1 数学の準備

1.1.1 微積分の基本定理

　私が大学で生保数理の授業を始めるとき，まずは微積分の基本定理から始めることにしている．日本大学の学生のみならず他大学の学生の多くが『そんなことは分かっている！』と感じているようであるが，実際に演習を行ってみると意外に分かってないことにがく然とさせられることがたびたびある．ここでも復習を行っておこう．数学の定理は知っていても使えなくては何の価値もないのである．

定理 1.1　微積分の基本定理

(1)　$f(x)$ が連続な導関数をもつとき，次が成り立つ：
$$\int_a^b \frac{d}{dx} f(x)\, dx = \Big[f(x)\Big]_a^b = f(b) - f(a).$$

(2)　$f(x)$ を連続関数とするとき，次が成り立つ：
$$\frac{d}{dx} \int_a^x f(u)\, du = f(x).$$

　この定理は，微分と積分の操作は逆の操作であることを述べている．それで

はこの定理を用いた演習問題を行ってみよう．この演習問題は後で述べる生命確率の死力のところで用いられる．

例題 1.1 $f(x)$ が連続な導関数をもつとするとき，次の積分を行え．
(1) $\displaystyle\int_a^b \frac{f'(x)}{f(x)}\,dx$
(2) $\displaystyle\int_a^b f'(x)f(x)\,dx$
(3) $\displaystyle\int_a^b f'(x)e^{f(x)}\,dx$
(4) $g(x) = \exp\left\{-\displaystyle\int_0^x f(u)\,du\right\}$ とおくとき，$g'(x)$ を求めよ．

解答 (1) まず合成関数の微分公式より
$$\frac{f'(x)}{f(x)} = \frac{d}{dx}\log f(x)$$
であることに注意すると
$$\int_a^b \frac{f'(x)}{f(x)}\,dx = \int_a^b \frac{d}{dx}\log f(x)\,dx$$
$$= \Big[\log f(x)\Big]_a^b = \log f(b) - \log f(a)$$
$$= \log \frac{f(b)}{f(a)}.$$

(2) 合成関数の微分より
$$f'(x)f(x) = \frac{1}{2}\frac{d}{dx}f(x)^2$$
であるので，
$$\int_a^b f'(x)\cdot f(x)\,dx = \int_a^b \frac{1}{2}\frac{d}{dx}f(x)^2\,dx$$
$$= \left[\frac{1}{2}f(x)^2\right]_a^b = \frac{1}{2}\Big(f(b)^2 - f(a)^2\Big).$$

(3) 合成関数の微分より

$$f'(x)e^{f(x)} = \frac{d}{dx}e^{f(x)}$$

であるので,

$$\int_a^b f'(x)e^{f(x)}\,dx = \int_a^b \frac{d}{dx}e^{f(x)}\,dx$$
$$= \left[e^{f(x)}\right]_a^b = \left(e^{f(b)} - e^{f(a)}\right).$$

(4) 合成関数の微分より

$$g'(x) = \exp\left\{-\int_0^x f(u)\,du\right\} \cdot \left(-\frac{d}{dx}\int_0^x f(u)\,du\right)$$
$$= -g(x)f(x).$$

注意 上の例題の (1) 〜 (3) において, $u = f(x)$ とおいて置換積分として扱っても良い.

1.1.2 確率密度関数とは

生命保険数理で扱う確率変数としては,

(1) 保険契約者の余命
(2) 支払われる保険金の現価
(3) 支払われる年金総額の現価

といったものがあげられる. 特に (2), (3) の期待値は保険の一時払い保険料, 年金現価として, 生保数理で中心的な役割を担うものである.

例えば, 30 歳の人の余命を確率変数 X で表すと, この X は実数値をとる連続型の確率変数となる. 連続型の確率変数には確率密度関数とよばれる関数が存在して, $a \leqq X \leqq b$ となる確率が確率密度関数を用いて

$$P(a \leqq X \leqq b) = \int_a^b f(x)\,dx \tag{1.1}$$

と表される．
$$P(x \leqq X \leqq x + dx) = f(x)\,dx + o(dx)$$
であるので，$o(dx)$ を無視すると次が言える．$o(u)$ はランダウの記号とよばれ，$o(u)$ は $u \to 0$ のとき，$\dfrac{o(u)}{u} \to 0$ となる項を表す．すなわち $u \to 0$ となるスピードよりも速いスピードで 0 に収束する項を表す．

> 確率変数 X の確率密度関数が $f(x)$ であるとき
> $$x \leqq X \leqq x + dx\ となる確率 = f(x)\,dx$$
> が成り立つ．

この関係式は単生命の生命確率 (第 2 章) や連合生命の生命確率 (第 7 章) のところでよく用いられる．

X を $X > 0$ となる確率変数とするとき，$P(0 < X < \infty) = 1$ であるので，確率変数 X の確率密度関数 $f_X(u)$ は
$$\int_0^\infty f_X(u)\,du = 1$$
を満たす．

また，
$$\int_0^x f_X(u)\,du = P(X \leqq x)$$
であるので，両辺を x で微分することにより
$$f_X(x) = \frac{d}{dx} P(X \leqq x) \tag{1.2}$$
という関係式がえられる ($\Leftarrow$ 微積分の基本公式の (2) が用いられている)．

この式も余命の確率密度関数を求めるところで用いられる．

● ── 例 1：指数分布 Ex (λ)

確率変数 X の確率密度関数が

$$f_X(u) = \begin{cases} \lambda e^{-\lambda u} & (u > 0) \\ 0 & (u \leq 0) \end{cases}$$

で与えられるとき，X は指数分布 $\text{Ex}(\lambda)$ に従うと言い，$X \sim \text{Ex}(\lambda)$ と書く．この確率分布は，死力が λ となるときの余命の確率分布としてよく用いられるものである．

●──例 2：一様分布 $\text{U}(a,b)$

確率変数 X の確率密度関数が

$$f_X(u) = \begin{cases} \dfrac{1}{b-a} & (a < u < b) \\ 0 & (その他) \end{cases}$$

で与えられるとき，X は一様分布 $\text{U}(a,b)$ に従うと言い，$X \sim \text{U}(a,b)$ と書く．

生保数理においては，ある時間区間 (t_1, t_2) において，ある事象が起こる確率を求めることが必要となることがよくある．このような確率を求めるときには，(t_1, t_2) に属する微小時間区間 $(t, t+dt)$ において，その事象が起こる確率を求め，それを t について t_1 から t_2 まで積分することによってその事象の確率を求める．連合生命確率を考えるときに，このやり方がよく用いられる．

例えば，30 歳の人の余命を X とし，40 歳の人の余命を Y とし，X, Y の確率密度関数がそれぞれ

$$f_X(t) = \begin{cases} \lambda_1 e^{-\lambda_1 t} & (t > 0) \\ 0 & (t \leq 0) \end{cases}$$

$$f_Y(t) = \begin{cases} \lambda_2 e^{-\lambda_2 t} & (t > 0) \\ 0 & (t \leq 0) \end{cases}$$

で与えられているとする．

このとき，30 歳の人が 40 歳の人より先に 5 年後と 8 年後の間に死亡する確率を求めてみよう．そのために，30 歳の人が $(t, t+dt)$ で死亡し，30 歳の

人の死亡時に 40 歳の人が生きている確率を求めよう．このとき，X と Y は独立であると仮定する．すなわち，任意の a_1, b_1, a_2, b_2 ($a_1 < b_1, a_2 < b_2$) に対して

$$P(a_1 \leqq X \leqq b_1, \, a_2 \leqq Y \leqq b_2) = P(a_1 \leqq X \leqq b_1) \cdot P(a_2 \leqq Y \leqq b_2)$$

が成り立つとする．

40 歳の人が t 年後に生きている確率は

$$P(Y > t) = \int_t^\infty \lambda_2 e^{-\lambda_2 u} \, du = e^{-\lambda_2 t}$$

であるので，30 歳の人が $(t, t+dt)$ で死亡し，30 歳の人の死亡時に 40 歳の人が生きている確率は

$$f_X(t) \, dt \cdot e^{-\lambda_2 t} = \lambda_1 e^{-(\lambda_1+\lambda_2)t} \, dt$$

となる．これを t について 5 から 8 まで積分すると

30 歳の人が 40 歳の人より先に 5 年後と 8 年後の間に死亡する確率

$$= \int_5^8 \lambda_1 e^{-(\lambda_1+\lambda_2)t} \, dt$$

$$= \frac{\lambda_1}{\lambda_1+\lambda_2}(e^{-5(\lambda_1+\lambda_2)} - e^{-8(\lambda_1+\lambda_2)})$$

となる．

1.1.3　部分積分の有用な公式

「生保数理」のみならずアクチュアリー試験においては「数学」や「損保数理」において，次に述べる形の積分が頻繁に現れる．

$$\int_a^b f(u) e^{-\delta u} \, du \qquad (f(u) : u \text{ に関する多項式})$$

この積分は部分積分を繰り返すと次のように求めることができる：

$$\int_a^b f(u)e^{-\delta u}\,du = \left[-\frac{e^{-\delta u}}{\delta}\left(f(u) + \frac{f'(u)}{\delta} + \frac{f''(u)}{\delta^2} + \cdots\right)\right]_a^b ar. \tag{1.3}$$

例えば $f(u) = u^3$ のとき,

$$\int_a^b u^3 e^{-\delta u}\,du = \left[-\frac{e^{-\delta u}}{\delta}\left(u^3 + \frac{3u^2}{\delta} + \frac{6u}{\delta^2} + \frac{6}{\delta^3}\right)\right]_a^b$$

となる.

1.1.4 テイラー展開

テイラー展開は近似式を導くときによく用いられる. $f(x)$ を無限回連続微分可能な関数とすると

$$f(x) = \sum_{k=0}^{\infty} \frac{f^{(k)}(0)}{k!} x^k$$

という展開が成り立つ. これを**テイラー展開**と言う.

例えば, $f(x) = e^x$ のときには, 任意の $k \geqq 0$ に対して, $f^{(k)}(x) = e^x$ であるので,

$$e^x = \sum_{k=0}^{\infty} \frac{x^k}{k!}$$

となる. また, x^k までの項とそれ以降の項とを分けて

$$e^x = \left(1 + x + \frac{1}{2!}x^2 + \cdots + \frac{1}{k!}x^k\right)$$
$$+ \left(\frac{1}{(k+1)!}x^{k+1} + \frac{1}{(k+2)!}x^{k+2} + \cdots\right)$$

と書くと, 第 2 項は $x \to 0$ のとき x^k よりも速く 0 へ収束する項である. すなわち,

$$\frac{\text{第 2 項}}{x^k} = x\left(\frac{1}{(k+1)!}x + \frac{1}{(k+2)!}x^2 + \cdots\right) \to 0 \quad (x \to 0)$$

が成り立つ．このとき，ランダウの記号 $o(x^k)$ を用いて

$$e^x = 1 + x + \frac{1}{2!}x^2 + \cdots + \frac{1}{k!}x^k + o(x^k)$$

と表す．すなわち，$o(x^k)$ は

$$\lim_{x \to 0} \frac{o(x^k)}{x^k} = 0$$

となるものである．$o(x^k)$ をスモールオーダーの x^k とよぶ．これはロシアの物理学者ランダウにより導入された記号である．$o(x^k)$ はある定まった関数ではなく上の関係式を満たすものはすべて $o(x^k)$ である．例えば

$$\sin x - x, \quad 1 - \cos^2 x, \quad e^x - 1 - x$$

などはすべて $o(x^2)$ である．

また，$0 < x < 1$ のとき

$$1 + x + x^2 + \cdots = \frac{1}{1-x}$$

であるが，左辺の x^2 以降の項は $o(x)$ であるので，

$$1 + x = \frac{1}{1-x} + o(x) \tag{1.4}$$

が成り立つ．この関係式は第 5 章の多重脱退のところで用いられる．

1.2 保険会社の仕組み

保険とは，将来病気や事故で死亡が発生したとき，残された家族のために保険金を支払ってもらうために加入する金融商品である．将来の保険金支払いのために加入者が支払うのが保険料である．

保険金と保険料，これらの関係を読み解くのが生命保険数理である．将来の保険金のためにいくらの保険料を加入者は支払うべきであるのか？ 保険金と保険料の間をつなぐものが予定利率と呼ばれるものである．

保険会社では，加入者から集めた保険料をそのまま維持して，将来保険金支払いが生じたとき保険金支払いにまわしているのではない．保険会社では加入

者から集めた保険料を債券や株式に投資運用して，その額を増やそうとする．このとき，保険会社が加入者に約束する運用利率が**予定利率**と呼ばれるものである．バブル期 (1980 年代後半) のように，5.5%という高い予定利率の時代もあったが，今では 1%前後に下がってきている．

　保険料を予定利率によって増やした額でもって，将来発生する保険金支払いに充てるのである．図 1.1 にこれらの関係を図示してある．

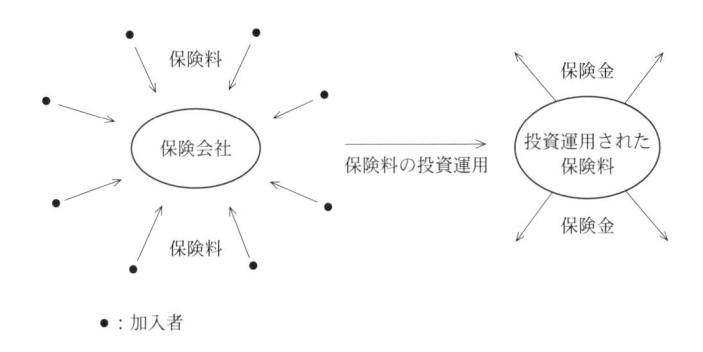

図 1.1　保険料と保険金

　保険料と保険金の間をつなぐものが予定利率であり，予定利率が高ければ保険料は安くなり，予定利率が低ければ保険料は高くなる．

♠ 理解のためのポイント

　同じ 1 円であっても，**収入される時点が異なれば，異なった価値をもつ**．支出についても同様．ある時点での価値を別の時点での価値に変換するのに用いられるのが，予定利率と予定現価率である．これについてこれから学ぶ．

　予定利率による運用益 (利息) を計算するときに用いられるのが，複利計算法である．複利計算法とは，利息を元金に組み込む利息の計算法である．元金が A 円であるとき，年利率 i で n 年間運用すると考えよう．1 年後の利息は iA となるが，これを元金に組み込むと 1 年度末の**元利合計**が $(1+i)A$ となる．2 年目の利息はこの元金 $A(1+i)$ に対して計算され，$A(1+i)i$ となる．

したがって，2 年度末には元利合計が $(1+i)^2 A$ となる．このような計算法を繰り返していくと，n 年度末の元利合計は $(1+i)^n A$ となる．言い換えれば，時点 0 での A は時点 n では $(1+i)^n A$ の価値をもつことになる (図 1.2)．

```
0                                    n
├────────────────────────────────────┤
A ─────────────────────────────> (1+i)ⁿA
```

図 1.2 保険料と保険金

逆に「時点 n において A を支払わなければならない負債があるとき，時点 0 でいくらもっているべきか？」という問題を考えてみよう．時点 0 で x をもっていると，それの時点 n での価値は $(1+i)^n x$ となり，これが A に等しくなると考えると，

$$(1+i)^n x = A$$

が成り立ち，x は次のように表される：

$$x = \left(\frac{1}{1+i}\right)^n A.$$

ここで，

$$v = \frac{1}{1+i}$$

とおき，v を**現価率**とよぶ．この現価率を用いると，時点 n での A という価値は時点 0 では，$v^n A$ という価値に変換される (図 1.3)．

```
0                                    n
├────────────────────────────────────┤
vⁿA <───────────────────────────── A
```

図 1.3 現価率

●——名称利率と実利率

 利息を元金に組み込むことを**転化**とよび，1 年間に行われる転化の回数を**転化回数**とよぶ．例えば 3 か月定期預金を 1 年を通じて継続するときには，3 か月毎に利息がつくのでそれを元金に入れて行くと転化回数は 4 になる．元金を A 円，年利率を 1% とすると 3 か月の利率は 0.25% なので，3 か月後の元利合計は $A(1+0.0025)$ となり，6 か月後の元利合計は $A(1+0.0025)^2$，9 か月後の元利合計は $A(1+0.0025)^3$，1 年後の元利合計は $A(1+0.0025)^4$ となる．したがって，1 年間の利率は 4 回の転化により

$$(1+0.0025)^4 - 1 = 0.01003756\cdots$$

となり，1% よりも大きくなる．このときもとの 1% の利率を**名称利率**とよび，$(1+0.25)^4 - 1$ を**実利率**とよぶ．

 名称利率が $i^{(k)}$ で転化回数が k 回のときの実利率 i は

$$i = \left(1 + \frac{i^{(k)}}{k}\right)^k - 1$$

で与えられる．ここで，実利率 i を固定して，名称利率を k の関数と見て $i^{(k)}$ と表している．

 上の式から $i^{(k)}$ を i の関数として表すと

$$i^{(k)} = k\left((1+i)^{\frac{1}{k}} - 1\right)$$

となる．

 また指数関数のテイラー展開を用いると

$$\begin{aligned}
i^{(k)} &= k\left(e^{\frac{1}{k}\log(1+i)} - 1\right) \\
&= k\left(\frac{1}{k}\log(1+i) + \frac{1}{2k^2}(\log(1+i))^2 + \cdots\right) \\
&= \log(1+i) + \frac{1}{2k}(\log(1+i))^2 + \cdots \\
&\to \log(1+i) \quad (k \to \infty)
\end{aligned}$$

となる．この極限を δ で表し**利力**とよぶ．すなわち，

$$\delta = \lim_{k\to\infty} i^{(k)} = \log(1+i)$$

●──割引率

現価率 v は将来の価値を現在の価値に変換するときよく用いられるが，割引率 d もさまざまなところで頻繁に出てくる．

A 円を年利率 i で預金するとき，その利息を現時点で先取りするといくらになるであろうか？ 1 年後の利息は iA であるので，その現在価値は

$$\frac{i}{1+i}A$$

となる．このとき

$$d = \frac{i}{1+i} \tag{1.5}$$

を**割引率**とよぶ．

すなわち，割引率とは 1 を予定利率 i で運用したとき，1 年後の利息 i の現在価値である．

v と d に関して，

$$v + d = 1$$

という関係がある．

元金 1 に対して先取り利息 d がえられ，さらにこの d の先取り利息 d^2 がえられる．このような操作を繰り返して行くと，時点 1 での元利合計は

$$1 + d + d^2 + d^3 + \cdots = \frac{1}{1-d}$$

となり，これが $1 + i$ に一致するので

$$\frac{1}{1-d} = 1+i \Longrightarrow d = \frac{i}{1+i}$$

がえられる．

次に転化回数が k で名称利率が $i^{(k)}$ であるときの割引率を $d^{(k)}$ とすると

$$1 + \frac{d^{(k)}}{k} + \left(\frac{d^{(k)}}{k}\right)^2 + \cdots = 1 + \frac{i^{(k)}}{k}$$

より

$$d^{(k)} = \frac{i^{(k)}}{1+\frac{i^{(k)}}{k}} = k(1-v^{\frac{1}{k}})$$

となる．

また，次の関係が成り立つことも容易に分かる：

$$i^{(k)} = (1+i)^{\frac{1}{k}} d^{(k)} \qquad (d^{(k)} = v^{\frac{1}{k}} i^{(k)}).$$

$d^{(k)}$ の式において，$k \to \infty$ とすると

$$\lim_{k \to \infty} d^{(k)} = \delta$$

となる．

● ──資産の時間的変化と利力

転化回数が k のとき，時間 Δt の間に $k\Delta t$ 回の転化が行われるので，資産 A の Δt 時間後の値は

$$A\left(1+\frac{i^{(k)}}{k}\right)^{k\Delta t}$$

となり，$k \to \infty$ とすると

$$\left(1+\frac{i^{(k)}}{k}\right)^{k} \to e^{\delta}$$

となるので，資産 A の Δt 後の値は $Ae^{\delta \Delta t}$ となる．

また，利力 δ が t の関数 $\delta(t)$ として与えられるとき，時点 t での資産 $A(t)$ の Δt 後の資産 $A(t+\delta t)$ は

$$A(t+\Delta t) = A(t) e^{\delta(t) \Delta t}$$

となる．

$$\frac{A(t+\Delta t) - A(t)}{\Delta t} = \frac{A(t)(e^{\delta(t) \Delta t} - 1)}{\Delta t}$$

$$= \frac{A(t)\left(\delta(t)\Delta t + \frac{1}{2}\delta(t)^2 \Delta t^2 + \cdots\right)}{\Delta t}$$
$$= A(t)\delta(t) + \frac{1}{2}A(t)\delta(t)^2 \cdot \Delta t + \cdots$$
$$\to A(t)\delta(t) \quad (\Delta t \to 0)$$

となるので,微分方程式

$$\frac{dA(t)}{dt} = A(t)\delta(t)$$

が成り立つ.

これより,

$$\frac{d}{du}\log A(u) = \delta(u)$$

が成り立つので,この両辺を u について 0 から t まで積分すると,

$$\int_0^t \frac{d}{du}\log A(u)\,du = \int_0^t \delta(u)\,du$$
$$\left[\log A(u)\right]_0^t = \int_0^t \delta(u)\,du$$
$$\log \frac{A(t)}{A(0)} = \int_0^t \delta(u)\,du$$

となるので,

$$A(t) = A(0)\exp\left\{\int_0^t \delta(u)\,du\right\}$$

となる.

1.3 確定年金

　保険や年金において,保険金や年金はいろいろな時点で支払われる.同じ金額であっても支払われる時点が異なればその価値も上に述べたように変わってくる.保険の一時払い保険料や年金の現在価値 (年金現価) を求めるとき,図1.3 の変換はよく用いられる.このことをこれから見ていこう.

生命保険数理で考える年金には，加入者の生存を条件として支払われる**生命年金**と，加入者の生存を条件としない**確定年金**とがある．生命年金は第 3 章で取り扱う．ここでは確定年金について考える．

確定年金には年金の支払い方によってさまざまなものがある．年 1 回の支払いがある確定年金も年度の始めに支払われるものと年度の末に支払われるものがある．年度の始めに支払われるものを**期始払い確定年金**とよぶ．

期始払いの n 年契約の確定年金は図 1.4 の時点 0 から $n-1$ の時点で年金が支払われる．年金額を 1 としたとき，この確定年金の時点 0 における価値を**年金現価**とよび，$\ddot{a}_{\overline{n}|}$ という記号で表す．

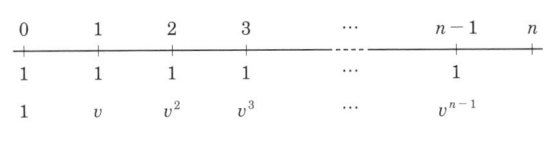

```
0    1    2    3   ···   n-1    n
|    |    |    |   ···    |     |
1    1    1    1   ···    1
1    v    v^2  v^3 ···   v^{n-1}
```

図 1.4

図 1.4 に各時点で支払われる年金額とその現価が記されている．各時点で支払われる年金現価を合わせたものが $\ddot{a}_{\overline{n}|}$ であり，

$$\ddot{a}_{\overline{n}|} = 1 + v + v^2 + \cdots + v^{n-1} = \frac{1-v^n}{1-v}$$

となる．

また，**期末払い確定年金**の現価 $a_{\overline{n}|}$ は

$$a_{\overline{n}|} = v + v^2 + \cdots + v^n = \frac{v(1-v^n)}{1-v}$$

となる．

$n \to \infty$ としたときの確定年金を**永久年金**とよび，

$$\ddot{a}_{\infty} = \frac{1}{d}, \quad a_{\infty} = \frac{1}{i}$$

となる．

●── 年 k 回払い確定年金

年金年額は 1 であるが，支払いが年 k 回に分けて行われる期始払い確定年金の現価 $\ddot{a}_{\overline{n}|}^{(k)}$ は，1 回毎の年金額が $\frac{1}{k}$ であるので，

$$\ddot{a}_{\overline{n}|}^{(k)} = \frac{1}{k} \sum_{t=0}^{nk-1} v^{\frac{t}{k}}$$

となる．

●── 連続払い確定年金

$\ddot{a}_{\overline{n}|}^{(k)}$ において，$k \to \infty$ とすると，年金が連続的に支払われると考えられ，

$$\bar{a}_{\overline{n}|} = \lim_{k \to \infty} \ddot{a}_{\overline{n}|}^{(k)} = \int_0^n v^t \, dt = \int_0^n e^{-\delta t} \, dt = \frac{1}{\delta}(1 - v^n)$$

となる．

注意 連続関数 $f(t)$ に対して区分求積法により，

$$\lim_{k \to \infty} \frac{1}{k} \sum_{t=0}^{nk-1} f\left(\frac{t}{k}\right) = \int_0^n f(t) \, dt$$

となることに注意する．

●── 累加確定年金

年金額が $1, 2, \cdots, n$ と年度毎 1 ずつ累加していくものを累加確定年金とよぶ．その現価は期始払い，期末払いのケースで次のようになる：

$$(I\ddot{a})_{\overline{n}|} = 1 + 2v + 3v^2 + \cdots + nv^{n-1},$$
$$(Ia)_{\overline{n}|} = v + 2v^2 + 3v^3 + \cdots + nv^n = v \cdot (I\ddot{a})_{\overline{n}|}.$$

注意 等比数列の和の公式から

$$1 + x + x^2 + \cdot + x^n = \frac{1 - x^{n+1}}{1 - x}$$

となるが，この両辺を x で微分すると，

$$1 + 2x + 3x^2 + \cdots + nx^{n-1} = \frac{nx^{n+1} - (n+1)x^n + 1}{(1-x)^2}$$

となる公式がえられる.

この公式を用いると

$$(I\ddot{a})_{\overline{n}|} = \frac{nv^{n+1} - (n+1)v^n + 1}{d^2}$$

となる.

● ── 連続払い累加確定年金

連続払い累加確定年金の現価 $(\bar{I}\bar{a})_{\overline{n}|}$ を

$$(\bar{I}\bar{a})_{\overline{n}|} = \int_0^n tv^t dt = \frac{1}{\delta^2} - \left(n + \frac{1}{\delta}\right)\frac{e^{-\delta n}}{\delta}$$

で定める.

● ── 確定年金終価

確定年金の現価 $\ddot{a}_{\overline{n}|}$ は支払われる確定年金の時点 0 での価値の総和であったが, 終価 $\ddot{s}_{\overline{n}|}$ は最終時点 n での価値の総和である.

すなわち

$$\ddot{s}_{\overline{n}|} = (1+i)^n + (1+i)^{n-1} + \cdots + (1+i)$$

であって, $\ddot{a}_{\overline{n}|} = v^n \ddot{s}_{\overline{n}|}, \ddot{s}_{\overline{n}|} = (1+i)^n \ddot{a}_{\overline{n}|}$ が成り立つ.

また, $s_{\overline{n}|}, \ddot{s}_{\overline{n}|}^{(k)}, s_{\overline{n}|}^{(k)}$ を次で定める:

$$s_{\overline{n}|} = \sum_{t=0}^{n-1}(1+i)^t, \quad \ddot{s}_{\overline{n}|}^{(k)} = \frac{1}{k}\sum_{t=1}^{nk}(1+i)^{\frac{t}{k}}, \quad s_{\overline{n}|}^{(k)} = \frac{1}{k}\sum_{t=0}^{nk-1}(1+i)^{\frac{t}{k}}.$$

● ── 元利均等返済と元金均等返済

ここでは借金 A 円を n 年間に渡って年 k 回払いで返済することを考える. 毎回の返済金額が一定となる返済方法を**元利均等返済**と言う. このとき 1 回当たりの返済金額を C とすると, 年間の返済額は kC となるので

$$A = kC \cdot a_{\overline{n}|}^{(k)}$$

となり,

$$C = \frac{A}{k \cdot a_{\overline{n}|}^{(k)}}$$

となる.

　一方元金均等返済は元金の返済を均等にする方法で返済額は毎回変わってくる. 元金は A でこれを nk 回で返済するので毎回の元金返済額は $\frac{A}{nk}$ となる. これと元金の残額の利息を支払うとする. 各回の返済額は表 1.1 のようになる.

表 1.1

	返済額	返済後の元金残額
1 回目	$\frac{A}{nk} + A \cdot \frac{i^{(k)}}{k}$	$A\left(1 - \frac{1}{nk}\right)$
2 回目	$\frac{A}{nk} + A\left(1 - \frac{1}{nk}\right) \cdot \frac{i^{(k)}}{k}$	$A\left(1 - \frac{2}{nk}\right)$
3 回目	$\frac{A}{nk} + A\left(1 - \frac{2}{nk}\right) \cdot \frac{i^{(k)}}{k}$	$A\left(1 - \frac{3}{nk}\right)$
⋮	⋮	⋮
m 回目	$\frac{A}{nk} + A\left(1 - \frac{m-1}{nk}\right) \cdot \frac{i^{(k)}}{k}$	$A\left(1 - \frac{m}{nk}\right)$
⋮	⋮	⋮
nk 回目	$\frac{A}{nk} + \frac{A}{nk} \cdot \frac{i^{(k)}}{k}$	0

● ──減債基金

　借金 A を返済するに当たり, 毎回利息のみを支払い, 元金 A の返済のための積立を行う方法がある. これを**減債基金**とよぶ.

　n 年間に渡って年 k 回払いとすると, 毎回の必要額は元金 A の利息分と積立金額の和として

$$A \cdot \frac{i^{(k)}}{k} + \frac{A}{k\ddot{s}_{\overline{n}|}^{(k)}}$$

となる．これは元利均等返済のときの毎回の返済額と一致することが分かる (演習問題 1.5 参照).

演習問題

1.1

次の括弧内に適当な数式，記号を入れよ．

(1) $\ddot{a}_{\overline{30}|} = \ddot{a}_{\overline{10}|} + v^{10} \cdot \boxed{\text{(A1)}} + v^{22} \cdot \boxed{\text{(A2)}}$

(2) $\ddot{a}_{\overline{n}|}^{(k)} = \ddot{a}_{\overline{n}|} \cdot \boxed{\text{(B)}}$

(3) $\bar{a}_{\overline{n}|} = \ddot{a}_{\overline{n}|} \cdot \boxed{\text{(C)}}$

(4) $(I\ddot{a})_{\overline{30}|} = (I\ddot{a})_{\overline{10}|} + v^{10} \left(\boxed{\text{(D1)}} + 10 \cdot \boxed{\text{(D2)}} \right)$

(5) $(I\bar{a})_{\overline{35}|} = (I\bar{a})_{\overline{8}|} + \boxed{\text{(E1)}} \left((I\bar{a})_{\overline{27}|} + \boxed{\text{(E2)}} \right)$

(6) $(\bar{I}\bar{a})_{\overline{30}|} = (\bar{I}\bar{a})_{\overline{12}|} + \boxed{\text{(F1)}} \left((\bar{I}\bar{a})_{\overline{5}|} + \boxed{\text{(F2)}} \right.$
$\left. + v^5 \left(\boxed{\text{(F3)}} + \boxed{\text{(F4)}} \right) \right)$

1.2

時点 $t = 7, 15$ でそれぞれ K_1, K_2 の収入，時点 $t = 20, 25$ でそれぞれ C_1, C_2 の負債の返済があるとする．このとき，$t = 0$ でいくらの資金をもっていれば負債が返済できるか？ 現価率を v として答えよ．

1.3

x 歳の人の余命 X の確率密度関数 $f(t)$ が

$$f(t) = \lambda^2 t e^{-\lambda t} \quad (t > 0)$$

で与えられているとするとき，x 歳の人が $x+10$ 歳と $x+20$ 歳の間で死亡する確率を求めよ．

1.4

次の式を証明せよ．

(1) $\ddot{a}_{\overline{n}|}^{(k)} = \dfrac{1-v^n}{d^{(k)}}$ (2) $a_{\overline{n}|}^{(k)} = \dfrac{1-v^n}{i^{(k)}}$

(3) $\ddot{s}_{\overline{n}|}^{(k)} = \dfrac{(1+i)^n-1}{d^{(k)}}$ (4) $s_{\overline{n}|}^{(k)} = \dfrac{(1+i)^n-1}{i^{(k)}}$

1.5

減債基金による返済における毎回の必要額が元利均等返済における毎回の返済額と一致することを示せ．

第2章
生命確率

　生命保険数理において，予定利率とともに重要な役割を果たすものが生命確率である．生命保険数理において取り扱われる生命確率は，生命表 $\{l_x\}$ から算出されるものと死力 μ_x から数理モデルとして算出されるものがある．実務においては生命表から算出されるものが用いられている．生命表は国勢調査などの人口統計から作成され，厚生労働省のホームページで見ることができる．

　生命表とは，ある時点 $t=0$ で $l_0 = 100000$ 人出生したとして，このうち 1 年後，2 年後，$\cdots$，ω 年後に生存している人数を人口統計から推定したものである．$x = 0, 1, 2, \cdots, \omega$ に対して，x 年後の生存数 l_x が表となっており，ω は $l_\omega = 0$ となる時点である．すなわち，$t=0$ で出生した人がすべて死滅する時点であり，集団の寿命というべき時点である．$t=0$ で出生した l_0 人の集団はそれ以降新規加入することはなく，死亡によりどんどん人数が減少していく集団である．新規加入がないという点で，この集団を**閉集団**とよぶことがある．後で述べる『定常社会』の章では，出生による加入と死亡による脱退が時間一様に繰り返される**開集団**とよばれる集団を考える．

　この章では新規加入がなく死亡により集団の人数が減少していき，集団の寿命 ω ですべていなくなるものを考える．

2.1　生命表による生命確率

　$t=0$ で出生した $l_0 = 100000$ 人のうち，x 歳に到達する人数 l_x が与えられているとする．さらに，x 歳と $x+1$ 歳の間での死亡数が d_x で表されてい

るとする．すなわち，

$$d_x = l_x - l_{x+1}$$

である．

この本を通じて，x 歳の人を (x) という記号で表す．(x) の**余命**，すなわち (x) が死ぬまでの時間を確率変数 Z_x で表す．

この確率変数 Z_x について考えたい生命確率は次の3つである：

(1) $\ _tp_x = P(Z_x > t) = (x)$ が t 年後に生存している確率
(2) $\ _tq_x = P(Z_x \leqq t) = (x)$ が t 年以内に死亡する確率
(3) $\ _{t|}q_x = P(t < Z_x \leqq t+1) = (x)$ が t 年後と $t+1$ 年後の間に死亡する確率

これら3つの生命確率は生命表から次のように定められる：

(1) $\ _tp_x = \dfrac{l_{x+t}}{l_x}$

(2) $\ _tq_x = \dfrac{l_x - l_{x+t}}{l_x}$

(3) $\ _{t|}q_x = \dfrac{d_{x+t}}{l_x}$

x 歳の人数 l_x 人のうち，$x+t$ 歳に到達する人数は l_{x+t} 人であるので，(1) の確率は妥当なものであろう．(2) については，l_x 人のうち，$x+t$ 歳までに死亡する人数が $l_x - l_{x+t}$ 人であることに注意すればよい．また，(3) についても l_x 人のうち，$x+t$ 歳と $x+t+1$ 歳の間で死亡する人数が $d_{x+t} = l_{x+t} - l_{x+t+1}$ であることに注意すればよい．

注意 $t=1$ のとき，$_1p_x, \ _1q_x$ をそれぞれ p_x, q_x と表す．

生命確率の間には次の基本的な性質が成り立つ．

命題 2.1
(1) $_{t+s}p_x = {_tp_x} \cdot {_sp_{x+t}}$
(2) $_{t|}q_x = {_tp_x} - {_{t+1}p_x}$
(3) $_{t|}q_x = {_tp_x} \cdot q_{x+t}$
(4) $_{t+s|}q_x = {_tp_x} \cdot {_{s|}q_{x+t}}$
(5) $_{t}q_x = q_x + {_{1|}q_x} + \cdots + {_{t-1|}q_x}$

この命題の証明は初等的なので読者自身で行っていただきたい．ここではこれらの意味について説明しよう．

(1) について：

$$\{(x) \text{ が } t+s \text{ 年後に生存}\} \to {_{t+s}p_x}$$
$$= \{(x) \text{ が } t \text{ 年後に生存}\} \cap \{(x+t) \text{ が } s \text{ 年後に生存}\}.$$
$$\downarrow \qquad\qquad\qquad \downarrow$$
$$_{t}p_x \qquad\qquad\qquad {_sp_{x+t}}$$

考えている事象を上のように表現すると，(1) は事象 $\{(x) \text{ が } t \text{ 年後に生存}\}$ と事象 $\{(x+t) \text{ が } s \text{ 年後に生存}\}$ が独立であることを意味している．

(2) が成り立つことは，事象に関する以下の図 2.1 を見れば一目瞭然である．

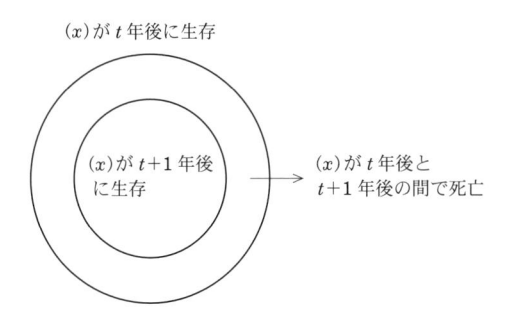

図 2.1 (2) $_{t|}q_x = {_tp_x} - {_{t+1}p_x}$ について

(3) について：(x) が t 年後と $t+1$ 年後の間で死亡するとは，まず t 年後に生存して，その次の年に死亡するということである．

(4)：(x) が $t+s$ 年後と $t+s+1$ 年後に死亡するとは，まず t 年後に生存し，$x+t$ 時点から死亡を見ると，その確率が ${}_{s|}q_{x+t}$ で与えられるということである．

(5) について：(x) が t 年以内に死亡する事象は，

$$\begin{cases} (x) \text{ が 1 年以内に死亡する事象} \\ (x) \text{ が 1 年後と 2 年後の間で死亡する事象} \\ \quad \vdots \\ (x) \text{ が } t-1 \text{ 年後と } t \text{ 年後の間で死亡する事象} \end{cases}$$

の和事象になることから明らかである．

例題 2.1 次の $c_1 \sim c_7$ の数値を求めよ．

(1) ${}_{25}p_{30} = {}_{c_1}p_{30} \cdot {}_{5}p_{c_2} \cdot {}_{7}p_{48}$

(2) ${}_{20|}q_{30} = {}_{c_3}p_{30} \cdot {}_{5}p_{c_4} \cdot ({}_{8}p_{c_5} - {}_{9}p_{c_5})$

(3) ${}_{35|}q_{25} = {}_{5}p_{25} \cdot {}_{c_6}p_{30} \cdot {}_{c_7|}q_{50}$

解答 (1) 30 歳の人が 55 歳で生存している確率なので，図 2.2 の数直線をから，$c_1 = 13, c_2 = 43$ となる．

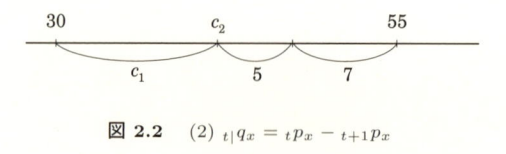

図 2.2 (2) ${}_{t|}q_x = {}_{t}p_x - {}_{t+1}p_x$

(2) (30) が 50 歳と 51 歳の間で死亡する確率なので，数直線を書いて考えると，$c_3 = 7, c_4 = 37, c_5 = 42$ となる．

(3) $c_6 = 20, c_7 = 10$.

2.2 死力 μ_x による生命確率

生命表における生存数 l_x は整数点 $x = 0, 1, 2, \cdots$ に対してのみ定められていたが，実数 $x \geqq 0$ に対しても定義されており，x の関数と見て単調減少で，すべての $x > 0$ に対して可微分であると仮定しよう．このとき**死力** μ_x は

$$\mu_x = -\frac{1}{l_x}\frac{d}{dx}l_x = -\frac{d}{dx}\log l_x$$

として定義される．

x を固定して u を変数と考えると，

$$\mu_{x+u} = -\frac{d}{du}\log l_{x+u}$$

となるので，両辺を u について 0 から t まで積分すると，

$$\int_0^t \mu_{x+u}\, du = -\int_0^t \frac{d}{du}\log l_{x+u}\, du$$
$$= -[\log l_{x+u}]_0^t$$
$$= -\log \frac{l_{x+t}}{l_x} = -\log {}_t p_x$$

となるので，

$$_t p_x = \exp\left\{-\int_0^t \mu_{x+u}\, du\right\} \tag{2.1}$$

がえられる．

この両辺を t で微分すると

$$\frac{d}{dt}{}_t p_x = \exp\left\{-\int_0^t \mu_{x+u}\, du\right\}\frac{d}{dt}\left(-\int_0^t \mu_{x+u}\, du\right)$$

となるので

$$\frac{d}{dt}{}_t p_x = -{}_t p_x \mu_{x+t} \tag{2.2}$$

となる．

●──余命 Z_x の確率密度関数 $f_{Z_x}(t)$

Z_x の確率密度関数 $f_{Z_x}(t)$ について考える.

> **命題 2.2** $f_{Z_x}(t) = {}_tp_x \mu_{x+t}.$

証明 $f_{Z_x}(t)$ を求めるには,Z_x の分布関数 $P(Z_x \leqq t)$ を求め,これを t で微分すればよい.

$$\begin{aligned}f_{Z_x}(t) &= \frac{d}{dt}P(Z_x \leqq t) \\ &= \frac{d}{dt}{}_tq_x = \frac{d}{dt}(1 - {}_tp_x) \\ &= {}_tp_x \mu_{x+t}.\end{aligned}$$ □

${}_tp_x \mu_{x+t}$ は Z_x の確率密度関数であるので,

$$\int_0^\infty {}_tp_x \mu_{x+t}\, dt = 1$$

が成り立つ.

確率密度関数の定義から (x) が時間 t 後と $t+dt$ 後において死亡する確率が $f_{Z_x}(t)\,dt$ であるので,

> (x) が時間 t 後と $t+dt$ 後において死亡する確率 $= {}_tp_x \mu_{x+t}\, dt$

となる.

(x) が時間 t 後と $t+dt$ 後に死亡するためには,t まで生きなければならず,その確率が ${}_tp_x$ で,t 後に生存していると年齢は $x+t$ になり,そのときの死力 μ_{x+t} を ${}_tp_x$ にかけたものが $f_{Z_x}(t)$ になっている.

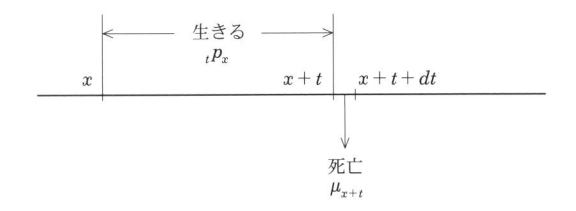

図 2.3 Z_x の確率密度関数

> **例題 2.2** 死力が次で与えられるとき，${}_t p_x$ を求めよ．
> (1) $\mu_x = \dfrac{k}{\omega - x}$
> (2) $\mu_x = c$
> (3) $\mu_x = \dfrac{k}{\omega - x} + c$

解答 (1)

$$\begin{aligned}
{}_t p_x &= \exp\left\{-\int_0^t \frac{k}{\omega - x - u}\,du\right\} \\
&= \exp\left\{k[\log(\omega - x - u)]_0^t\right\} \\
&= \left(\frac{\omega - x - t}{\omega - x}\right)^k.
\end{aligned}$$

(2) μ_x は x に依存しないので，${}_t p_x = e^{-ct}$ となる．

(3) 死力は (1), (2) の死力の和であるので，

$$\begin{aligned}
{}_t p_x &= \exp\left\{-\int_0^t \frac{k}{\omega - x - u}\,du - ct\right\} \\
&= \left(\frac{\omega - x - t}{\omega - x}\right)^k \cdot e^{-ct}
\end{aligned}$$

となる．

注意 $\mu_x = \dfrac{1}{\omega - x}$ のとき，Z_x の確率密度関数を求めると，

$$f_{Z_x}(t) = \left(\frac{\omega - x - t}{\omega - x}\right) \cdot \frac{1}{\omega - x - t} = \frac{1}{\omega - x}$$

となり，Z_x は一様分布 $\mathrm{U}(0, \omega - x)$ に従う．

また，$\mu_x = c$ のときには

$$f_{Z_x}(t) = ce^{-ct} \qquad (t > 0)$$

となるので，Z_x は平均が $\dfrac{1}{c}$ となる指数分布 $\mathrm{Ex}\,(c)$ に従う．

例題 2.3 死力 μ_x と μ_x' の間に次の関係があるとする．
$$\mu_x' = \frac{1}{2}\mu_x + \frac{1}{\omega - x} + c$$
μ_x から定まる生存確率を ${}_tp_x$ とし，μ_x' から定まる生存確率を ${}_tp_x'$ とするとき，${}_tp_x'$ を ${}_tp_x$ を用いて表せ．ただし，$x + t < \omega$ とする．

解答

$$\begin{aligned}
{}_tp_x' &= \exp\left\{-\int_0^t \mu_{x+u}'\,du\right\} \\
&= \exp\left\{-\frac{1}{2}\int_0^t \mu_{x+u}\,du\right\} \cdot \exp\left\{-\int_0^t \frac{1}{\omega - x - u}\,du\right\} \cdot e^{-ct} \\
&= \sqrt{{}_tp_x} \cdot \left(\frac{\omega - x - t}{\omega - x}\right) \cdot e^{-ct}.
\end{aligned}$$

例題 2.4 2 つの死力 μ_{x+u} と μ_{x+u}' の間に
$$\mu_{x+u}' = \frac{{}_up_x\,\mu_{x+u}}{2(\sqrt{1 - {}_up_x} - (1 - {}_up_x))}$$
という関係があるとき，${}_tp_x'$ を ${}_tp_x$ で表せ．

解答

$$\int_0^t \mu_{x+u}'\,du = \frac{1}{2}\int_0^t \frac{{}_up_x\,\mu_{x+u}}{2(\sqrt{1 - {}_up_x} - (1 - {}_up_x))}\,du$$

$$= \frac{1}{2}\int_0^{1-{}_tp_x} \frac{dw}{\sqrt{w-w}} \quad (w = 1 - {}_up_x \Longrightarrow dw = {}_up_x\mu_{x+u}\,du).$$

ここで，さらに $\sqrt{w} = z$ とおいて置換積分すると，

$$\int_0^t \mu'_{x+u}\,du = \int_0^{\sqrt{1-{}_tp_x}} \frac{dz}{1-z}$$
$$= [-\log(1-z)]_0^{\sqrt{1-{}_tp_x}} = -\log(1 - \sqrt{1 - {}_tp_x}).$$

これより，${}_tp'_x$ は次のようになる：

$${}_tp'_x = 1 - \sqrt{1 - {}_tp_x}.$$

● ——(x) の平均余命 $\overset{\circ}{e}_x = E[Z_x]$

Z_x の確率密度関数が $f_{Z_x}(t) = {}_tp_x\mu_{x+t}$ であるので，

$$\overset{\circ}{e}_x = \int_0^\infty t\,{}_tp_x\mu_{x+t}\,dt$$
$$= \int_0^\infty t\left(-\frac{d}{dt}{}_tp_x\right)dt$$
$$= [-t\,{}_tp_x]_0^\infty + \int_0^\infty {}_tp_x\,dt$$

となり，ある ω が存在して，$t \geqq \omega$ となる任意の t に対して ${}_tp_x = 0$ となるときには

$$\lim_{t\to\infty} t\,{}_tp_x = 0$$

となるので，$\overset{\circ}{e}_x$ は次のように表される：

$$\overset{\circ}{e}_x = \int_0^\infty {}_tp_x\,dt. \tag{2.3}$$

● ——**定期平均余命 ${}_n\overset{\circ}{e}_x$ と据置平均余命 ${}_{n|}\overset{\circ}{e}_x$**

x 歳に達した人を n 年間観測したときの平均余命を

$${}_n\overset{\circ}{e}_x = \int_0^n {}_tp_x\,dt$$

で定め，**定期平均余命**とよぶ．

また，**据置平均余命** $_{n|}\overset{\circ}{e}_x$ を

$$_{n|}\overset{\circ}{e}_x = \int_n^\infty {}_tp_x\, dt$$

で定める．これは n 年後より先の平均生存年数を表している．

明らかに，

$$\overset{\circ}{e}_x = {}_n\overset{\circ}{e}_x + {}_{n|}\overset{\circ}{e}_x$$

が成り立つ．

●──略算平均余命

略算平均余命 e_x を次で定める：

$$e_x = \sum_{t=1}^\infty {}_tp_x.$$

同様に，$_ne_x, {}_{n|}e_x$ をそれぞれ次のように定める：

$$_ne_x = \sum_{t=1}^n {}_tp_x, \qquad {}_{n|}e_x = \sum_{t=n+1}^\infty {}_tp_x.$$

例題 2.5 死力が $\mu_x = c$ のとき，$\overset{\circ}{e}_x, {}_n\overset{\circ}{e}_x, {}_{n|}\overset{\circ}{e}_x, e_x, {}_ne_x, {}_{n|}e_x$ を求めよ．

解答 ${}_tp_x = e^{-ct}$ であるので，次が成り立つ：

$$\overset{\circ}{e}_x = \int_0^\infty e^{-ct}dt = \frac{1}{c}$$

$$_n\overset{\circ}{e}_x = \int_0^n e^{-ct}dt = \frac{1}{c}(1 - e^{-cn})$$

$$_{n|}\overset{\circ}{e}_x = \int_n^\infty e^{-ct}dt = \frac{1}{c}e^{-cn}$$

$$e_x = \sum_{t=1}^\infty e^{-ct} = \frac{e^{-c}}{1 - e^{-c}} = \frac{1}{e^c - 1}$$

$$_n e_x = \sum_{t=1}^{n} e^{-ct} = \frac{e^{-c}(1-e^{-cn})}{1-e^{-c}} = \frac{1-e^{-cn}}{e^c-1}$$

$$_{n|}e_x = \sum_{t=n+1}^{\infty} e^{-ct} = \frac{e^{-c(n+1)}}{1-e^{-c}} = \frac{e^{-cn}}{e^c-1}.$$

演習問題

2.1

次の括弧内に適当な数式，記号を入れよ．

(1) $_{20|}q_{30} = {_7}p_{30} \cdot \boxed{\text{(A1)}} \cdot \left(\boxed{\text{(A2)}} - {_5}p_{46}\right)$

(2) $e^{-\int_{10}^{20} \mu_{30+u}\, du} = \dfrac{\boxed{\text{(B1)}}}{\boxed{\text{(B2)}}}$

(3) $\displaystyle\int_0^1 {_t}p_x \mu_{x+t}\, dt = \boxed{\text{(C)}}$

(4) $\dfrac{d}{dx}{_t}p_x = \left(\boxed{\text{(D1)}} - \boxed{\text{(D2)}}\right) \cdot {_t}p_x$

(5) $\dfrac{d}{dx}\overset{\circ}{e}_x = \boxed{\text{(E)}} - 1$

(6) $\displaystyle\int_t^s {_u}p_x \mu_{x+u}\, du = \boxed{\text{(F1)}} - \boxed{\text{(F2)}}$

2.2

(1) 死力 μ_x が

$$\mu_x = c_1 + \frac{c_2}{100-x} + \frac{c_3}{120-x}$$

で与えられているとき，$_t p_{30}$ を求めよ．

(2) $\overset{\circ}{e}_x = \dfrac{2}{7}(100-x)$ のとき，$_t p_{30}$ を求めよ．

2.3

$_t p_{30}$ が次のように与えられている：

$$
{}_t p_{30} = \begin{cases} \dfrac{70-t}{70} & (0 \leqq t \leqq 20) \\ \dfrac{70-t}{70} e^{-c(t-20)} & (20 \leqq t \leqq 70) \end{cases}
$$

このとき，次の問に答えよ．
(i) ${}_t p_{40}$ を求めよ．
(ii) (40) の平均余命を求めよ．

2.4

死力 μ_x が $\dfrac{k}{\omega - x}$ だけ増加したところ，生命確率に関して次のような変化があった．

- 30 歳の人が 10 年後に生存している確率が $\dfrac{45}{224}$ だけ減少した．
- 30 歳の人が 20 年後に生存している確率はもとの $\dfrac{9}{16}$ 倍となった．
- 40 歳の人が 10 年後に生存している確率はもとの $\dfrac{36}{49}$ 倍となった．

このとき，もとの死力で 30 歳の人が 10 年後に生存している確率を求めよ．

2.5

死力を 2 倍にしたところ，(30) が t 後に生存している確率がもとの $e^{-ct^{\frac{1}{m}}}$ 倍となった．このとき，もとの死力に対する (30) の平均余命を求めよ．

2.6

2 つの死力 μ_x と μ'_x を考える．30 歳の人の死力が μ_x に従っているが，40 歳と 50 歳の間では死力が μ'_x だけ増加するとする．このとき，30 歳の人が 60 歳で生存している確率は $\dfrac{\sqrt{14}}{7}$ であった．また，40 歳と 45 歳の間で死力が μ'_x だけ増加するとき，30 歳の人が 60 歳で生存している確率は $\dfrac{\sqrt{15}}{7}$ であった．さらに，45 歳と 50 歳の間で死力が μ'_x だけ増加するとき，30 歳の人が 60 歳で生存している確率は $\dfrac{4\sqrt{210}}{105}$ であった．

(1) 死力が μ_x であるとき，30 歳の人が 60 歳で生存している確率を求めよ．

(2) 死力が μ'_x であるとき，40 歳の人が 50 歳で生存している確率を求めよ．

2.7

50 歳までの死力が c で 50 歳以降死力が c_0 ずつ増加するとする．すなわち死力 μ_x が次のように与えられているとする：

$$\mu_x = \begin{cases} c & (x < 50) \\ c + c_0 & (50 \leqq x < 51) \\ c + 2c_0 & (51 \leqq x < 52) \\ \vdots & \\ c + kc_0 & (50 + k - 1 \leqq x < 50 + k) \\ \vdots & \end{cases}$$

このとき，30 歳の人が 70 歳まで生きる確率 ${}_{40}p_{30}$ を求めよ．

2.8

${}_tp_x \mu_{x+t} = ct^2 e^{-\alpha t}$ $(t > 0)$ であるとき次の問に答えよ．

(1) c の値を α を用いて表せ．

(2) ${}_tp_x$ を求めよ．

(3) $\overset{\circ}{e}_x$ を求めよ．

2.9

$(x), (y)$ の余命をそれぞれ Z_x, Z_y とし，Z_x, Z_y は独立であると仮定する．すなわち，

$$P(a_1 \leqq Z_x \leqq b_1, a_2 \leqq Z_y \leqq b_2) = P(a_1 \leqq Z_x \leqq b_1) \cdot P(a_2 \leqq Z_y \leqq b_2)$$

が成り立つとする．

このとき，m 年以内に $(x), (y)$ の順に死亡する確率を求めよ．ただし，$(x), (y)$ の死力は年齢によらず，それぞれ c_1, c_2 であるとする．

第3章
保険料の算出

基本的な保険商品として，死亡したときに死亡保険金を支払う**定期保険**，満期時に生存しているとき生存保険金を支払う**生存保険**，また定期保険と生存保険を合わせた**養老保険**についてまず考えよう．

ここで述べる保険料算出原理は**期待値原理**とよばれる方法である．保険料算出原理としてはこれ以外にも標準偏差原理やパーセンタイル原理があるが，アクチュアリー試験で主に扱われるのは期待値原理である．

3.1 定期保険の保険料算出

まず，死亡時に死亡保険金が支払われる定期保険について考えよう．保険料は，加入時の年齢，契約年数，保険金額に応じて決められるが，保険金が 1 の場合の保険料が与えられていれば，任意の保険金の保険料はえられるので，これ以降保険金は 1 として考える．

もう 1 つ保険料に関わる要素は死亡が発生したとき，いつ保険金が支払われかである．保険金の支払い時期に関して次の 2 つのケースを考える．

(1) 死亡時期末払い (死亡した年度の期末に保険金が支払われる)
(2) 死亡時即時払い (死亡したとき即時に保険金が支払われる)

3.1.1 死亡時期末払いの定期保険の一時払い保険料

x 歳加入, n 年契約の定期保険において, 保険金が死亡時の期末に支払われる場合について, 一時払い純保険料 $A^1_{x:\overline{n}|}$ がどのように算出されるかを考える. この $A^1_{x:\overline{n}|}$ は国際アクチュアリー記号とよばれるもので, 世界各国で用いられている. 保険料には純保険料と純保険料に付加保険料を加えた**営業保険料**の2つがある. 我々が保険契約を結んだとき支払うのは営業保険料である. 営業保険料から付加保険料を除いたものが純保険料であるが, 純保険料は将来の保険金支払いのために責任準備金として積み立てられる.

●──(1) 収支相等原理による決定論的算出法

x 歳加入, n 年契約, 死亡保険金 1 で死亡時期末払いとする定期保険の一時払い純保険料 A を収支相等原理から求めてみよう ($A = A^1_{x:\overline{n}|}$).

この方法は生命保険数理のテキストである [1] において用いられてきた方法であり, 次のように要約される:

---

(1) (x) が l_x 人この保険に加入するとして, その後の生死は生命表の通りに実現されるとし, 1 年後の時点 $x+1$, 2 年後の時点 $x+2$, $\cdots$, n 年後の時点 $x+n$ における会社側の収入と支出を表にする.
(2) 予定現価率 v を用いて, 各時点の収入, 支出を契約時点での価値に変換し, 収入現価と支出現価を求める.
(3) **収入現価 = 支出現価 (収支相等原理)** から一時払い純保険料 A を求める.

(x) が l_x 人この保険に加入したとして, 各時点における会社側の収入と支出を表にしてみると表 3.1 (次ページ) のようになる.

収入は x 時点でのみであるが, 支出はさまざまな時点でなされている. そこで, 予定現価率 v で x 時点での価値に変換してやると (図 3.1 参照)

$$支出現価 = vd_x + v^2 d_{x+1} + \cdots + v^n d_{x+n-1}$$

表 3.1

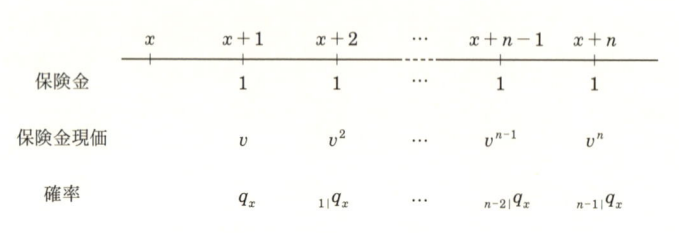

時点	x	$x+1$	$x+2$	$\cdots$	$x+n-1$	$x+n$
収入	Al_x	0	0	$\cdots$	0	0
支出	0	d_x	d_{x+1}	$\cdots$	d_{x+n-2}	d_{x+n-1}

図 3.1 保険金現価と確率

となる．収入現価は Al_x であるので，収入現価 = 支出現価 とすると

$$Al_x = vd_x + v^2 d_{x+1} + \cdots + v^n d_{x+n-1}$$

が成り立ち，

$$A = v\frac{d_x}{l_x} + v^2 \frac{d_{x+1}}{l_x} + \cdots + v^n \frac{d_{x+n-1}}{l_x}$$
$$= vq_x + v^2{}_{1|}q_x + \cdots + v^n{}_{n-1|}q_x$$

となる．この方法は，(x) が l_x 人加入したとして，その後の生死は生命表の通りに実現されるとして決定論的に求めていることに注意しよう．

x 歳加入，n 年契約，死亡保険金 1 で死亡時期末払いとなる定期保険の一時払い保険料をアクチュアリー記号として，$A^1_{x:\overline{n}|}$ と表す．

この記号を用いると

$$A^1_{x:\overline{n}|} = vq_x + v^2{}_{1|}q_x + \cdots + v^n{}_{n-1|}q_x \tag{3.1}$$

となる．

●──(2) 一時払い純保険料の確率論的な見方

(1) では，l_x 人の集団の保険料収入，保険金支出について考えてきたが，ここでは 1 人の加入者の保険料収入，保険金支出について考える．保険金支出の可能性がある時点は図 3.1 のように，$x+1, x+2, \cdots, x+n$ の時点である．図 3.1 の第 2 段にこれら保険金 1 の現価が表されており，第 3 段には，これらの保険金支出が発生する確率が表されている．この表を参考にして，(3.1) を見てみると，

$$A^1_{x:\overline{n|}} = \sum_{t=1}^{n} (\text{時点 } x+t \text{ で支払われる保険金の現価}) \cdot (\text{その確率})$$
$$= (\text{支払われる保険金現価の期待値}).$$

となり，

一時払い純保険料 = 支払われる保険金現価の期待値

という関係がえられる．

これをもう少し数学的に表現すると，支払われる保険金現価を表す確率変数 W は (x) の余命 Z_x を用いて，

$$W = \begin{cases} v & (0 < Z_x \leqq 1) \\ v^2 & (1 < Z_x \leqq 2) \\ \vdots \\ v^n & (n-1 < Z_x \leqq n) \\ 0 & (n < Z_x) \end{cases}$$

と表され，

$$A^1_{x:\overline{n|}} = E[W] = \sum_{t=1}^{n} v^t P(t-1 < Z_x \leqq t)$$
$$= \sum_{t=1}^{n} v^t {}_{t-1|}q_x$$

となる．

一時払い純保険料 = 支払われる保険金現価の期待値という定義は以下にお

いてもよく用いられるので頭の中に入れておいていただきたい.

3.1.2 即時払い定期保険の一時払い純保険料

ここでは，死亡保険金の支払いが即時払いであるときの x 歳加入，n 年契約，死亡保険金 1 の定期保険の一時払い純保険料 $\bar{A}^1_{x:\overline{n}|}$ について考える．このアクチュアリー記号の A の上にバーが付いているのは，保険金の支払いが即時払いであることを意味している．

死亡保険金の支払いが即時払いであるので，支払われる保険金の現価を表す確率変数 W は

$$W = \begin{cases} v^{Z_x} & (Z_x \leqq n) \\ 0 & (n < Z_x) \end{cases}$$

と表される．

したがって，

$$\begin{aligned}\bar{A}^1_{x:\overline{n}|} = E[W] &= \int_0^n v^t f_{Z_x}(t)\, dt \\ &= \int_0^n v^t\, {}_tp_x\, \mu_{x+t}\, dt \end{aligned} \tag{3.2}$$

となる．

(x) が $x+t$ と $x+t+dt$ の間で死亡するとき，死亡保険金 1 が支払われ，その現価が v^t となり，その確率が ${}_tp_x \mu_{x+t}\, dt$ であるので，これらを掛け合わせて，t について 0 から n まで積分したものが $\bar{A}^1_{x:\overline{n}|}$ である.

例題 3.1 死力 μ_x が $\mu_x = \dfrac{1}{100-x}$ のとき，$\bar{A}^1_{30:\overline{35}|}$ を求めよ．

解答 ${}_tp_{30} = \dfrac{70-t}{70}$ であるので，次が成立する：

$$\bar{A}^1_{30:\overline{35}|} = \int_0^{35} e^{-\delta t} \cdot \frac{70-t}{70} \cdot \frac{1}{70-t}\, dt$$

$$= \frac{1}{70}\left[-\frac{1}{\delta}e^{-\delta t}\right]_0^{35} = \frac{1}{70\delta}\left(1 - e^{-35\delta}\right).$$

3.2 生存保険と養老保険の一時払い保険料

この節では生存保険と養老保険 (生存保険＋定期保険) の一時払い保険料について考えよう.

3.2.1 生存保険

生存保険は保険契約終了時 (満期時) に生存しているとき, 生存保険金が支払われる保険である.

加入年齢を x 歳, 契約年数を n 年, 生存保険金を 1 として, 一時払い保険料 $A_{x:\overline{n}|}^{1}$ を求めよう.

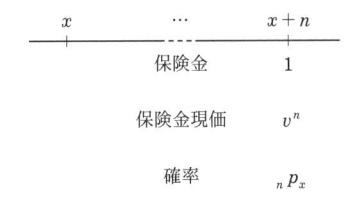

図 3.2 生存保険一時払い保険料

保険金が支払われるのは時点 $x+n$ のときのみで, 保険金現価は v^n となり, $x+n$ で保険金支払いがなされるのは, 加入者がその時点で生きている場合であるため, その確率は ${}_np_x$ となり, 保険料を支払われる生存保険金現価の期待値であるとすると, 次が成立する:

$$A_{x:\overline{n}|}^{1} = v^n {}_np_x.$$

3.2.2 養老保険

養老保険とは定期保険 $A^1_{x:\overline{n}|}$ と生存保険 $A_{x:\overline{n}|}^{1}$ の機能を合わせた保険である. すなわち, x 歳で加入して n 年以内に死亡すれば, その年度の期末に死

亡保険金 1 が支払われ，満期時に生存していれば生存保険金 1 が支払われる保険である．この保険の一時払い保険料を $A_{x:\overline{n}|}$ とすると，

$$A_{x:\overline{n}|} = A^1_{x:\overline{n}|} + A_{x:\genfrac{}{}{0pt}{}{1}{\overline{n}|}}$$
$$= vq_x + v^2{}_{1|}q_x + \cdots + v^n{}_{n-1|}q_x + v^n{}_np_x$$

となる．

また，定期保険において保険金が死亡時即時払いであるときの養老保険一時払い保険料 $\bar{A}_{x:\overline{n}|}$ は

$$\bar{A}_{x:\overline{n}|} = \bar{A}^1_{x:\overline{n}|} + A_{x:\genfrac{}{}{0pt}{}{1}{\overline{n}|}}$$

となる．

死亡保険金が K_1 円 (死亡時期末払い)，生存保険金が K_2 円となる保険の一時払い保険料 A は

$$A = K_1 A^1_{x:\overline{n}|} + K_2 A_{x:\genfrac{}{}{0pt}{}{1}{\overline{n}|}}$$

となる．

3.3 生命年金

もう 1 つ基本的な保険商品として生命年金がある．これは生存を条件として年金が支払われるものである．生命年金には確定年金と同様，年度の始めに支払われる期始払いと年度の末に支払われる期末払いがある．

まず，加入年齢 x 歳，契約期間 n 年，期始払い，年金年額 1 の生命年金の現価 $\ddot{a}_{x:\overline{n}|}$ を求めよう．生命年金の現価とは保険の場合の一時払い保険料と同じ意味である．すなわち，**生命年金現価とは支払われる年金現価の総和の期待値**である．

下の図 3.3 を参考にすると，

$$\ddot{a}_{x:\overline{n}|} = 1 + vp_x + v^2{}_2p_x + \cdots + v^{n-1}{}_{n-1}p_x \tag{3.3}$$

となる．

	x	$x+1$	$x+2$	$\cdots$	$x+n\text{-}1$	$x+n$
支払われる年金	1	1	1	$\cdots$	1	
年金現価	1	v	v^2	$\cdots$	v^{n-1}	
確率	1	p_x	${}_2p_x$	$\cdots$	${}_{n-1}p_x$	

図 3.3　生命年金現価

●──期末払い生命年金の現価

年金の支給が年度の期末に行われる生命年金を期末払い生命年金という．x 歳加入，n 年契約，年金年額 1 の期末払い生命年金の現価を $a_{x:\overline{n}|}$ とすると，

$$a_{x:\overline{n}|} = vp_x + v^2{}_2p_x + \cdots + v^n{}_np_x \tag{3.4}$$

となる．

●──年 k 回払いの生命年金

期始払いの生命年金で年金年額は 1 であるが，年金の支給が年 k 回あるときの生命年金現価 $\ddot{a}_{x:\overline{n}|}^{(k)}$ について考えよう．

1 回あたりの年金年額が $\dfrac{1}{k}$ になることに注意すると，図 3.4 より

$$\ddot{a}_{x:\overline{n}|}^{(k)} = \frac{1}{k}\sum_{t=0}^{nk-1} v^{\frac{t}{k}}{}_{\frac{t}{k}}p_x \tag{3.5}$$

となる．

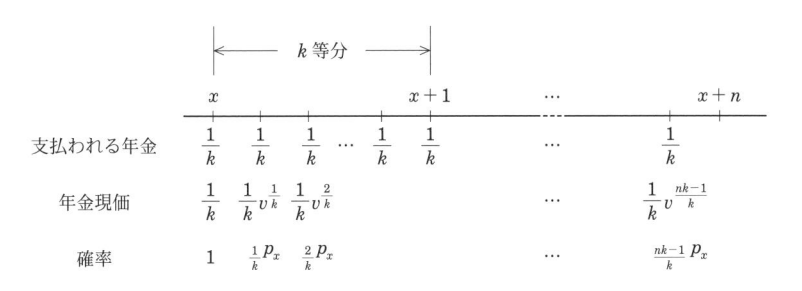

	x					$x+1$	$\cdots$	$x+n$
支払われる年金	$\frac{1}{k}$	$\frac{1}{k}$	$\frac{1}{k}$ $\cdots$ $\frac{1}{k}$	$\frac{1}{k}$			$\cdots$	$\frac{1}{k}$
年金現価	$\frac{1}{k}$	$\frac{1}{k}v^{\frac{1}{k}}$	$\frac{1}{k}v^{\frac{2}{k}}$				$\cdots$	$\frac{1}{k}v^{\frac{nk-1}{k}}$
確率	1	${}_{\frac{1}{k}}p_x$	${}_{\frac{2}{k}}p_x$				$\cdots$	${}_{\frac{nk-1}{k}}p_x$

図 3.4　年 k 回払い生命年金

●── 連続払い生命年金

式 (3.5) において，$k \to \infty$ とすると，年金年額は 1 であるが，連続的に支払われる生命年金の現価 $\bar{a}_{x:\overline{n}|}$ がえられる：

$$\begin{aligned}\bar{a}_{x:\overline{n}|} &= \lim_{k\to\infty} \ddot{a}^{(k)}_{x:\overline{n}|} \\ &= \lim_{k\to\infty} \frac{1}{k} \sum_{t=0}^{nk-1} v^{\frac{t}{k}} {}_{\frac{t}{k}}p_x \\ &= \int_0^n v^t {}_t p_x \, dt.\end{aligned} \tag{3.6}$$

3.4 据置定期保険と据置生命年金

この節では，据置期間がある定期保険と生命年金について考える．

3.4.1 据置定期保険

x 歳加入，f 年据置，n 年契約，死亡保険金 1 (死亡時期末払い) の定期保険の一時払い純保険料 ${}_{f|}A^1_{x:\overline{n}|}$ について考えよう．

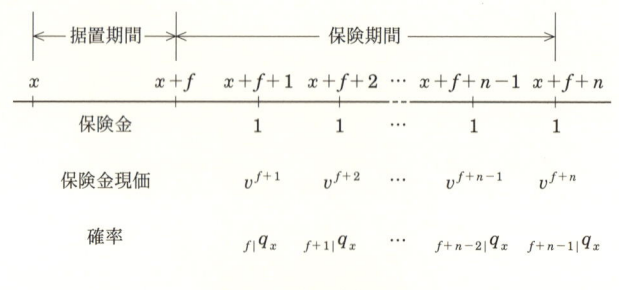

図 3.5 据置定期保険

契約から f 年間の据置期間において死亡が発生しても保険金は支払われないことに注意すると，保険金現価の期待値として，

$${}_{f|}A^1_{x:\overline{n}|} = v^{f+1}{}_{f|}q_x + v^{f+2}{}_{f+1|}q_x + \cdots + v^{f+n}{}_{f+n-1|}q_x \tag{3.7}$$

となる．

命題 3.1
(1) $\,_{f|}A^1_{x:\overline{n|}} = A_{x:\overline{f|}}^{\,\,1} \cdot A^1_{x+f:\overline{n|}}$
(2) $\,_{f|}A^1_{x:\overline{n|}} = A^1_{x:\overline{f+n|}} - A^1_{x:\overline{f|}}$

証明 (1)
$$\,_{f|}q_x = \,_fp_x \cdot q_{x+f}, \quad \,_{f+1|}q_x = \,_fp_x \cdot \,_{1|}q_{x+f},$$
$$\,_{f+n-1|}q_x = \,_fp_x \cdot \,_{n-1|}q_{x+f}$$

であるので,
$$\,_{f|}A^1_{x:\overline{n|}} = v^f \,_fp_x \left(v q_{x+f} + v^2 \,_{1|}q_{x+f} + \cdots + v^n \,_{n-1|}q_{x+f} \right)$$
$$= A_{x:\overline{f|}}^{\,\,1} \cdot A^1_{x+f:\overline{n|}}$$

となる.

(2) x 歳加入で $f+n$ 年間有効な保険の一時払い保険料から x 歳加入で f 年間有効な保険の一時払い保険料を引くと, f 年据置で, n 年間有効な保険の一時払い保険料となるから, (2) は自明である. □

命題 3.1 の (1) は次のように解釈できる：**この据置定期保険の時点 $x+f$ での価値は $A^1_{x+f:\overline{n|}}$ であって, (x) が f 年後に生きていれば, 生存給付金として $A^1_{x+f:\overline{n|}}$ を受け取るとすれば (1) がえられる**. この考え方は非常に重要であり, 再帰式などもこの考え方から導かれる. 再帰式については後の節でまとめて取り扱う.

据置定期保険は年齢によって死亡保険金が変化する保険の一時払い保険料を求めるときに役に立つ.

例題 3.2 30 歳加入, 40 年契約の保険で, 30 歳から 60 歳の間での死亡に対しては 3000 万円を死亡時の期末に支払い, 60 歳から 70 歳での死亡

に対しては300万円を死亡時の期末に支払うとする．この保険の一時払い保険料 A を求めよ．

解答 保険を，30歳加入，30年契約，保険金3000万円の保険と30歳加入，30年据置，10年契約，保険金300万円の保険に分解すると

$$A = 3000 A^1_{30:\overline{30|}} + 300\,_{30|}A^1_{30:\overline{10|}}$$

となる．

3.4.2 据置生命年金

x 歳加入，f 年据置，n 年契約，期始払い，年金年額1となる生命年金の現価 $_{f|}\ddot{a}_{x:\overline{n|}}$ を求めよう．加入時から f 年間は据置期間でこの期間においては年金は支給されない．

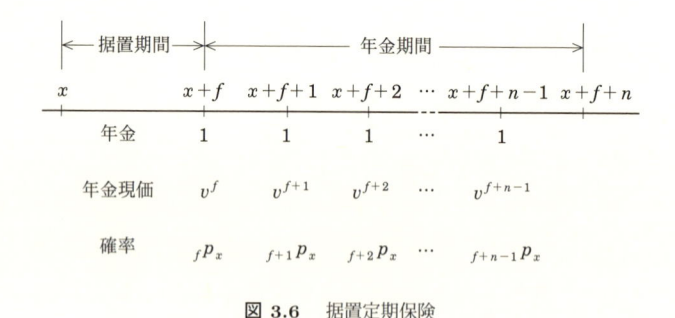

図 3.6 据置定期保険

図3.6より，年金現価の総和の期待値として $_{f|}\ddot{a}_{x:\overline{n|}}$ は次のようになる：

$$_{f|}\ddot{a}_{x:\overline{n|}} = v^f {}_fp_x + v^{f+1} {}_{f+1}p_x + \cdots + v^{f+n-1} {}_{f+n-1}p_x. \tag{3.8}$$

命題 3.2
(1) $_{f|}\ddot{a}_{x:\overline{n|}} = A_{x:\frac{1}{f|}} \cdot \ddot{a}_{x+f:\overline{n|}}$
(2) $_{f|}\ddot{a}_{x:\overline{n|}} = \ddot{a}_{x:\overline{f+n|}} - \ddot{a}_{x:\overline{f|}}$

証明 (1)

$$_{f+1}p_x = {}_fp_x \cdot p_{x+f}, \qquad _{f+2}p_x = {}_fp_x \cdot {}_2p_{x+f},$$

$$_{f+n-1}p_x = {}_fp_x \cdot {}_{n-1}p_{x+f}$$

であるので，

$$_{f|}\ddot{a}_{x:\overline{n}|} = v^f {}_fp_x \left(1 + v \cdot p_{x+f} + \cdots + v^{n-1} \cdot {}_{n-1}p_{x+f}\right)$$
$$= A_{x:\frac{1}{f|}} \cdot \ddot{a}_{x+f:\overline{n}|}$$

となる．

(2) x 歳加入で $f+n$ 年間有効な生命年金現価から x 歳加入で f 年間有効な生命年金現価を引くと，f 年据置で，n 年間有効な生命年金現価となるから，(2) は自明である． □

命題 3.2 の (1) は次のように解釈できる：**この据置生命年金の時点 $x+f$ での価値は $\ddot{a}_{x+f:\overline{n}|}$ であって，**(x)** が f 年後に生きていれば，生存給付金として $\ddot{a}_{x+f:\overline{n}|}$ を受け取る**と考えれば ${}_{f|}\ddot{a}_{x:\overline{n}|}$ がえられる．

例題 3.3 次の括弧内に適当な数式を入れよ．
(1) $\ddot{a}_{35:\overline{30}|} = \ddot{a}_{35:\overline{15}|} + \boxed{(A)} \cdot \left(\ddot{a}_{50:\overline{5}|} + \boxed{(B)}\right)$
(2) ${}_{35|}\ddot{a}_{25:\overline{20}|} = A_{25:\frac{1}{20|}} \cdot \left(\boxed{(C)} + {}_{25|}\ddot{a}_{45:\overline{10}|}\right)$

解答 数直線上に時点をプロットして考えてみよう．
(1) $\ddot{a}_{35:\overline{15}|}$ は 35 から 50 の間の年金の 35 時点での価値であり，$\ddot{a}_{50:\overline{5}|}$ は

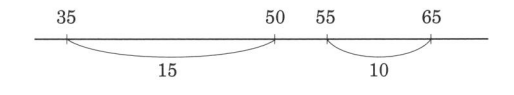

図 **3.7**

50 から 55 の間の年金の 50 時点での価値であることに注意する．

右辺の括弧内のものは 50 時点での価値であるので，それを 35 時点での価値に変換するために (A) には $A_{35:\overline{15|}}$ が入る．(B) には 55 から 65 の間の年金の 50 時点での価値が入るべきなので，(B) には ${}_{5|}\ddot{a}_{50:\overline{10|}}$ が入る．

(2) $A_{25:\overline{20|}}$ によって括弧内は 45 時点での価値として考えれば良いことが分かる．

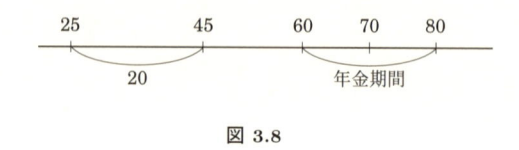

図 3.8

括弧内第 2 項は 70 から 80 の間の年金の 45 時点での価値であるので，(C) には 60 から 70 の間の年金の 45 時点での価値が入る．したがって，(C) には ${}_{15|}\ddot{a}_{45:\overline{10|}}$ が入る．

3.5 年払い保険料

これまで保険の一時払い保険料や生命年金の現価について述べてきたが，通常の保険契約では保険料を一時払いするよりも月払い，年払いすることが一般的である．ここでは，保険料を年払いする場合の年払い保険料について考える．

3.5.1 養老保険の年払い保険料

一時払い保険料が $A_{x:\overline{n|}}$ $(\bar{A}_{x:\overline{n|}})$ で表される養老保険の保険料を**各年度の始めに支払う年払い**にしたときの年払い保険料 $P_{x:\overline{n|}}$ $(\bar{P}_{x:\overline{n|}})$ について考えよう．年払い保険料に関してもアクチュアリー記号が定められている．年払い保険料の払い込み回数が契約年数 n と一致するとき，**全期払い込み年払い保険料**とよぶ．年払い保険料の払い込み回数が契約年数よりも少ない場合もあることに注意しておこう．

まず，収支相等原理で考えてみよう．(x) が l_x 人，$A_{x:\overline{n|}}$ で表される養老保険に加入し，保険料を年払いにする場合について考える．加入した l_x 人の生死

は生命表の通りに決定論的に実現されるとして，会社側の各時点における収支を図にしてみよう．図では簡単のため年払い保険料 $P_{x:\overline{n}|}$ を P で表している．

```
        x         x+1       x+2    ···   x+n-1      x+n
  収入  Pl_x      Pl_{x+1}  Pl_{x+2} ···  Pl_{x+n-1}
  支出            d_x       d_{x+1} ···   d_{x+n-2}  d_{x+n-1}+l_{x+n}
```

図 3.9 年払い保険料

この図 3.9 から収入現価と支出現価を求めると，

$$\text{収入現価} = P(l_x + vl_{x+1} + \cdots + v^{n-1}l_{x+n-1})$$

$$\text{支出現価} = vd_x + v^2 d_{x+1} + \cdots + v^n(d_{x+n} + l_{x+n})$$

となるので，収支相等の原理から

$$P(l_x + vl_{x+1} + \cdots + v^{n-1}l_{x+n-1})$$
$$= vd_x + v^2 d_{x+1} + \cdots + v^n(d_{x+n} + l_{x+n})$$

が成り立つ．

この両辺を l_x で割り，アクチュアリー記号で表現すると，

$$P \cdot \ddot{a}_{x:\overline{n}|} = A_{x:\overline{n}|}$$

が成り立つ．P を $P_{x:\overline{n}|}$ で表すと，次が成立する：

$$P_{x:\overline{n}|} \cdot \ddot{a}_{x:\overline{n}|} = A_{x:\overline{n}|}. \tag{3.9}$$

この式 (3.9) の左辺は保険料収入の現価の期待値，右辺は保険金支出の現価の期待値と考えることができる．

養老保険の定期部分が死亡時即時払いのときの年払い保険料 $\bar{P}_{x:\overline{n}|}$ に関しては

$$\bar{P}_{x:\overline{n}|} \cdot \ddot{a}_{x:\overline{n}|} = \bar{A}_{x:\overline{n}|}$$

が成り立つ．

同様にして，**定期保険，生存保険の年払い保険料** $P^1_{x:\overline{n}|}, P_{x:\overline{n}|}^{\ 1}$ を

$$P^1_{x:\overline{n}|} = \frac{A^1_{x:\overline{n}|}}{\ddot{a}_{x:\overline{n}|}}, \qquad P_{x:\frac{1}{\overline{n}|}} = \frac{A_{x:\frac{1}{\overline{n}|}}}{\ddot{a}_{x:\overline{n}|}}$$

で定める．

3.5.2 $A_{x:\overline{n}|}$, $P_{x:\overline{n}|}$, $\ddot{a}_{x:\overline{n}|}$ の間の関係

養老保険一時払い保険料 $A_{x:\overline{n}|}$，生命年金現価 $\ddot{a}_{x:\overline{n}|}$，年払い保険料 $P_{x:\overline{n}|}$ の間には密接な関係がある．そのことについてこれから述べていこう．この関係はアクチュアリー試験においてもよく出題される箇所であるのでよくチェックしていただきたい．

命題 3.3
(1) $A_{x:\overline{n}|} = 1 - d\ddot{a}_{x:\overline{n}|}$ ($d = 1 - v$：割引率)
(2) $\bar{A}_{x:\overline{n}|} = 1 - \delta\bar{a}_{x:\overline{n}|}$ (δ：利力で，$\delta = -\log v$)

証明 (1) ${}_{t-1|}q_x = {}_{t-1}p_x - {}_tp_x$ に注意する．

$$\begin{aligned}
A_{x:\overline{n}|} &= \sum_{t=1}^n v^t {}_{t-1|}q_x + v^n {}_np_x \\
&= \sum_{t=1}^n v^t ({}_{t-1}p_x - {}_tp_x) + v^n {}_np_x \\
&= v(1 - p_x) + v^2(p_x - {}_2p_x) + \cdots + v^n({}_{n-1}p_x - {}_np_x) + v^n {}_np_x \\
&= v - vd \cdot p_x - v^2 d \cdot {}_2p_x - \cdots - v^{n-1}d \cdot {}_{n-1}p_x \\
&= 1 - d(1 + vp_x + v^2 {}_2p_x + \cdots + v^{n-1} {}_{n-1}p_x) = 1 - d\ddot{a}_{x:\overline{n}|}.
\end{aligned}$$

(2) ${}_tp_x \mu_{x+t} = -\dfrac{d}{dt}{}_tp_x$ に注意して部分積分を行う：

$$\begin{aligned}
\bar{A}_{x:\overline{n}|} &= -\int_0^n e^{-\delta t} \cdot \left(\frac{d}{dt}{}_tp_x\right) dt + v^n {}_np_x \\
&= \left[-e^{-\delta t} {}_tp_x\right]_0^n - \delta \int_0^n e^{-\delta t} {}_tp_x\, dt + v^n {}_np_x \\
&= 1 - \delta \bar{a}_{x:\overline{n}|}.
\end{aligned}$$

□

命題 3.3 を用いると，$A_{x:\overline{n}|}, \ddot{a}_{x:\overline{n}|}, P_{x:\overline{n}|}$ の間には次の関係が成り立つ．

命題 3.4

(1) $A_{x:\overline{n}|} = 1 - d\ddot{a}_{x:\overline{n}|} = \dfrac{P_{x:\overline{n}|}}{P_{x:\overline{n}|} + d}$

(2) $\ddot{a}_{x:\overline{n}|} = \dfrac{1 - A_{x:\overline{n}|}}{d} = \dfrac{1}{P_{x:\overline{n}|} + d}$

(3) $P_{x:\overline{n}|} = \dfrac{dA_{x:\overline{n}|}}{1 - A_{x:\overline{n}|}} = \dfrac{1}{\ddot{a}_{x:\overline{n}|}} - d$

証明は式 (3.9) と命題 3.3 から初等的にえられるので読者自身でチェックされたい．

●——チェックポイント

命題 3.4 で注意すべき点は，$A_{x:\overline{n}|}, \ddot{a}_{x:\overline{n}|}, P_{x:\overline{n}|}$ のいずれも他のもので表現できるということである．例えば $P_{x:\overline{n}|}$ は $A_{x:\overline{n}|}$ で表現することも，$\ddot{a}_{x:\overline{n}|}$ で表現することもできるのである．また，$A_{x:\overline{n}|}, \ddot{a}_{x:\overline{n}|}, P_{x:\overline{n}|}$ のうち，2 つの数値が与えられると d の値が定まり，予定現価率 v，予定利率 i の値が定まる．このことは後で述べる例題や演習問題で解説していく．

3.6 累加，累減保険と生命年金

この節では保険金が変動する定期保険の一時払い保険料や年金年額が年度によって変動する生命年金の現価について考えていく．

3.6.1 累加，累減定期保険

この節で扱う累加，累減定期保険の一時払い保険料を記号でまず紹介する．

$(IA)^1_{x:\overline{n}|}$：死亡時期末払い，死亡保険金は 1 から n まで年度毎に 1 ずつ累加する

$(I\bar{A})^1_{x:\overline{n}|}$：保険金は年度毎に 1 ずつ累加するが，死亡時即時払い

$(\bar{I}\bar{A})^1_{x:\overline{n|}}$：保険金額も連続的に増加し，死亡即時払い

$(DA)^1_{x:\overline{n|}}$：死亡時期末払い，保険金は n から年度毎に 1 ずつ累減する

これらの定期保険の一時払い保険料は次のように表される：

$$(IA)^1_{x:\overline{n|}} = vq_x + 2v^2{}_{1|}q_x + \cdots + nv^n{}_{n-1|}q_x$$

$$(I\bar{A})^1_{x:\overline{n|}} = \int_0^1 v^t{}_tp_x\mu_{x+t}\,dt$$
$$+ 2\int_1^2 v^t{}_tp_x\mu_{x+t}\,dt + \cdots + n\int_{n-1}^n v^t{}_tp_x\mu_{x+t}\,dt$$

$$(\bar{I}\bar{A})^1_{x:\overline{n|}} = \int_0^n tv^t{}_tp_x\mu_{x+t}\,dt$$

$$(DA)^1_{x:\overline{n|}} = n\cdot vq_x + (n-1)\cdot v^2{}_{1|}q_x + \cdots + 1\cdot v^n{}_{n-1|}q_x$$

例えば $(IA)^1_{x:\overline{n|}}$ については図 3.10 から上のように表されることが理解できよう．$(I\bar{A})^1_{x:\overline{n|}}$ については，保険金は第 1 年度の 1 から，毎年度 1 ずつ増加してゆき第 n 年度には n となるが，保険金の支払いは死亡時即時払いとなっているので，一時払い保険料が上式のように表される．これに対して，$(\bar{I}\bar{A})^1_{x:\overline{n|}}$ は保険金も連続的に増加してゆき，$x+t$ と $x+t+dt$ で死亡が発生したときの死亡保険金は t となることから一時払い保険料が上の式で表される．累減定期保険については，保険金が第 1 年度の n から毎年度 1 ずつ減少してゆき第 n 年度では 1 となることから，一時払い保険料が上式のように表されることは明らかであろう．

累加定期保険は次のようなケースで取り扱われる．

	x	$x+1$	$x+2$	$\cdots$	$x+n-1$	$x+n$
保険金		1	2	$\cdots$	$n-1$	n
保険金現価		$1v$	$2v^2$	$\cdots$	$(n-1)v^{n-1}$	nv^n
確率		q_x	$_{1|}q_x$	$\cdots$	$_{n-2|}q_x$	$_{n-1|}q_x$

図 3.10

● 既払い込み保険料返還付き保険

　x 歳加入，n 年契約の生存保険 (保険金 1) で，保険料は n 年間の年払いとし，n 年以内に死亡のときは期末に既払い込み保険料に利息を付けずに返還するとする．この保険の年払い保険料 P を求めてみよう．

　保険料の収入現価の期待値は $P\ddot{a}_{x:\overline{n|}}$ となる．また，支出現価の期待値は，生存給付の部分は $A_{x:\overline{n|}}^{1}$ であることは明らかだが，死亡給付の部分はどうなるのであろうか？　各年度の死亡給付金現価とその確率は図 3.11 の通りであるので，収支相等の関係式は

$$P\ddot{a}_{x:\overline{n|}} = P(IA)^1_{x:\overline{n|}} + A_{x:\overline{n|}}^{1}$$

となる．

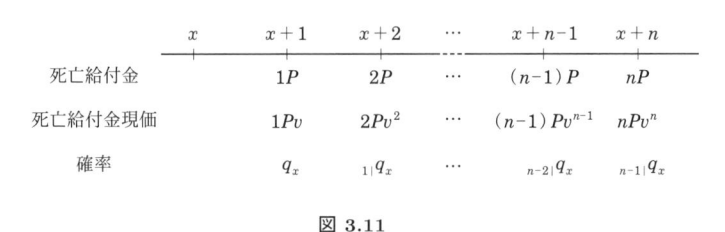

	x	$x+1$	$x+2$	$\cdots$	$x+n{-}1$	$x+n$
死亡給付金		$1P$	$2P$	$\cdots$	$(n{-}1)P$	nP
死亡給付金現価		$1Pv$	$2Pv^2$	$\cdots$	$(n{-}1)Pv^{n-1}$	nPv^n
確率		q_x	$_{1|}q_x$	$\cdots$	$_{n-2|}q_x$	$_{n-1|}q_x$

図 3.11

これより，

$$P = \frac{A_{x:\overline{n|}}^{1}}{\ddot{a}_{x:\overline{n|}} - (IA)^1_{x:\overline{n|}}}$$

となる．

　注意　既払い込み保険料を死亡給付金として予定利率と同じ利率で利息をつけて返還するケースについては後で論ずる．

3.6.2　累加，累減生命年金

　定期保険の場合と同様に，この節で扱う累加，累減生命年金の現価を以下に紹介する．

　　$(I\ddot{a})_{x:\overline{n|}}$：年金年額が 1 から毎年度 1 ずつ増加する生命年金

- $(I\bar{a})_{x:\overline{n|}}$：年金年額は毎年度 1 ずつ増加していくが，支払いは連続的
- $(\bar{I}\bar{a})_{x:\overline{n|}}$；年金年額も連続的に増加していく生命年金
- $(D\ddot{a})_{x:\overline{n|}}$：年金年額が n から毎年度 1 ずつ減少していく生命年金

これらの生命年金の現価は次の通りである．

$$(I\ddot{a})_{x:\overline{n|}} = 1 + 2vp_x + 3v^2{}_2p_x + \cdots + nv^{n-1}{}_{n-1}p_x$$

$$(I\bar{a})_{x:\overline{n|}} = \int_0^1 v^t{}_tp_x\,dt + 2\int_1^2 v^t{}_tp_x\,dt + \cdots + n\int_{n-1}^n v^t{}_tp_x\,dt$$

$$(\bar{I}\bar{a})_{x:\overline{n|}} = \int_0^n tv^t{}_tp_x\,dt$$

$$(D\ddot{a})_{x:\overline{n|}} = n + (n-1)\cdot vp_x + \cdots + 1\cdot v^{n-1}{}_{n-1}p_x$$

以下の注意を頭に入れれば，上の生命年金現価の式は理解できるであろう．$(I\ddot{a})_{x:\overline{n|}}$ は第 1 年度の年金年額が 1，第 2 年度の年金年額が 2 と毎年度年金年額が 1 ずつ増えていく生命年金である．また，$(I\bar{a})_{x:\overline{n|}}$ は年金年額は毎年度 1 ずつ増えていくが，支払いは連続的となる生命年金の現価である．これに対して，$(\bar{I}\bar{a})_{x:\overline{n|}}$ は年金年額も連続的に増えていく生命年金であり，$x+t$ と $x+t+dt$ での年金年額が t となるものである．$(D\ddot{a})_{x:\overline{n|}}$ は年金年額が n から毎年度 1 ずつ減少していく累減生命年金である．

3.6.3 累加，累減保険，年金に関する関係式

> **命題 3.5**
> (1) $(IA)^1_{x:\overline{n_1+n_2|}}$
> $= (IA)^1_{x:\overline{n_1|}} + A^{\,1}_{x:\overline{n_1|}}\left((IA)^1_{x+n_1:\overline{n_2|}} + n_1\,A^{\,1}_{x+n_1:\overline{n_2|}}\right)$
> (2) $(I\ddot{a})_{x:\overline{n_1+n_2|}}$
> $= (I\ddot{a})_{x:\overline{n_1|}} + A^{\,1}_{x:\overline{n_1|}}\cdot\left((I\ddot{a})_{x+n_1:\overline{n_2|}} + n_1\,\ddot{a}_{x+n_1:\overline{n_2|}}\right)$

証明 (1) $x+n_1$ 以降の死亡に対する保険金を図 3.12 に表してみると，$x+n_1$ と $x+n_1+1$ での死亡保険金は n_1+1，$x+n_1+1$ と $x+n_1+2$ での死亡保険金は n_1+2，$\cdots$，$x+n_1+n_2-1$ と $x+n_1+n_2$ での死亡保険金は n_1+n_2 となり，$x+n_1$ 以降の死亡に対しては保険金 n_1 の部分と，累加部分に分かれることから (1) が成り立つ．

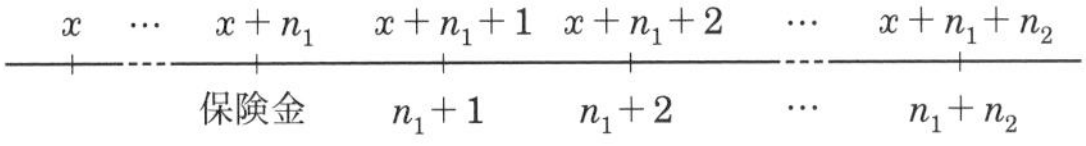

図 3.12

(2) についても (1) と同様のことを年金に関して考えればよい． □

◉——累加養老保険

累加定期保険に保険金 n の生存保険を合わせることによって，累加養老保険を定める．この累加養老保険の一時払い保険料は次のようになる：

$$(IA)_{x:\overline{n}|}=(IA)^{1}_{x:\overline{n}|}+nA_{x:\overset{\ 1}{\overline{n}|}}$$

$$(\bar{I}\bar{A})_{x:\overline{n}|}=(\bar{I}\bar{A})^{1}_{x:\overline{n}|}+nA_{x:\overset{\ 1}{\overline{n}|}}$$

命題 3.6

(1) $(IA)_{x:\overline{n}|}=\ddot{a}_{x:\overline{n}|}-d(I\ddot{a})_{x:\overline{n}|}$

(2) $(\bar{I}\bar{A})_{x:\overline{n}|}=\bar{a}_{x:\overline{n}|}-\delta(\bar{I}\bar{a})_{x:\overline{n}|}$

証明 (1) ${}_{t-1|}q_x={}_{t-1}p_x-{}_{t}p_x$ に注意する：

$$\begin{aligned}(IA)_{x:\overline{n}|}&=v(1-p_x)+2v^2(p_x-{}_2p_x)\\&\qquad+\cdots+nv^n({}_{n-1}p_x-{}_np_x)+nv^n{}_np_x\\&=v-2v(1-v)p_x-3v^2(1-v){}_2p_x\\&\qquad-\cdots-nv^{n-1}(1-v)_{n-1}p_x\end{aligned}$$

$$+ (vp_x + v^2{}_2p_x + \cdots + v^{n-1}{}_{n-1}p_x)$$
$$= \ddot{a}_{x:\overline{n|}} - d(1 + 2vp_x + \cdots + nv^{n-1}{}_{n-1}p_x)$$
$$= \ddot{a}_{x:\overline{n|}} - d(I\ddot{a})_{x:\overline{n|}}.$$

(2) 部分積分を用いると,
$$(\bar{I}\bar{A})_{x:\overline{n|}} = \int_0^n te^{-\delta t}\left(-\frac{d}{dt}{}_tp_x\right)dt + nv^n{}_np_x$$
$$= \left[-te^{-\delta t}{}_tp_x\right]_0^n + \int_0^n e^{-\delta t}{}_tp_x\,dt$$
$$\quad - \delta\int_0^n te^{-\delta t}{}_tp_x\,dt + nv^n{}_np_x$$
$$= \bar{a}_{x:\overline{n|}} - \delta(\bar{I}\bar{a})_{x:\overline{n|}}$$

となる. □

3.7　計算基数

保険料や生命年金現価を v と生命確率で表すことは前節まででで行ってきたが,実際に保険料を計算するにあたって役に立つのが計算基数である.

計算基数は生命表と予定現価率 v を用いて次のように与えられる:

$$D_x = v^x l_x$$
$$N_x = D_x + D_{x+1} + \cdots + D_\omega \quad (\omega:\text{生命表の最終年齢})$$
$$C_x = v^{x+1}d_x$$
$$M_x = C_x + C_{x+1} + \cdots + C_\omega$$
$$R_x = M_x + M_{x+1} + \cdots + M_\omega$$
$$S_x = N_x + N_{x+1} + \cdots + N_\omega$$
$$\bar{C}_x = v^{x+\frac{1}{2}}d_x$$
$$\bar{M}_x = \bar{C}_x + \bar{C}_{x+1} + \cdots + \bar{C}_\omega$$

これらの計算基数を用いて $A^1_{x:\overline{n|}}, \ddot{a}_{x:\overline{n|}}$ などがどのように表されるのかを

みていこう．

まず，$A^1_{x:\overline{n|}}$ について考えよう．これを l_x, d_x を用いて表すと

$$A^1_{x:\overline{n|}} = v\frac{d_x}{l_x} + v^2\frac{d_{x+1}}{l_x} + \cdots + v^n\frac{d_{x+n-1}}{l_x}$$

$$= \frac{v^{x+1}d_x + v^{x+2}d_{x+1} + \cdots + v^{x+n}d_{x+n-1}}{v^x l_x}$$

$$= \frac{C_x + C_{x+1} + \cdots + C_{x+n-1}}{D_x}$$

$$= \frac{(C_x + C_{x+1} + \cdots + C_\omega) - (C_{x+n} + \cdots + C_\omega)}{D_x}$$

$$= \frac{M_x - M_{x+n}}{D_x}$$

となる．

同様の計算で

$$\ddot{a}_{x:\overline{n|}} = \frac{N_x - N_{x+n}}{D_x}$$

となる．

累加定期保険一時払い保険料 $(IA)^1_{x:\overline{n|}}$ は，まず次のように書ける：

$$(IA)^1_{x:\overline{n|}} = \frac{C_x + 2C_{x+1} + 3C_{x+2} + \cdots + nC_{x+n-1}}{D_x}.$$

ここで，

$$\text{分子} = (C_x + C_{x+1} + C_{x+2} + \cdots + C_{x+n-1})$$
$$+ (C_{x+1} + C_{x+2} + \cdots + C_{x+n-1})$$
$$+ \cdots\cdots$$
$$+ C_{x+n-1}$$
$$= (M_x - M_{x+n}) + (M_{x+1} - M_{x+n})$$
$$+ \cdots + (M_{x+n-1} - M_{x+n})$$
$$= R_x - R_{x+n} - nM_{x+n}$$

であるので,
$$(IA)^1_{x:\overline{n|}} = \frac{R_x - R_{x+n} - nM_{x+n}}{D_x}$$
となる.

同様にして,累加生命年金の現価 $(I\ddot{a})_{x:\overline{n|}}$ については
$$(I\ddot{a})_{x:\overline{n|}} = \frac{S_x - S_{x+n} - nN_{x+n}}{D_x}$$
となる.

これ以外のものについては以下のようになる:
$$A_{x:\overline{n|}}^{\ \ 1} = \frac{D_{x+n}}{D_x},$$
$$A_{x:\overline{n|}} = \frac{M_x - M_{x+n} + D_{x+n}}{D_x},$$
$$a_{x:\overline{n|}} = \frac{N_{x+1} - N_{x+n+1}}{D_x}.$$

● ── 死亡保険金即時払いの計算基数

$\bar{A}^1_{x:\overline{n|}}$ の計算基数表現のために用意されているのが,$\bar{C}_x, \bar{M}_x$ である.死亡保険金即時払いの場合には,**すべての死亡が年度の中間点で起こる**と仮定して計算する.

図 3.13 より
$$\bar{A}^1_{x:\overline{n|}} = v^{\frac{1}{2}}q_x + v^{\frac{3}{2}}{}_{1|}q_x + \cdots + v^{n-\frac{1}{2}}{}_{n-1|}q_x$$

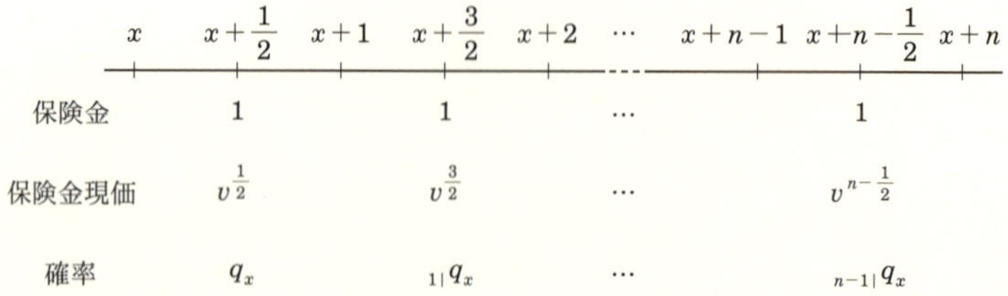

	x	$x+\frac{1}{2}$	$x+1$	$x+\frac{3}{2}$	$x+2$	$\cdots$	$x+n-1$	$x+n-\frac{1}{2}$	$x+n$
保険金		1		1		$\cdots$		1	
保険金現価		$v^{\frac{1}{2}}$		$v^{\frac{3}{2}}$		$\cdots$		$v^{n-\frac{1}{2}}$	
確率		q_x		${}_{1|}q_x$		$\cdots$		${}_{n-1|}q_x$	

図 3.13

$$= \frac{\bar{C}_x + \bar{C}_{x+1} + \cdots + \bar{C}_{x+n-1}}{D_x}$$
$$= \frac{\bar{M}_x - \bar{M}_{x+n}}{D_x}$$

となる.

> **例題 3.4** 30 歳加入, 30 年据置, 20 年契約, 期始払い, 年金年額 K の生命年金がある. 保険料は 30 年間の年払いとし, 保険料払い込み期間中に死亡のときは期末に既払い込み保険料に利息をつけずに返還するとする. 年払い保険料 P を計算基数を用いて表せ.

解答 収支相等の関係式を書くと

$$P\ddot{a}_{30:\overline{30|}} = K \cdot {}_{30|}\ddot{a}_{30:\overline{20|}} + P \cdot (IA)^1_{30:\overline{30|}}$$

となることより

$$P = \frac{K \cdot {}_{30|}\ddot{a}_{30:\overline{20|}}}{\ddot{a}_{30:\overline{30|}} - (IA)^1_{30:\overline{30|}}} = \frac{K \cdot (N_{60} - N_{80})}{N_{30} - N_{60} - (R_{30} - R_{60} - 30M_{60})}$$

となる.

> **例題 3.5** x 歳加入, $n_1 + n_2$ 年契約, 保険金 K の養老保険がある. 保険料を $n_1 + n_2$ 年の年払いとするとき, 最初の n_1 年間の年払い保険料を 10 万円, その次の n_2 年間の年払い保険料を 17 万円とすることもできるし, 最初の n_1 年間の年払い保険料を 13 万円, その次の n_2 年間の年払い保険料を 15 万円とすることもできるとする. このとき, 平準年払い保険料 ($n_1 + n_2$ 年間一定の年払い保険料) を求めよ.

解答 収支相等の関係式を書くと次のようになる:

$$10\,\ddot{a}_{x:\overline{n_1|}} + 17\,{}_{n_1|}\ddot{a}_{x:\overline{n_2|}} = KA_{x:\overline{n_1+n_2|}},$$

$$13\ddot{a}_{x:\overline{n_1|}} + 15{}_{n_1|}\ddot{a}_{x:\overline{n_2|}} = KA_{x:\overline{n_1+n_2|}}.$$

これより，$\ddot{a}_{x:\overline{n_1|}}, {}_{n_1|}\ddot{a}_{x:\overline{n_2|}}$ を未知数として方程式を解くと

$$\begin{cases} \ddot{a}_{x:\overline{n_1|}} = \dfrac{2}{71} KA_{x:\overline{n_1+n_2|}} \\ {}_{n_1|}\ddot{a}_{x:\overline{n_2|}} = \dfrac{3}{71} KA_{x:\overline{n_1+n_2|}} \end{cases}$$

となり，平準年払い保険料 P は

$$P = \frac{KA_{x:\overline{n_1+n_2|}}}{\ddot{a}_{x:\overline{n_1|}} + {}_{n_1|}\ddot{a}_{x:\overline{n_2|}}} = \frac{71}{5} = 14.2 \, (\text{万円})$$

となる．

3.8 終身契約

これまでは契約年数が n 年と指定されている場合を取り扱ってきたが，保険契約や生命年金の契約期間を定めないで，死ぬまでの契約期間としている終身契約がある．アクチュアリー記号としては，終身定期保険については，契約年数の n を書かずに $A_x, \bar{A}_x$ と表し，生命年金についても $\ddot{a}_x, \bar{a}_x$ などと表す．据置定期保険や据置生命年金についても同様である．

以下に終身契約の保険の一時払い保険料と生命年金の現価とその計算基数を列挙する：

$$A_x = \sum_{t=1}^{\infty} v^t {}_{t-1|}q_x = \frac{M_x}{D_x}$$

$$\bar{A}_x = \int_0^{\infty} v^t {}_tp_x \mu_{x+t} \, dt = \frac{\bar{M}_x}{D_x}$$

$$(IA)_x = \sum_{t=1}^{\infty} tv^t {}_{t-1|}q_x = \frac{R_x}{D_x}$$

$$(I\bar{A})_x = \sum_{t=1}^{\infty} t \int_{t-1}^{t} v^u {}_up_x \mu_{x+u} \, du$$

$$(\bar{I}\bar{A})_x = \int_0^{\infty} tv^t {}_tp_x \mu_{x+t} \, dt$$

$$\ddot{a}_x = \sum_{t=0}^{\infty} v^t {}_tp_x = \frac{N_x}{D_x}$$

$$a_x = \sum_{t=1}^{\infty} v^t {}_tp_x = \frac{N_{x+1}}{D_x}$$

$$(I\ddot{a})_x = \sum_{t=1}^{\infty} tv^{t-1} {}_tp_x = \frac{S_x}{D_x}$$

$$\bar{a}_x = \int_0^{\infty} v^t {}_tp_x \, dt$$

$$(I\bar{a})_x = \sum_{t=1}^{\infty} t \int_{t-1}^{t} v^u {}_up_x \, du$$

$$(\bar{I}\bar{a})_x = \int_0^{\infty} tv^t {}_tp_x \, dt$$

$${}_{f|}A_x = \sum_{t=1}^{\infty} v^{f+t} {}_{f+t-1|}q_x = \frac{M_{x+f}}{D_x}$$

$${}_{f|}\bar{A}_x = \int_f^{\infty} v^t {}_tp_x \mu_{x+t} \, dt = \frac{\bar{M}_{x+f}}{D_x}$$

$${}_{f|}\ddot{a}_x = \sum_{t=0}^{\infty} v^{f+t} {}_{t+f}p_x = \frac{N_{x+f}}{D_x}$$

$${}_{f|}a_x = \sum_{t=1}^{\infty} v^{t+f} {}_{t+f}p_x = \frac{N_{x+f+1}}{D_x}.$$

命題 3.6 と同様の関係が $(IA)_x$ と $(I\ddot{a})_x$ の間および $(\bar{I}\bar{A})_x$ と $(\bar{I}\bar{a})_x$ の間に成立する．

命題 3.7

(1)　$(IA)_x = \ddot{a}_x - d(I\ddot{a})_x$

(2)　$(\bar{I}\bar{A})_x = \bar{a}_x - \delta(\bar{I}\bar{a})_x$

証明は命題 3.6 と同様にして行える．良い計算練習となるので，読者みずから行なわれたい．

3.9 再帰式

再帰式とは,例えば $\ddot{a}_{x:\overline{n}|}$ と $\ddot{a}_{x+1:\overline{n-1}|}$ との間の関係といった "漸化式的な関係" のことである.

命題 3.8

(1) $A^1_{x:\overline{n}|} = vq_x + vp_x \cdot A^1_{x+1:\overline{n-1}|}$
(2) $\ddot{a}_{x:\overline{n}|} = 1 + vp_x \cdot \ddot{a}_{x+1:\overline{n-1}|}$
(3) $A_x = vq_x + vp_x \cdot A_{x+1}$
(4) $\ddot{a}_x = 1 + vp_x \cdot \ddot{a}_{x+1}$
(5) $(IA)^1_{x:\overline{n}|} = A^1_{x:\overline{n}|} + vp_x \cdot (IA)^1_{x+1:\overline{n-1}|}$
(6) $(IA)_x = A_x + vp_x \cdot (IA)_{x+1}$
(7) $(I\ddot{a})_{x:\overline{n}|} = \ddot{a}_{x:\overline{n}|} + vp_x \cdot (I\ddot{a})_{x+1:\overline{n-1}|}$
(8) $(I\ddot{a})_x = \ddot{a}_x + vp_x \cdot (I\ddot{a})_{x+1}$

証明 基本的に証明は契約期間を最初の 1 年とそれ以降の期間に分けることによってなされる (3.4 節を参照).

(1) について:

$$A^1_{x:\overline{n}|} = A^1_{x:\overline{1}|} + {}_{1|}A^1_{x:\overline{n-1}|}$$
$$= vq_x + A^{\;1}_{x:\overline{1}|} \cdot A^1_{x+1:\overline{n-1}|}$$
$$= vq_x + vp_x \cdot A^1_{x+1:\overline{n-1}|}.$$

(2) について:

$$\ddot{a}_{x:\overline{n}|} = \ddot{a}_{x:\overline{1}|} + {}_{1|}\ddot{a}_{x:\overline{n-1}|}$$
$$= 1 + A^{\;1}_{x:\overline{1}|} \cdot \ddot{a}_{x+1:\overline{n-1}|}$$
$$= 1 + vp_x \cdot \ddot{a}_{x+1:\overline{n-1}|}.$$

(3), (4) については (1), (2) と同様に証明できる.
(5) について:

$$(IA)^1_{x:\overline{n}|} = vq_x + \sum_{t=1}^{n-1}(t+1)\cdot v^{t+1}{}_{t|}q_x$$
$$= A^1_{x:\overline{n}|} + \sum_{t=1}^{n-1} t\cdot v^{t+1} p_x \cdot {}_{t-1|}q_{x+1}$$
$$= A^1_{x:\overline{n}|} + vp_x \cdot (IA)^1_{x+1:\overline{n-1}|}.$$

(6) についても (5) と同様に証明できる．

(7) について：

$$(I\ddot{a})_{x:\overline{n}|} = 1 + \sum_{t=1}^{n-1}(t+1)\cdot v^t{}_t p_x$$
$$= \ddot{a}_{x:\overline{n}|} + vp_x \sum_{t=1}^{n-1} t\cdot v^{t-1}{}_{t-1}p_{x+1}$$
$$= \ddot{a}_{x:\overline{n}|} + vp_x \cdot (I\ddot{a})_{x+1:\overline{n-1}|}.$$

(8) についても (7) と同様に証明できる． □

例題 3.6 $P_x = c_1$, $P_{x+1} = c_2$, $\ddot{a}_x = c_3$ であるとき，d, p_x を求めよ．

解答 命題 3.4 より

$$\ddot{a}_x = \frac{1}{c_1+d}, \quad \ddot{a}_{x+1} = \frac{1}{c_2+d}$$

であるので，

$$\frac{1}{c_1+d} = c_3$$

より，$d = \dfrac{1}{c_3} - c_1$ となる．

再帰式 $\ddot{a}_x = 1 + vp_x \ddot{a}_{x+1}$ より

$$p_x = \frac{(c_3-1)(c_2 c_3 - c_1 c_3 + 1)}{c_3 + c_1 c_3 - 1}$$

となる．

> **例題 3.7** $(I\ddot{a})_{x+1} = c_1$, $(IA)_x = c_2$, $P_x = c_3$, $A_x = c_4$ のとき，d, p_x を求めよ．

解答 P_x, A_x の関係より

$$c_3 = \frac{dc_4}{1-c_4}$$

より，$d = \dfrac{c_3(1-c_4)}{c_4}$．

また，$\ddot{a}_x = \dfrac{c_4}{c_3}$，$v = 1 - d = \dfrac{c_4 - c_3 + c_3c_4}{c_4}$ であることに注意すると，命題 3.7 より

$$c_2 = \frac{c_4}{c_3} - \frac{c_3(1-c_4)}{c_4} \cdot (I\ddot{a})_x$$

となり

$$(I\ddot{a})_x = \frac{c_4(c_4 - c_2c_3)}{c_3^2(1-c_4)}$$

となる．これに命題 3.8 の (8) を用いると

$$p_x = \left(\frac{c_4}{c_3}\right)^2 \cdot \frac{c_4 - c_2c_3 - c_3 + c_3c_4}{c_1(1-c_4)(c_4 - c_3 + c_3c_4)}$$

となる．

3.10 生命年金現価の死亡確率，余命の確率密度関数を用いた表現

この節では $\ddot{a}_{x:\overline{n}|}$ を死亡確率 $_{t-1|}q_x$ を用いて表現する方法について述べる．この関係式は後でさまざまなところで用いられる．

> **命題 3.9**
> (1) $\ddot{a}_{x:\overline{n}|} = \sum_{t=1}^{n} \ddot{a}_{\overline{t}|} \cdot {}_{t-1|}q_x + \ddot{a}_{\overline{n}|} \cdot {}_n p_x$

3.10 生命年金現価の死亡確率，余命の確率密度関数を用いた表現

(2) $(I\ddot{a})_{x:\overline{n}|} = \sum_{t=1}^{n} (I\ddot{a})_{\overline{t}|} \cdot {}_{t-1|}q_x + (I\ddot{a})_{\overline{n}|} \cdot {}_np_x$

(3) $\bar{a}_{x:\overline{n}|} = \int_0^n \bar{a}_{\overline{t}|} \cdot {}_tp_x\mu_{x+t}\, dt + \bar{a}_{\overline{n}|} \cdot {}_np_x$

(4) $(\bar{I}\bar{a})_{x:\overline{n}|} = \int_0^n (\bar{I}\bar{a})_{\overline{t}|} \cdot {}_tp_x\mu_{x+t}\, dt + (\bar{I}\bar{a})_{\overline{n}|} \cdot {}_np_x$

(5) $\ddot{a}_x = \sum_{t=1}^{\infty} \ddot{a}_{\overline{t}|} \cdot {}_{t-1|}q_x$

(6) $(I\ddot{a})_x = \sum_{t=1}^{\infty} (I\ddot{a})_{\overline{t}|} \cdot {}_{t-1|}q_x$

(7) $\bar{a}_x = \int_0^{\infty} \bar{a}_{\overline{t}|} \cdot {}_tp_x\mu_{x+t}\, dt$

(8) $(\bar{I}\bar{a})_x = \int_0^{\infty} (\bar{I}\bar{a})_{\overline{t}|} \cdot {}_tp_x\mu_{x+t}\, dt$

証明 ${}_{t-1|}q_x = {}_{t-1}p_x - {}_tp_x$ に注意する．
(1) について：

$$\text{右辺} = \ddot{a}_{\overline{1}|}(1-p_x) + \ddot{a}_{\overline{2}|}(p_x - {}_2p_x)$$
$$+ \cdots + \ddot{a}_{\overline{n}|}({}_{n-1}p_x - {}_np_x) + \ddot{a}_{\overline{n}|}{}_np_x$$
$$= 1 + (\ddot{a}_{\overline{2}|} - \ddot{a}_{\overline{1}|})p_x + (\ddot{a}_{\overline{3}|} - \ddot{a}_{\overline{2}|}){}_2p_x$$
$$+ \cdots + (\ddot{a}_{\overline{n}|} - \ddot{a}_{\overline{n-1}|}){}_{n-1}p_x$$
$$= 1 + vp_x + v^2 {}_2p_x + \cdots + v^{n-1} {}_{n-1}p_x = \text{左辺}.$$

(2) について：

$$\text{右辺} = (I\ddot{a})_{\overline{1}|}(1-p_x) + (I\ddot{a})_{\overline{2}|}(p_x - {}_2p_x)$$
$$+ \cdots + (I\ddot{a})_{\overline{n}|}({}_{n-1}p_x - {}_np_x) + (I\ddot{a})_{\overline{n}|}{}_np_x$$
$$= 1 + ((I\ddot{a})_{\overline{2}|} - (I\ddot{a})_{\overline{1}|})p_x + ((I\ddot{a})_{\overline{3}|} - (I\ddot{a})_{\overline{2}|}){}_2p_x$$
$$+ \cdots + ((I\ddot{a})_{\overline{n}|} - (I\ddot{a})_{\overline{n-1}|}){}_{n-1}p_x$$
$$= 1 + 2vp_x + 3v^2 {}_2p_x + \cdots + nv^{n-1} {}_{n-1}p_x = \text{左辺}.$$

(3) について：

$$\bar{a}_{\overline{t}|} = \int_0^t e^{-\delta u}\,du = \frac{1}{\delta}(1 - e^{-\delta t})$$

に注意する．

$$\begin{aligned}
右辺 &= \int_0^n \frac{1}{\delta}(1 - e^{-\delta t})\left(-\frac{d}{dt}{}_tp_x\right)dt + \frac{1}{\delta}(1 - e^{-\delta n}){}_np_x \\
&= \left[-\frac{1}{\delta}(1 - e^{-\delta t}){}_tp_x\right]_0^n + \int_0^n e^{-\delta t}{}_tp_x\,dt + \frac{1}{\delta}(1 - e^{-\delta n}){}_np_x \\
&= \int_0^n e^{-\delta t}{}_tp_x\,dt = 左辺.
\end{aligned}$$

(4) について：

$$\begin{aligned}
(\bar{I}\bar{a})_{\overline{t}|} &= \int_0^t u e^{-\delta u}\,du = \left[-e^{-\delta u}\left(\frac{u}{\delta} + \frac{1}{\delta^2}\right)\right]_0^t \\
&= \frac{1}{\delta^2} - \left(\frac{t}{\delta} + \frac{1}{\delta^2}\right)e^{-\delta t}
\end{aligned}$$

に注意する．

$$\begin{aligned}
右辺 &= \int_0^n \left(\frac{1}{\delta^2} - \left(\frac{t}{\delta} + \frac{1}{\delta^2}\right)e^{-\delta t}\right)\left(-\frac{d}{dt}{}_tp_x\right)dt \\
&\quad + \left(\frac{1}{\delta^2} - \left(\frac{n}{\delta} + \frac{1}{\delta^2}\right)e^{-\delta n}\right){}_np_x \\
&= \left[-\left(\frac{1}{\delta^2} - (\frac{t}{\delta} + \frac{1}{\delta^2})e^{-\delta t}\right){}_tp_x\right]_0^n \\
&\quad + \int_0^n t e^{-\delta t}{}_tp_x\,dt + \left(\frac{1}{\delta^2} - \left(\frac{n}{\delta} + \frac{1}{\delta^2}\right)e^{-\delta n}\right){}_np_x \\
&= \int_0^n t e^{-\delta t}{}_tp_x\,dt = 左辺.
\end{aligned}$$

(5) 〜 (8) も同様にして証明できる． □

●――チェックポイント

(1)　命題 3.9 は式変形での証明よりも意味合いを理解することが重要である．例えば (1) については，加入者が $x+t-1$ と $x+t$ の間で死亡のときは，その人は時点 x から時点 $x+t-1$ まで t 回年金を受け取っているので，それらの $x+t$ 時点における価値は $\ddot{s}_{\overline{t}|}$ となっており，それの現価が $\ddot{a}_{\overline{t}|}$ である．

また, n 年後に生存しているときには $x+n$ 時点で $\ddot{s}_{\overline{n}|}$ を受け取ったことになり, その現価が $\ddot{a}_{\overline{n}|}$ となるのである. これらのことに注意すれば (1) は理解できる.

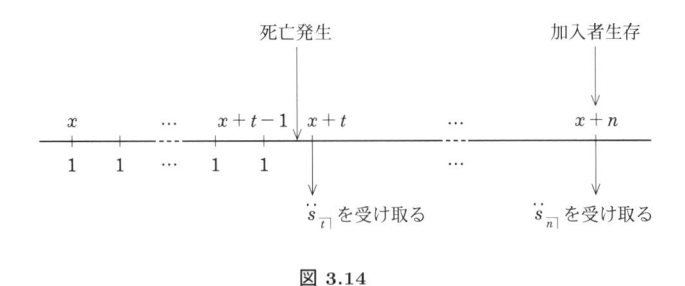

死亡発生　　　　　加入者生存

x ... $x+t-1$ $x+t$ ... $x+n$

1　1　...　1　1

$\ddot{s}_{\overline{t}|}$ を受け取る　　$\ddot{s}_{\overline{n}|}$ を受け取る

図 3.14

(2) また (7) の意味することは次の通りである. (x) の余命を Z_x とし, その確率密度関数を $f_{Z_x}(t)$ とすると,

$$\bar{a}_x = \int_0^\infty \bar{a}_{\overline{t}|} f_{Z_x}(t)\,dt = E[\bar{a}_{\overline{Z_x}|}]$$

となり, $\bar{a}_x$ は $\bar{a}_{\overline{Z_x}|}$ の期待値となる.

同様に $(\bar{I}\bar{a})_x$ は $(\bar{I}\bar{a})_{\overline{Z_x}|}$ の期待値である.

例題 3.8 $\mu_x = c$ のとき, $\bar{a}_{\overline{Z_x}|}$ の分散を δ, c を用いて表現せよ.

解答 $E[\bar{a}_{\overline{Z_x}|}] = \bar{a}_x$ であるので, 次が成り立つ:

$$E[\bar{a}_{\overline{Z_x}|}] = \int_0^\infty e^{-\delta t} e^{-ct}\,dt = \frac{1}{\delta + c}.$$

また,

$$E[\bar{a}^2_{\overline{Z_x}|}] = \int_0^\infty \frac{1}{\delta^2}(1 - e^{-\delta t})^2 e^{-ct} c\,dt$$

$$= \frac{c}{\delta^2} \int_0^\infty (1 - 2e^{-\delta t} + e^{-2\delta t})e^{-ct}\,dt$$

$$= \frac{c}{\delta^2}\left(\frac{1}{c} - \frac{2}{c+\delta} + \frac{1}{c+2\delta}\right)$$

であるので，

$$V[\bar{a}_{\overline{Z_x}}] = \frac{c}{\delta^2}\left(\frac{1}{c} - \frac{2}{c+\delta} + \frac{1}{c+2\delta}\right) - \left(\frac{1}{\delta+c}\right)^2$$
$$= \frac{c}{(c+\delta)^2(c+2\delta)}$$

となる．

例題 3.9 (利息をつけた既払い保険料返還付き保険) x 歳加入，n 年契約の生存保険で生存保険金を K 円とする．保険料は n 年間の年払いとし，保険料払い込み期間中に死亡のときは予定利率と同じ利率で利息をつけたものを死亡時の期末に返還するとする．年払い保険料 P を求めよ．

解答 $x+t$ と $x+t+1$ の間で死亡したとき，加入者はちょうど t 回保険料を支払っているので，$x+t$ で支給される死亡給付金は $P\ddot{s}_{\overline{t}|}$ となり，収支相等の式は

$$P\ddot{a}_{x:\overline{n}|} = KA_{x:\overline{n}|}^{\;\;1} + P\sum_{t=1}^{n} v^t \ddot{s}_{\overline{t}|} \cdot {}_{t-1|}q_x$$
$$= KA_{x:\overline{n}|}^{\;\;1} + P\sum_{t=1}^{n} \ddot{a}_{\overline{t}|} \cdot {}_{t-1|}q_x$$
$$= KA_{x:\overline{n}|}^{\;\;1} + P(\ddot{a}_{x:\overline{n}|} - \ddot{a}_{\overline{n}|} \cdot {}_n p_x) \quad (\text{命題 3.9 (1) より})$$

となるので，

$$P = \frac{KA_{x:\overline{n}|}^{\;\;1}}{\ddot{a}_{\overline{n}|} \cdot {}_n p_x} = \frac{Kv^n {}_n p_x}{\ddot{a}_{\overline{n}|} \cdot {}_n p_x} = \frac{K}{\ddot{s}_{\overline{n}|}}$$

となる．

3.11 さまざまな保険と年金

3.11.1 遺族年金

> **命題 3.10** x 歳加入，n 年契約，n 年以内に死亡のときは，死亡年度末から第 n 年度始めまで遺族が年額 1 の確定年金を受けとるとする．この保険の一時払い保険料 A は
> $$A = \sum_{t=1}^{n} v^t \cdot \ddot{a}_{\overline{n-t|}} \cdot {}_{t-1|}q_x$$
> $$= \ddot{a}_{\overline{n|}} - \ddot{a}_{x:\overline{n|}}$$
> となる．

証明 加入者が $x+t-1$ と $x+t$ の間で死亡すると，遺族は $x+t$ の時点から $x+n-1$ の時点まで年金年額 1 の確定年金を $n-t$ 回受けとるので，A の最初の式がえられる．また ${}_{t-1|}q_x = {}_{t-1}p_x - {}_{t}p_x$ より次が成り立つ：

$$A = \sum_{t=1}^{n} v^t \ddot{a}_{\overline{n-t|}} \cdot ({}_{t-1}p_x - {}_{t}p_x)$$
$$= v\ddot{a}_{\overline{n-1|}}(1 - p_x) + v^2 \ddot{a}_{\overline{n-2|}}(p_x - {}_2 p_x)$$
$$+ \cdots + v^{n-1}\ddot{a}_{\overline{1|}}({}_{n-2}p_x - {}_{n-1}p_x)$$

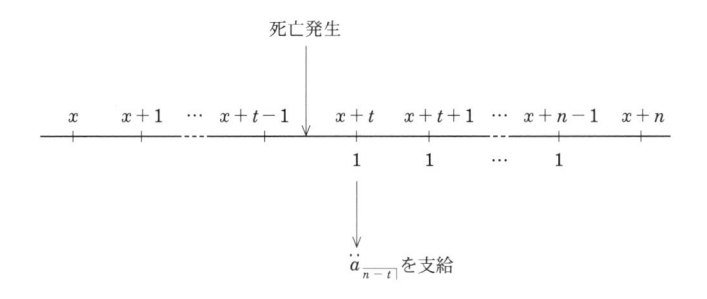

図 3.15

$$= v\ddot{a}_{\overline{n-1}|} + (v^2\ddot{a}_{\overline{n-2}|} - v\ddot{a}_{\overline{n-1}|})p_x$$
$$+ \cdots + (v^{n-1}\ddot{a}_{\overline{1}|} - v^{n-2}\ddot{a}_{\overline{2}|})_{n-2}p_x - v^{n-1}{}_{n-1}p_x.$$

ここで,

$$v\ddot{a}_{\overline{n-1}|} = v(1 + v + \cdots + v^{n-2}) = \ddot{a}_{\overline{n}|} - 1$$

$$v^2\ddot{a}_{\overline{n-2}|} - v\ddot{a}_{\overline{n-1}|} = -v$$

$$v^3\ddot{a}_{\overline{n-3}|} - v^2\ddot{a}_{\overline{n-2}|} = -v^2$$

$$\vdots$$

$$v^{n-1}\ddot{a}_{\overline{1}|} - v^{n-2}\ddot{a}_{\overline{2}|} = -v^{n-2}$$

であるので,

$$A = \ddot{a}_{\overline{n}|} - (1 + vp_x + v^2{}_2p_x + \cdots + v^{n-1}{}_{n-1}p_x) = \ddot{a}_{\overline{n}|} - \ddot{a}_{x:\overline{n}|}$$

となる. □

● ──チェックポイント

この年金の現価が $\ddot{a}_{\overline{n}|} - \ddot{a}_{x:\overline{n}|}$ となることは次のように理解できる. この加入者が $\ddot{a}_{\overline{n}|}$ で表される確定年金をもらっていて, **生存している限りこの年金を保険会社に返納していた**と考えると, 死亡の後, n 年度始めまで確定年金が残り, 年金現価が $\ddot{a}_{\overline{n}|} - \ddot{a}_{x:\overline{n}|}$ となることが理解できる.

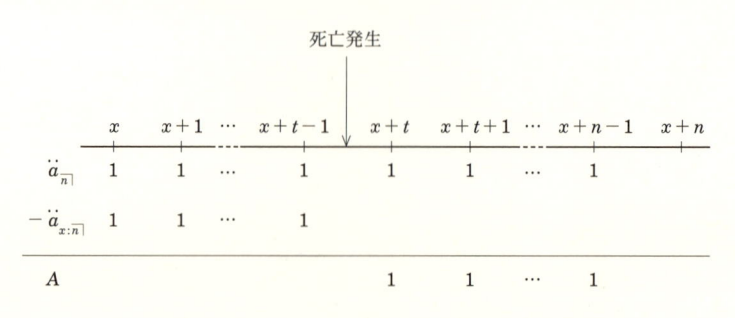

	x	$x+1$	$\cdots$	$x+t-1$	$x+t$	$x+t+1$	$\cdots$	$x+n-1$	$x+n$
$\ddot{a}_{\overline{n}|}$	1	1	$\cdots$	1	1	1	$\cdots$	1	
$-\ddot{a}_{x:\overline{n}|}$	1	1	$\cdots$	1					
A					1	1	$\cdots$	1	

死亡発生 ↓ (at $x+t$)

図 3.16

例題 3.10 30 歳加入，30 年据置，20 年契約，期始払い，年金年額 1 の生命年金がある．年金開始後に死亡のときは，その期末から第 50 年度始めまで遺族に年額 $\frac{1}{2}$ の確定年金が支給されるとする．保険料は 30 年間の年払いとするとき年払い保険料 P を求めよ．

解答 年額 $\frac{1}{2}$ の遺族年金の 60 歳時点での価値は，命題 3.10 により $\frac{1}{2}(\ddot{a}_{\overline{20|}} - \ddot{a}_{60:\overline{20|}})$ であるので，収支相等の式は

$$P\ddot{a}_{30:\overline{30|}} = {}_{30|}\ddot{a}_{30:\overline{20|}} + \frac{1}{2} \cdot A_{30:\overline{30|}}^{\;\;1} \cdot (\ddot{a}_{\overline{20|}} - \ddot{a}_{60:\overline{20|}})$$

となる．

${}_{30|}\ddot{a}_{30:\overline{20|}} = A_{30:\overline{30|}}^{\;\;1} \cdot \ddot{a}_{60:\overline{20|}}$ に注意すると，

$$P = \frac{\frac{1}{2} \cdot A_{30:\overline{30|}}^{\;\;1} \cdot (\ddot{a}_{\overline{20|}} + \ddot{a}_{60:\overline{20|}})}{\ddot{a}_{30:\overline{30|}}}$$

となる．

3.11.2 ローン生命保険

命題 3.11 n 年後の元利合計が 1 となるように毎年始めに一定金額を支払う契約年数 n 年のローンがある．途中で死亡したときに不足額を死亡給付金として支払う保険の年払い保険料 P は

$$P = P_{x:\overline{n|}} - \frac{1}{\ddot{s}_{\overline{n|}}}$$

となる．

証明 n 年後に 1 をえるために毎年始めに積み立てる額を K とすると，

$$K\ddot{s}_{\overline{n|}} = 1$$

なので, $K = \dfrac{1}{\ddot{s}_{\overline{n}|}}$ となる. $x+t-1$ と $x+t$ の間で死亡した人は t 回積み立てているので, $x+t$ 時点での積立額は $\dfrac{\ddot{s}_{\overline{t}|}}{\ddot{s}_{\overline{n}|}}$ となっており, t 年度の死亡給付金は $\left(1 - \dfrac{\ddot{s}_{\overline{t}|}}{\ddot{s}_{\overline{n}|}}\right)$ となる.

したがって,

$$\begin{aligned} P\ddot{a}_{x:\overline{n}|} &= \sum_{t=1}^{n} v^t \left(1 - \frac{\ddot{s}_{\overline{t}|}}{\ddot{s}_{\overline{n}|}}\right) \cdot {}_{t-1|}q_x \\ &= A^1_{x:\overline{n}|} - \frac{1}{\ddot{s}_{\overline{n}|}} \sum_{t=1}^{n} \ddot{a}_{\overline{t}|} \cdot {}_{t-1|}q_x \\ &= A^1_{x:\overline{n}|} - \frac{1}{\ddot{s}_{\overline{n}|}} \left(\ddot{a}_{x:\overline{n}|} - \ddot{a}_{\overline{n}|} \cdot {}_n p_x\right) \quad \text{(命題 3.9 (1) より)} \\ &= A_{x:\overline{n}|} - \frac{1}{\ddot{s}_{\overline{n}|}} \ddot{a}_{x:\overline{n}|} \quad (\ddot{a}_{\overline{n}|} = v^n \ddot{s}_{\overline{n}|} \text{ より}) \end{aligned}$$

となり,

$$P = P_{x:\overline{n}|} - \frac{1}{\ddot{s}_{\overline{n}|}}$$

となる. □

3.11.3 完全年金

x 歳加入, n 年契約の期末払い, 年金年額 1 の生命年金に次のサービスを加えたものを考えよう. すなわち, $x+t-1$ と $x+t$ の間に u という時点をとり, 加入者が u と $u+du$ の間で死亡したとき, 端数部分に相当する金額 $u-(t-1)$ を即時に支払うというサービスである. このような年金を**完全年金**と言い, その現価を $\overset{\circ}{a}_{x:\overline{n}|}$ で表す.

3.11 さまざまな保険と年金 | 71

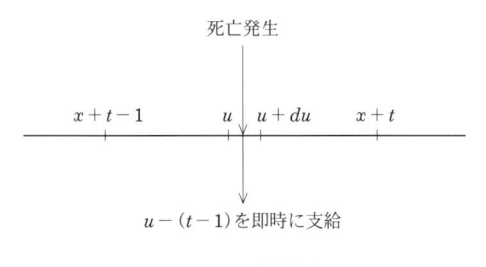

死亡発生

$x+t-1$ 　u 　$u+du$ 　$x+t$

$u-(t-1)$ を即時に支給

図 **3.17**　完全年金

命題 3.12　$\mathring{a}_{x:\overline{n}|} = a_{x:\overline{n}|} + (\bar{I}\bar{a})_{x:\overline{n}|} - (I\bar{a})_{x:\overline{n}|} + \bar{A}^1_{x:\overline{n}|}.$

証明

$$\begin{aligned}
\mathring{a}_{x:\overline{n}|} &= a_{x:\overline{n}|} + \sum_{t=1}^{n} \int_{t-1}^{t} (u-(t-1)) \cdot v^u \cdot {}_up_x \mu_{x+u}\, du \\
&= a_{x:\overline{n}|} + \sum_{t=1}^{n} \int_{t-1}^{t} u \cdot v^u \cdot {}_up_x \mu_{x+u}\, du \\
&\quad - \sum_{t=1}^{n} t \int_{t-1}^{t} v^u \cdot {}_up_x \mu_{x+u}\, du \\
&\quad + \sum_{t=1}^{n} \int_{t-1}^{t} v^u \cdot {}_up_x \mu_{x+u}\, du \\
&= a_{x:\overline{n}|} + \int_0^n u \cdot v^u \cdot {}_up_x \mu_{x+u}\, du - \sum_{t=1}^{n} t \int_{t-1}^{t} v^u \cdot {}_up_x \mu_{x+u}\, du \\
&\quad + \int_0^n v^u \cdot {}_up_x \mu_{x+u}\, du \\
&= a_{x:\overline{n}|} + (\bar{I}\bar{a})_{x:\overline{n}|} - (I\bar{a})_{x:\overline{n}|} + \bar{A}^1_{x:\overline{n}|}. \qquad \square
\end{aligned}$$

3.11.4 保証期間付き年金

命題 3.13　x 歳加入，f 年据置，n 年契約，期始払い，年金年額 1 の生命年金がある．年金開始時に生存のときは $m(<n)$ 年間は加入者の生死

に関わらず年金を支給し，その後は普通の生命年金に戻るものを保証期間付きの生命年金とよぶ．この年金の現価は

$$A_{x:\overline{f|}}^{1} \cdot \ddot{a}_{\overline{m|}} + {}_{f+m|}\ddot{a}_{x:\overline{n-m|}}$$

となる．

証明 加入者が f 年後に生存していたら生存給付金として $\ddot{a}_{\overline{m|}}$ を受け取り，$f+m$ 年後は普通の生命年金に戻るので，命題の主張が成立する． □

例題 3.11 35 歳加入，25 年据置，期始払い，年金年額 1 の終身生命年金の純保険料を 25 年間の年払いとするとき，年払い保険料は c_1 であった．これに 10 年間の保証期間を付けたときの年払い保険料は c_2 であった．また，35 歳加入，35 年据置，期始払い，年金年額 1 の終身生命年金の純保険料を 35 年間の年払いとするとき，年払い保険料は c_3 であった．このとき，35 歳加入，25 年契約の生存保険の年払い保険料 $P_{35:\overline{25|}}^{1}$ を求めよ．ただし，$\ddot{a}_{\overline{10|}} = c_4$ とする．

解答 収支相等の関係式から

$$c_1 \ddot{a}_{35:\overline{25|}} = A_{35:\overline{25|}}^{1} \cdot \ddot{a}_{60:\overline{10|}} + {}_{35|}\ddot{a}_{35},$$

$$c_2 \ddot{a}_{35:\overline{25|}} = A_{35:\overline{25|}}^{1} \cdot c_4 + {}_{35|}\ddot{a}_{35},$$

$$c_3 (\ddot{a}_{35:\overline{25|}} + A_{35:\overline{25|}}^{1} \cdot \ddot{a}_{60:\overline{10|}}) = {}_{35|}\ddot{a}_{35}.$$

1 番目と 2 番目の式から $(c_2 - c_1)\ddot{a}_{35:\overline{25|}} = A_{35:\overline{25|}}^{1} \cdot (c_4 - \ddot{a}_{60:\overline{10|}})$ となり，1 番目と 3 番目の式から $A_{35:\overline{25|}}^{1} \cdot \ddot{a}_{60:\overline{10|}} = \dfrac{c_1 - c_3}{1 + c_3} \ddot{a}_{35:\overline{25|}}$ となる．これより

$$P_{35:\overline{25|}}^{1} = \frac{c_2 - c_3 + c_2 c_3 - c_1 c_3}{c_4 (1 + c_3)}$$

となる．

3.11.5 支出現価式の一般形

x 歳加入，n 年契約の保険 (年金) 契約に対して支出現価（一時払い保険料）A を与える式は以下のように表される：

$$A = \sum_{t=1}^{n} v^t {}_{t-1|}q_x \boxed{t \text{ 年度死亡給付金}} + v^n {}_np_x \boxed{\text{生存給付金}}.$$

●──チェックポイント

次の表 3.2 はこれまで学んだことを整理したものであり，しっかりと身につけてもらいたい．

表 3.2

	A	t 年度死亡給付金	生存給付金
(1)	$A^1_{x:\overline{n|}}$	1	0
(2)	$A_{x:\overline{n|}}^{1}$	0	1
(3)	$A_{x:\overline{n|}}$	1	1
(4)	$P(IA)^1_{x:\overline{n|}} + A_{x:\overline{n|}}^{1}$	tP	1
(5)	$\ddot{a}_{x:\overline{n|}}$	$\ddot{s}_{\overline{t|}}$	$\ddot{s}_{\overline{n|}}$
(6)	$P(\ddot{a}_{x:\overline{n|}} - \ddot{a}_{\overline{n|}} \cdot {}_np_x) + A_{x:\overline{n|}}^{1}$	$P\ddot{s}_{\overline{t|}}$	1
(7)	$(I\ddot{a})_{x:\overline{n|}}$	$(I\ddot{s})_{\overline{t|}}$	$(I\ddot{s})_{\overline{n|}}$
(8)	$\ddot{a}_{\overline{n|}} - \ddot{a}_{x:\overline{n|}}$	$\ddot{a}_{\overline{n-t|}}$	0

(4) は生存保険で，死亡時に既払い込み保険料を利息を付けないで返還する保険である．また (6) は同じ生存保険で死亡時に予定利率と同じ利率で利息を付けて返還する保険である．(8) は遺族年金の現価である．

例題 3.12 $(Ia)_{x:\overline{n|}}, A_{x:\overline{n|}}, A_{x:\overline{n|}}^{1}, (IA)^1_{x:\overline{n|}}$ の t 年度死亡給付金現価，n 年度の生存給付金現価を考えることにより，

$$(Ia)_{x:\overline{n|}} = c_1 + c_2 A_{x:\overline{n|}} + c_3 n A_{x:\overline{n|}}^{1} + c_4 (IA)^1_{x:\overline{n|}}$$

と表すとき，$c_1 \sim c_4$ を割引率 d を用いて表現せよ．

解答 $(Ia)_{x:\overline{n}|}$ の t 年度の死亡給付金現価を S_t とすると

$$S_t = \begin{cases} 0 & (t=1) \\ v + 2v^2 + \cdots + (t-1)v^{t-1} = \dfrac{1-d}{d^2} - \dfrac{1-d}{d^2}v^t - \dfrac{1}{d}(tv^t) \\ & (t \geqq 2) \end{cases}$$

となる．

表 3.3

	1 年度死亡給付金現価	t 年度死亡給付金現価 $(t \geqq 2)$	生存給付金現価
$(Ia)_{x:\overline{n}|}$	0	S_t	$S_n + nv^n$
$A_{x:\overline{n}|}$	v	v^t	v^n
$A_{x:\overline{n}|}^{\ 1}$	0	0	v^n
$(IA)_{x:\overline{n}|}^{1}$	v	tv^t	0

1 年度死亡給付金現価の比較より

$$c_1 + c_2 v + c_4 v = 0 \tag{3.10}$$

$t(\geqq 2)$ 年度死亡給付金現価の比較より

$$\frac{1-d}{d^2} - \frac{1-d}{d^2}v^t - \frac{1}{d}(tv^t) = c_1 + c_2 v^t + c_4 tv^t. \tag{3.11}$$

これが $t \geqq 2$ に対して成立するので上式の係数を比較すると

$$c_1 = \frac{1-d}{d^2}, \quad c_2 = -\frac{1-d}{d^2}, \quad c_4 = -\frac{1}{d}$$

となる．これは (3.10) を満たす．

また，生存給付金の現価の比較より

$$\frac{1-d}{d^2} - \frac{1-d}{d^2}v^n - \frac{1-d}{d}nv^n = c_1 + c_2 v^n + c_3 nv^n \tag{3.12}$$

より

$$c_3 = -\frac{1-d}{d}$$

となる.

3.12 営業保険料

3.12.1 営業年払い保険料

これまで議論してきた保険料は純保険料であり，我々が通常支払う保険料は**営業保険料**であって，これは純保険料と付加保険料との和である．純保険料はその年度の保険金支払いと将来の保険金支払いのための責任準備金積み立てにまわされる．一方，付加保険料は会社経費として使われる．

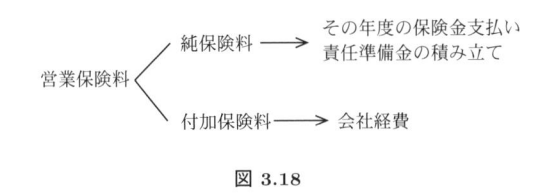

営業保険料 ┬ 純保険料 ⟶ その年度の保険金支払い 責任準備金の積み立て
　　　　　 └ 付加保険料 ⟶ 会社経費

図 3.18

付加保険料としては，新契約費，集金経費，維持費の3つに分けられる．これらを**予定事業費**と言うこともある．

$$\text{付加保険料} = \text{新契約費} + \text{集金経費} + \text{維持費}$$

となる.

(1) 新契約費 $\Longrightarrow$ 加入時に1回徴収，保険金1に対して α
(2) 集金経費 $\Longrightarrow$ 集金毎に徴収，営業保険料1に対して β
(3) 維持費 $\Longrightarrow$ 毎年始めに徴収，保険金1に対して，
　　　　　● 保険料払い込み期間は γ
　　　　　● 保険料払い済み後は γ'

例題 3.13 x 歳加入，$n_1 + n_2$ 年契約の養老保険 (死亡保険金は死亡時期末払い) を考え，保険金は K 円とする．保険料は n_1 年間の年払いとする．このときの営業年払い保険料 P^* を求めよ．ただし，予定事業費

の係数を $(\alpha, \beta, \gamma, \gamma')$ とする.

解答 収支相等の式は

$$P^* \ddot{a}_{x:\overline{n_1|}} = KA_{x:\overline{n_1+n_2|}} + K\alpha$$
$$+ P^*\beta \cdot \ddot{a}_{x:\overline{n_1|}} + K\gamma \ddot{a}_{x:\overline{n_1|}} + K\gamma'{}_{n_1|}\ddot{a}_{x:\overline{n_2|}}$$

となり, これより

$$P^* = \frac{K\left(A_{x:\overline{n_1+n_2|}} + \alpha + \gamma \ddot{a}_{x:\overline{n_1|}} + \gamma'{}_{n_1|}\ddot{a}_{x:\overline{n_2|}}\right)}{(1-\beta) \cdot \ddot{a}_{x:\overline{n_1|}}}$$

となる.

生命年金に関して営業保険料を考えるときには, 保険金の代わりに年金原資 (年金開始時の維持費を込めた年金の価値) を用いて, 新契約費, 維持費を計算する.

例題 3.14 30 歳加入, 35 年据置, 20 年契約, 期始払い, 年金年額 K 円の生命年金がある. 保険料は 35 年間の年払いとするとき, 営業年払い保険料 P^* を求めよ.

解答 年金原資を F とすると,

$$F = K\ddot{a}_{65:\overline{20|}} \cdot (1+\gamma')$$

となり,

$$P^*\ddot{a}_{30:\overline{35|}} = K \cdot {}_{35|}\ddot{a}_{30:\overline{20|}} + F\alpha + P^*\beta \cdot \ddot{a}_{30:\overline{35|}} + F\gamma \cdot \ddot{a}_{30:\overline{35|}}$$

となる.
これより

$$P^* = \frac{K \cdot {}_{35|}\ddot{a}_{30:\overline{20|}} + F\alpha + F\gamma \ddot{a}_{30:\overline{35|}}}{(1-\beta)\ddot{a}_{30:\overline{35|}}}$$

となる.

3.12.2　営業一時払い保険料

営業一時払い保険料は通常付加保険料として新契約費と維持費 (払い済み後の γ' が用いられる) を考えることが一般的である.

x 歳加入, n 年契約の保険金 1 の養老保険 (死亡時期末払い) を考えよう. 一時払い純保険料は $A_{x:\overline{n|}}$ であるが, 営業一時払い保険料 $A^*_{x:\overline{n|}}$ は

$$A^*_{x:\overline{n|}} = A_{x:\overline{n|}} + \alpha + \gamma' \ddot{a}_{x:\overline{n|}}$$

で与えられる.

3.13　保険料決定原理

この章においては純保険料を支払われる保険金の現価の期待値としてとらえてきた. x 歳加入, 死亡保険金 1, 死亡時即時払いの終身保険の一時払い保険料 $\bar{A}_x$ について考えてみよう. この保険のリスクは次の確率変数 R で与えられる:

$$R = v^{Z_x} = e^{-\delta Z_x} \qquad (Z_x : (x) \text{ の余命}).$$

一時払い保険料 $\bar{A}_x$ はこのリスク R の期待値として定められる:

$$\bar{A}_x = E[R] = \int_0^\infty e^{-\delta t} f_{Z_x}(t)\, dt.$$

今, この終身保険に n 人が加入しているとし, n 人の保険リスクを $R_1, \cdots, R_n$ とすると, これは独立同分布な確率変数列と考えられ,

$$S_n = R_1 + \cdots + R_n$$

は n 人の契約の総保険リスクと考えらる.

$S_n > E[S_n] = n\bar{A}_x$ となるとき, 純保険料ベースでも赤字となる. n が十分大きいとき, 赤字が発生する確率は $\dfrac{1}{2}$ に近くなり, 会社の経営上大きな問題となる. そこで, 徴収する保険料を $(1+\theta)\bar{A}_x$ とし, 赤字となる確率を十分小

さな値 ε でおさえることを考えよう．中心極限定理を用いて，契約数が n であるとき，$\theta > 0$ の値をどれくらい大きくすれば良いのかを評価してみよう．

●──中心極限定理

独立同分布な確率変数列 $X_1, \cdots, X_n$ があり，

$$E[X_i] = \mu, \quad V[X_i] = \sigma^2$$

が存在しているとし，

$$S_n = X_1 + \cdots + X_n$$

とおく．

$n \to \infty$ とするとき，$\dfrac{S_n - E[S_n]}{\sqrt{V[S_n]}}$ の確率分布は標準正規分布に収束する．

すなわち，

$$P\left(a \leqq \frac{S_n - E[S_n]}{\sqrt{V[S_n]}} \leqq b\right) \to \int_a^b \frac{1}{\sqrt{2\pi}} e^{-\frac{1}{2}u^2} du \quad (\text{as} \quad n \to \infty)$$

が成り立つ．

死力が $\mu_x = c$ のときを考えよう．このときには，(x) の余命 Z_x は指数分布 $\mathrm{Ex}(c)$ に従い，Z_x の確率密度関数 $f_{Z_x}(t)$ は

$$f_{Z_x}(t) = ce^{-ct} \quad (t > 0)$$

となる．このとき，保険リスク $R = e^{-\delta Z_x}$ の分布関数 $F_R(u) = P(R \leqq u)$ は $0 < u < 1$ のとき

$$F_R(u) = P(e^{-\delta Z_x} \leqq u) = P\left(Z_x \geqq -\frac{1}{\delta} \log u\right)$$
$$= \int_{-\frac{1}{\delta}\log u}^{\infty} ce^{-ct} dt = [-e^{-ct}]_{-\frac{1}{\delta}\log u}^{\infty} = u^{\frac{c}{\delta}}$$

となるので R の確率密度関数は次のようになる：

$$f_R(u) = \frac{c}{\delta} u^{\frac{c}{\delta}-1} \quad (0 < u < 1).$$

これより次が成立する：

$$E[R] = \frac{c}{\delta}\int_0^1 u^{\frac{c}{\delta}} du = \frac{c}{\delta + c},$$

$$E[R^2] = \frac{c}{\delta}\int_0^1 u^{\frac{c}{\delta}+1} du = \frac{c}{2\delta + c},$$

$$V[R] = \frac{c}{2\delta + c} - \frac{c^2}{(\delta + c)^2} = \frac{c\delta^2}{(2\delta + c)(\delta + c)^2}.$$

n 個の保険リスクに対して赤字が発生する確率が

$$P(S_n \geqq (1+\theta)E[S_n]) \leqq \varepsilon$$

となるために θ が満たすべき条件を求めよう．

$$\begin{aligned}
&P(S_n \geqq (1+\theta)E[S_n]) \\
&= P\left(\frac{S_n - E[S_n]}{\sqrt{V[S_n]}} \geqq \frac{\theta E[S_n]}{\sqrt{V[S_n]}}\right) \\
&= P\left(\frac{S_n - E[S_n]}{\sqrt{V[S_n]}} \geqq \theta\frac{\sqrt{c(2\delta + c)}}{\delta}\sqrt{n}\right) \leqq \varepsilon.
\end{aligned} \quad (3.13)$$

n が十分大きいとき

$$\frac{S_n - E[S_n]}{\sqrt{V[S_n]}} \sim \mathrm{N}(0,1)$$

とみなせるので，$u(\varepsilon)$ を $\mathrm{N}(0,1)$ の上側 ε 点とすると

$$\theta\frac{\sqrt{c(2\delta + c)}}{\delta}\sqrt{n} \geqq u(\varepsilon)$$

となり，

$$\theta \geqq \frac{\delta u(\varepsilon)}{\sqrt{c(2\delta + c)n}}$$

とすれば良いことが分かる．

このような θ を **安全割増** という．保険リスク R に対して，R のリスク評価 (保険料) を

$$\rho(R) = (1+\theta)E[R]$$

として定める方法を**期待値原理**とよび，

$$\rho(R) = E[R] + \theta\sqrt{V[R]}$$

として定める方法を**標準偏差原理**とよぶ．

一方，R の確率分布に着目して

$$\rho(R) = \inf\{u > 0;\ F_R(u) > 1-\varepsilon\}$$

として，リスク評価 $\rho(R)$ を定める方法を**パーセンタイル原理**とよぶ．このとき，$R > \rho(R)$ となる確率は ε で抑えられる．また，この $\rho(R)$ は信頼度が $1-\varepsilon$ の Value at Risk $\text{VaR}_{1-\varepsilon}(R)$ でもある．Value at Risk に関してはアクチュアリー試験の「損保数理」で出題されるテーマである (本シリーズ『損害保険数理』を参照)．

$\mu_x = c$ のとき $F_R(u) = u^{\frac{c}{\delta}}$ であるので，パーセンタイル原理によるリスク評価を $\rho(R)$ とすると

$$1-\varepsilon = (\rho(R))^{\frac{c}{\delta}}$$

となるので，$\rho(R) = (1-\varepsilon)^{\frac{\delta}{c}}$ となる．

これまでのリスク評価は R の確率分布をそのまま用いて評価してきたが，R の確率分布をリスクが高い方へ調整して評価を行う方法がある．そのうちの 1 つが**エッシャー原理**とよばれるもので，R のモーメント母関数 $E[e^{\lambda R}]$ ($\lambda > 0$) が存在するとき，

$$\rho(R) = \frac{E[Re^{\lambda R}]}{E[e^{\lambda R}]}$$

によってリスク評価する方法である．

これは R の確率密度関数を

$$f_R(u) \to \hat{f}_R(u) = \frac{f_R(u)e^{\lambda u}}{E[e^{\lambda R}]}$$

となるように変換する方法である．すなわち，リスクの分布をリスクが高くなる方にずらして，期待値をとるという方法である．

演習問題

3.1

次のカッコ内に適当な数式，記号，数値を入れよ．

(1) $\ddot{a}_{25:\overline{35|}} = \ddot{a}_{25:\overline{15|}} + A^{\ 1}_{25:\overline{15|}} \cdot \left(\boxed{(A)} + {}_{8|}\ddot{a}_{40:\overline{12|}} \right)$

(2) $(IA)^{\ 1}_{30:\overline{40|}} = \boxed{(B)} + \boxed{(C)} \cdot \left(\boxed{(D)} + 10 \cdot \boxed{(E)} \right)$

(3) $(\bar{I}\bar{a})_{40:\overline{20|}} = \boxed{(F)} + A^{\ 1}_{40:\overline{8|}} \cdot \left(\boxed{(G)} + \boxed{(H)} \right)$

(4) $\dfrac{1}{D_{12}} \left(C_{12}\ddot{s}_{\overline{1|}} + C_{13}\ddot{s}_{\overline{2|}} + \cdots + C_{20}\ddot{s}_{\overline{9|}} \right) = \boxed{(I)} - \boxed{(J)}$

(5) $\displaystyle\int_0^n v^t \bar{a}_{\overline{n-t|}} \, {}_t p_x \mu_{x+t} \, dt = \boxed{(K)} - \boxed{(L)}$

(6) $(Ia)_{\overline{n|}} - (Ia)_{x:\overline{n|}} = \displaystyle\sum_{t=1}^n \dfrac{C_{x+t-1}}{D_x} \cdot \boxed{(M)}$

(7) $\dfrac{d}{dx} \bar{a}_x = \boxed{\quad(N)\quad} - 1$

(8) $\dfrac{d}{dx} \bar{A}_x = \delta \left(1 - \boxed{(O)} \right)$

(9) $(I\ddot{a})_{20:\overline{30|}} = \boxed{(P)} + \boxed{(Q)} \left(8\ddot{a}_{28:\overline{15|}} + \boxed{(R)} \right.$
$\left. + A^{\ 1}_{28:\overline{15|}} \left(\boxed{(S)} + \boxed{(T)} \right) \right)$

3.2

$\ddot{a}_{30:\overline{40|}} = c_1, \ddot{a}_{40:\overline{10|}} = c_2, \ddot{a}_{50:\overline{20|}} = c_3, A^{\ 1}_{30:\overline{10|}} = c_4, A^{\ 1}_{30:\overline{20|}} = c_5$ であるとき，次の問いに答えよ．

(1) $\ddot{a}_{30:\overline{10|}}$ を求めよ．

(2) $\ddot{a}_{30:\overline{20|}}$ を求めよ．

(3) $\ddot{a}_{40:\overline{30|}}$ を求めよ．

3.3

$P_{x:\overline{n|}} = c_1, (I\ddot{a})_{x+1:\overline{n-1|}} = c_2, (IA)_{x:\overline{n|}} = c_3, A_{x:\overline{n|}} = c_4$ とする．

(1) d の値を求めよ．

(2) p_x の値を求めよ．

(3) $\ddot{a}_{x+1:\overline{n-1|}}$ の値を求めよ.

3.4

$P_{30:\overline{20|}} = 0.041019$, $P_{50:\overline{20|}} = 0.04433$, $\ddot{a}_{30:\overline{40|}} = 26.6599$, $A_{30:\overline{20|}}^{1} = 0.64977$ であるとき, 割引率 d の値を求めよ.

3.5

30 歳加入, 20 年契約の定期保険で 10 年以内の死亡に対しては K_1 を期末に支払い, 10 年以降の死亡に対しては K_2 を期末に支払う. ただし, 最初の 10 年間の現価率を v_1 とし, 次の 10 年間の現価率を v_2 とする. 保険料は全期払い込みとする. また, 現価率が v_i のときの計算基数を $D_x(v_i), N_x(v_i), M_x(v_i)$ $(i = 1, 2)$ などと表す.

このとき, 年払い保険料 P を計算基数を用いて表せ.

3.6

x 歳加入, n 年契約, 保険金 1 の生存保険があり, 予定事業費の係数 $\alpha, \beta, \gamma, \gamma'$ が与えられている. n 年以内に死亡のときは, 死亡時の期末に既払い込み営業保険料に予定利率と同じ利率で利息を付けたものを返還するとする. このときの営業年払い保険料 P^* を求めよ. ただし, $\ddot{a}_{x:\overline{n|}} = c_1, A_{x:\overline{n|}}^{1} = c_2, \ddot{s}_{\overline{n|}} = c_3$ とする.

3.7

x 歳加入, f 年据置, 期始払い, 年金年額 1 の終身生命年金があり, 保険料は f 年間の年払いとする. このとき, 年払い純保険料 P と営業年払い保険料 P^* の間には $P^* = (1+c)P$ という関係があるとする. また, 保険料払い込み期間に死亡のときは, 期末に期払い込み営業保険料に利息を付けないで返還するとする. このときの営業年払い保険料 P^* を求めよ.

3.8

x 歳加入, n 年契約, 保険金 1 (死亡時即時払い) の養老保険があり, 保険料は n 年間の年払いであるとし, $\mu_x = c$ であるとする.

死力を c' だけ増加させ, 利力を c' だけ減少させたとき, 年払い保険料は

0.006 だけ増加した．利力を $\frac{1}{2}c'$ だけ増加させ，死力を $\frac{1}{2}c'$ だけ減少させたとき年払い保険料はどのように変化するか？

3.9

死亡率 q_x が次のように q'_x に変化する：

$$q'_x = \begin{cases} q_x + c_1 & (x = 30) \\ q_x + c_2 & (x = 50) \\ q_x & (その他) \end{cases}$$

死亡率が $\{q_x\}$ のときの生命年金現価や生存保険一時払い保険料を $\ddot{a}_{x:\overline{n}|}, A_{x:\frac{1}{n|}}$ で表し，

$$\ddot{a}_{20:\overline{30}|} = b_1, \quad \ddot{a}_{20:\overline{40}|} = b_2, \quad \ddot{a}_{31:\overline{19}|} = b_3, \quad \ddot{a}_{51:\overline{9}|} = b_4,$$

$$\ddot{a}_{50:\overline{10}|} = b_5, \quad A_{20:\frac{1}{10|}} = f_1, \quad A_{31:\frac{1}{19|}} = f_2, \quad A_{20:\frac{1}{30|}} = f_3$$

であるとする．

一方，死亡率 $\{q'_x\}$ に関する生命年金現価を $\ddot{a}'_{x:\overline{n}|}$ で表す．

(1) $\ddot{a}'_{20:\overline{30}|}$ を $b_1 \sim f_3$ と現価率 v を用いて表せ．

(2) $\ddot{a}'_{20:\overline{40}|}$ を $b_1 \sim f_3$ と現価率 v を用いて表せ．

3.10

$$\frac{(IA)_x - vq_x - vp_x(IA)_{x+1}}{vp_x((IA)_{x+1} + d(I\ddot{a})_{x+1})} = v(1 - e^{-c})$$

が成り立つとき，$\ddot{a}_{x+1}, A_{x+1}$ を求めよ．

3.11

x 歳加入，n 年契約の保険で，加入時より時間 t 経過時に死亡のとき，死亡保険金 $n - t$ が即時に支払われる保険の一時払い保険料 $\bar{A}$ を $\bar{a}_{x:\overline{n}|}, (\bar{I}\bar{a})_{x:\overline{n}|}$ を用いて表せ．

3.12

x 歳加入，n 年契約，死亡保険金 1 (死亡時期末払い)，保険料全期払い込み

の定期保険を考える．

ここで，
$$q_x = q_{x+1} = \cdots = q_{x+n-1} = q$$
が成り立つとき，この定期保険の年払い保険料 $P^1_{x:\overline{n|}}$ を v, q を用いて表せ．

3.13 （災害保障特約）

主契約として x 歳加入，n 年契約，保険金 K_1 の養老保険 (死亡時期末払い) を考える．保険料は全期払い込みで，予定事業費は次の通りとする．

- 主契約の新契約費：主契約の保険金 1 に対して α_1 で加入時に 1 回徴収．
- 主契約の集金経費：主契約の営業年払い保険料 1 に対して β_1，集金毎に徴収．
- 主契約の維持費：主契約の保険金 1 に対して γ_1，毎年始めに徴収．

主契約の営業年払い保険料 P^* は c_1 であったとする．

この主契約に対して次のような災害保障特約を考える．

- 災害による死亡に対して保険金 K_2 を支払う．
- 災害による予定死亡率を c_2 (年齢によらない) とし，災害以外の予定死亡率を $q_{x+t} - c_2$ とする．
- 特約の新契約費：主契約の保険金 1 に対して α_2 とし，加入時に 1 回徴収．
- 特約の集金経費：特約の営業保険料 1 に対して β_2，集金毎に徴収．
- 特約の維持費：主契約の保険金 1 に対して γ_2，毎年始めに徴収．

このとき，特約の営業年払い保険料 $\tilde{P}^*$ を求めよ．

3.14 （災害入院保険）

x 歳加入，n 年契約，保険料全期払い込みの次のような災害入院保険を考える．

- 災害により 5 日間以上入院したとき，入院日数から 4 日を差し引いた日数に日額 K の給付を掛けたものを支払う．ただし給付の日数は最大 120 日である．
- 入院日数が j の予定災害入院発生率は年齢によらず c_j である．
- 入院給付は年の中央で発生するとして，年 2 回以上の入院は発生しないものとする．

$(x+t-1, x+t)$ において，災害入院給付を伴う災害入院が発生するときの会社側の支出現価は $\boxed{\text{(A)}}$ であるので，この保険の年払い純保険料を P とすると

$$P\ddot{a}_{x:\overline{n|}} = \sum_{t=1}^{n} \boxed{\text{(A)}}$$
$$= \boxed{\text{(B)}}$$

であるので，$P = \boxed{\text{(C)}}$ となる．空欄を数式，記号で埋めよ．

第4章
責任準備金

責任準備金とは**将来の保険金 (年金) 支出**のため準備しておくべき金額である．保険会社が契約者から集める保険料は営業保険料であって，そのうち，付加保険料は会社経費として使われ，残りの純保険料が責任準備金の積み立てにまわされる．

この責任準備金は残存している契約毎，定められており，契約から何年経過しているかによって異なる．

現時点で会社が保有している残存契約は図 4.1 のように契約からさまざまな年数が経過している．会社の決算のとき，その会社が保有している全保険契約に関して，責任準備金をチェックするのがアクチュアリーの 1 つの仕事である．

図 4.1 の契約 1 は現時点で 10 年経過している契約で，満期まであと 3 年で

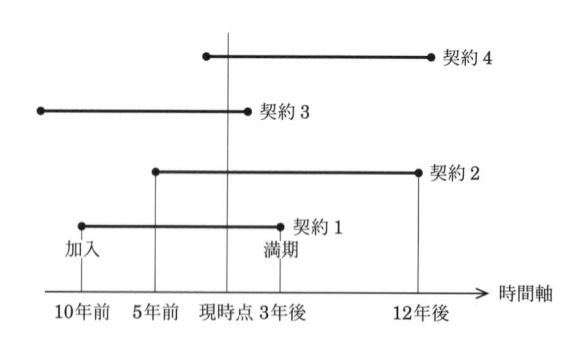

図 4.1　さまざまな保険契約の残存状態

あること，契約 2 は契約時点から 5 年経過しており，満期まであと 12 年であることを意味している．

例として，養老保険 $A_{x:\overline{n}|}$ の保険料を n 年間の年払いとしているとき，現時点で契約から $n-1$ 年経過している場合を考えよう．この契約が残存しているとは，契約者が生存しているということである．この契約者が残り 1 年間の間に死亡しようと，1 年後に生存しようと，1 年後には必ず保険金 1 が必要とされる．すなわち，この契約に関しては，1 年後に会社は保険金 1 が必要となるので，現時点では 1 年後の 1 の現価 v が必要とされる．しかし，契約者は現時点で生きているので最後の保険料 $P_{x:\overline{n}|}$ が収入される．したがって，この契約の現時点における責任準備金 $_{n-1}V_{x:\overline{n}|}$ は

$$_{n-1}V_{x:\overline{n}|} = v - P_{x:\overline{n}|}$$

となる．

それでは，現時点で契約から t 年経過している一般の場合の責任準備金はどのように定めれば良いのだろうか？

責任準備金の算出方法として過去法，将来法とよばれる 2 種類の方法がある．後で，これら 2 つの方法による結果は一致することが示される．

4.1　過去法と将来法による責任準備金の算出

4.1.1　過去法による責任準備金

例として，x 歳加入，n 年契約，保険金 1 (死亡時期末払い) の養老保険を考え，保険料は n 年間の年払いとする．(x) が l_x 人この保険に加入し，l_x 人のその後の生死は生命表の通りに実現されると考えよう．このとき，この契約の t 年度末の過去法による責任準備金を $_tV^P$ で表すと，

$$_tV^P = (1 \text{ 契約あたりの過去の収入の } x+t \text{ 時点での価値})$$
$$- (1 \text{ 契約あたりの過去の支出の } x+t \text{ 時点での価値})$$

と定められる．

それでは，$x+t$ 時点が現時点であるとし，時点 x から時点 $x+t$ までの過去の収入と支出を表にしてみると，表 4.1 のようになる：

表 4.1

	x	$x+1$	$\cdots$	$x+t-1$	$x+t$
収入	$P_{x:\overline{n}|} \cdot l_x$	$P_{x:\overline{n}|} \cdot l_{x+1}$	$\cdots$	$P_{x:\overline{n}|} \cdot l_{x+t-1}$	0
支出	0	d_x	$\cdots$	d_{x+t-2}	d_{x+t-1}

$x+t$ 時点での残存契約数は l_{x+t} であるので，加入者 l_x 人のうち，$x+t$ で残存している契約全体の責任準備金総額を求めると，

$$_tV^P \cdot l_{x+t} = P_{x:\overline{n}|} \cdot (l_x \cdot (1+i)^t + \cdots + l_{x+t-1} \cdot (1+i))$$
$$- (d_x \cdot (1+i)^{t-1} + \cdots + d_{x+t-1})$$

となる．

両辺に v^{x+t} をかけて，計算基数で表すと，

$$D_{x+t} \cdot {}_tV^P = P_{x:\overline{n}|} \cdot (D_x + \cdots + D_{x+t-1}) - (C_x + \cdots + C_{x+t-1})$$
$$= P_{x:\overline{n}|} \cdot (N_x - N_{x+t}) - (M_x - M_{x+t})$$

となる．

したがって，

$$_tV^P = \frac{P_{x:\overline{n}|} \cdot (N_x - N_{x+t}) - (M_x - M_{x+t})}{D_{x+t}} \tag{4.1}$$

となる．

4.1.2 将来法による責任準備金

次に将来法による養老保険の責任準備金を $_tV^F$ とすると，これは

$$_tV^F = (1\text{ 契約あたりの将来の支出の }x+t\text{ 時点での価値})$$
$$- (1\text{ 契約あたりの将来の収入の }x+t\text{ 時点での価値})$$

と定められる.

過去法のときと同じように,時点 $x+t$ が現時点と考え,時点 $x+t$ から $x+n$ までの収入と支出を表にすると,以下のようになる (表 4.2).

表 4.2

	$x+t$	$x+t+1$	$\cdots$	$x+n-1$	$x+n$
収入	$P_{x:\overline{n}|} \cdot l_{x+t}$	$P_{x:\overline{n}|} \cdot l_{x+t+1}$	$\cdots$	$P_{x:\overline{n}|} \cdot l_{x+n-1}$	0
支出	0	d_{x+t}	$\cdots$	d_{x+n-2}	$d_{x+n-1}+l_{x+n}$

これより,
$$_tV^F \cdot l_{x+t} = (vd_{x+t} + v^2 d_{x+t+1} + \cdots + v^{n-t}d_{x+n-1} + v^{n-t}l_{x+n})$$
$$- P_{x:\overline{n}|} \cdot (l_{x+t} + vl_{x+t+1} + \cdots + v^{n-t-1}l_{x+n-1})$$

となる.

両辺に v^{x+t} をかけて計算基数で表現すると,
$$D_{x+t} \cdot {}_tV^F = (C_{x+t} + \cdots + C_{x+n-1} + D_{x+n})$$
$$- P_{x:\overline{n}|} \cdot (D_{x+t} + \cdots + D_{x+n-1})$$

となり,
$$_tV^F = \frac{(M_{x+t} - M_{x+n} + D_{x+n}) - P_{x:\overline{n}|} \cdot (N_{x+t} - N_{x+n})}{D_{x+t}} \quad (4.2)$$

となる.
$$P_{x:\overline{n}|} = \frac{M_x - M_{x+n} + D_{x+n}}{N_x - N_{x+n}}$$

であるので, (4.1) と (4.2) より

$$(_tV^P - {_tV^F}) \cdot D_{x+t} = P_{x:\overline{n|}} \cdot (N_x - N_{x+n})$$
$$- (M_x - M_{x+n} + D_{x+n})$$
$$= 0$$

となり，$_tV^P = {_tV^F}$ となる．

そこで，$_tV^P = {_tV^F} = {_tV_{x:\overline{n|}}}$ と表す．

過去法と将来法で t 年度末責任準備金 $_tV_{x:\overline{n|}}$ は次のようになる：

$$_tV_{x:\overline{n|}} = \begin{cases} \dfrac{P_{x:\overline{n|}} \cdot (N_x - N_{x+t}) - (M_x - M_{x+t})}{D_{x+t}} \\ \text{(過去法)} \\ \dfrac{(M_{x+t} - M_{x+n} + D_{x+n}) - P_{x:\overline{n|}} \cdot (N_{x+t} - N_{x+n})}{D_{x+t}} \\ \text{(将来法)} \end{cases}$$

過去法の式の両辺に D_{x+t} をかけて，D_x で割ると，

$$A_{x:\overline{t|}}^{1} \cdot {_tV_{x:\overline{n|}}} = P_{x:\overline{n|}} \cdot \ddot{a}_{x:\overline{t|}} - A_{x:\overline{t|}}^{1}$$

となり，この両辺を $\ddot{a}_{x:\overline{t|}}$ で割ると，

$$P_{x:\overline{n|}} = P_{x:\overline{t|}}^{1} \cdot {_tV_{x:\overline{n|}}} + P_{x:\overline{t|}}^{1} \qquad \left({_tV_{x:\overline{n|}}} = \dfrac{P_{x:\overline{n|}} - P_{x:\overline{t|}}^{1}}{P_{x:\overline{t|}}^{1}} \right)$$

が成り立つ．

また，将来法の式からは次がえられる：

$$_tV_{x:\overline{n}|} = A_{x+t:\overline{n-t}|} - P_{x:\overline{n}|} \cdot \ddot{a}_{x+t:\overline{n-t}|}$$

この式の意味することは,将来法で考えると t 年度末の責任準備金 $_tV_{x:\overline{n}|}$ は,$n-t$ 年間の**将来の支出現価の期待値** $A_{x+t:\overline{n-t}|}$ から **将来の収入現価の期待値** $P_{x:\overline{n}|} \cdot \ddot{a}_{x+t:\overline{n-t}|}$ を引いたものになるということである.

この将来法による責任準備金のとらえ方は養老保険に限ったものではなく,一般的なものである.

x 歳加入,n 年契約,保険料 m 年間年払い ($m \leq n$) の一般的な保険について,年払い保険料を P とするとき将来法による t 年度末責任準備金 $_tV$ は次のように定められる:

$$_tV = (将来の n-t 年間の支出原価の期待値)$$
$$- (将来の m-t 年間の収入現価の期待値)$$
$$= (将来の n-t 年間の支出原価の期待値) - P \cdot \ddot{a}_{x+t:\overline{m-t}|}.$$

この考え方に従って,具体的な以下の保険の責任準備金について考えよう.

例題 4.1 30 歳加入,30 年契約の定期保険で,30 歳から 40 歳での死亡に対しては K_1,40 歳から 50 歳での死亡に対しては K_2,50 歳から 60 歳での死亡に対しては K_3 を死亡時の期末に支払うものとする.保険料は 20 年間の年払いとするとき,次の問に答えよ.

(1) 年払い保険料 P を計算基数で表せ.
(2) 5 年度末の責任準備金 $_5V$ を P を用いて表せ.
(3) 15 年度末の責任準備金 $_{15}V$ を P を用いて表せ.
(4) 25 年度末の責任準備金 $_{25}V$ を表せ.

解答 (1) 収支相等の関係式から

$$P\ddot{a}_{30:\overline{20|}} = K_1 A^1_{30:\overline{10|}} + K_2 {}_{10|}A^1_{30:\overline{10|}} + K_3 {}_{20|}A^1_{30:\overline{10|}}$$

より

$$P = \frac{K_1(M_{30} - M_{40}) + K_2(M_{40} - M_{50}) + K_3(M_{50} - M_{60})}{N_{30} - N_{50}}$$

となる.

(2) ${}_5V = K_1 \cdot A^1_{35:\overline{5|}} + K_2 \cdot {}_{5|}A^1_{35:\overline{10|}} + K_3 \cdot {}_{15|}A^1_{35:\overline{10|}} - P\ddot{a}_{35:\overline{15|}}$.

(3) ${}_{15}V = K_2 \cdot A^1_{45:\overline{5|}} + K_3 \cdot {}_{5|}A^1_{45:\overline{10|}} - P\ddot{a}_{45:\overline{5|}}$.

(4) ${}_{25}V = K_3 \cdot A^1_{55:\overline{5|}}$.

例題 4.2 30歳加入,35年契約の生存保険 (保険金 1) で,保険料は 35 年間の年払いとする. 保険料払い込み期間中に死亡のときは既払い込み保険料に利息を付けないで返還するとする.

(1) 年払い保険料 P を計算基数で表せ.
(2) 10 年度末の責任準備金 ${}_{10}V$ を P を用いて表せ.

解答 (1) 収支相等の関係式より

$$P\ddot{a}_{30:\overline{35|}} = A_{30:\overline{35|}}^{\ 1} + P(IA)^1_{30:\overline{35|}}$$

となり,

$$P = \frac{A_{30:\overline{35|}}^{\ 1}}{\ddot{a}_{30:\overline{35|}} - (IA)^1_{30:\overline{35|}}} = \frac{D_{65}}{N_{30} - N_{65} - (R_{30} - R_{65} - 35M_{65})}$$

となる.

(2) 10 年度末の責任準備金を考えるので,40 歳の時点において残りの 25 年間の契約を考える. 生存保険の部分は $A_{40:\overline{25|}}^{\ 1}$ でよいが, 既払い込み保険料返還の部分はきちんと考えなくてはならない. 40 歳と 41 歳の間で死亡したときの死亡給付金は $11P$ であり,41 歳と 42 歳の間で死亡したときの死亡給付金は $12P$ であるので,40 歳以降の死亡に対して基本的に $10P$ が死亡給付金

としてあり，それに 1 年ずつ P だけ累加していく．したがって，
$$_{10}V = A_{40:\,\overline{25|}}^{1} + 10PA_{40:\,\overline{25|}}^{1} + P(IA)_{40:\,\overline{25|}}^{1} - P\ddot{a}_{40:\,\overline{25|}}$$
となる．

例題 4.3 30 歳加入，35 年据置，20 年契約，期始払い，年金年額 1 の生命年金がある．年金開始後に死亡したときは，死亡時の期末から第 55 年度始めまで年額 $\dfrac{1}{2}$ の確定年金を支給するとする．また，保険料は 35 年間の年払いとする．

(1) 年払い保険料 P を求めよ．
(2) 15 年度末の責任準備金 $_{15}V$ を P を用いて表せ．

解答 (1) 死亡給付の 65 歳時点での価値は $\dfrac{1}{2}(\ddot{a}_{\overline{20|}} - \ddot{a}_{65:\,\overline{20|}})$ なので
$$P\ddot{a}_{30:\,\overline{35|}} = {}_{35|}\ddot{a}_{30:\,\overline{20|}} + A_{30:\,\overline{35|}}^{1} \cdot \frac{1}{2}(\ddot{a}_{\overline{20|}} - \ddot{a}_{65:\,\overline{20|}})$$
となり，
$$P = \frac{{}_{35|}\ddot{a}_{30:\,\overline{20|}} + A_{30:\,\overline{35|}}^{1} \cdot \dfrac{1}{2}(\ddot{a}_{\overline{20|}} - \ddot{a}_{65:\,\overline{20|}})}{\ddot{a}_{30:\,\overline{35|}}}$$
となる．

(2) $_{15}V = {}_{20|}\ddot{a}_{45:\,\overline{20|}} + A_{45:\,\overline{20|}}^{1} \cdot \dfrac{1}{2}(\ddot{a}_{\overline{20|}} - \ddot{a}_{65:\,\overline{20|}}) - P\ddot{a}_{45:\,\overline{20|}}.$

例題 4.4 30 歳加入，35 年契約の生存保険 (保険金 1) で，保険料は 35 年間の年払いとする．保険料払い込み期間中に死亡したときは，既払い込み保険料に予定利率と同じ利率で利息を付けて返還するとする．

(1) 年払い保険料 P を計算基数で表せ．
(2) 10 年度末の責任準備金 $_{10}V$ を P を用いて表せ．

解答 (1) 収支相等の関係式より

$$P\ddot{a}_{30:\overline{35|}} = A^{\,1}_{30:\overline{35|}} + \sum_{t=1}^{35} v^t \cdot P\ddot{s}_{\overline{t|}} \cdot {}_{t-1|}q_{30}$$

$$= A^{\,1}_{30:\overline{35|}} + P(\ddot{a}_{30:\overline{35|}} - \ddot{a}_{\overline{35|}} \cdot {}_{35}p_{30})$$

となり，$P = \dfrac{v^{35}\,{}_{35}p_{30}}{\ddot{a}_{\overline{35|}}\,{}_{35}p_{30}} = \dfrac{1}{\ddot{s}_{\overline{35|}}}$ となる．

(2) 既払い保険料返還の項について考える．

40 ～ 41 での死亡に対しては $P\ddot{s}_{\overline{11|}}$ を返還，

41 ～ 42 での死亡に対しては $P\ddot{s}_{\overline{12|}}$ を返還，

$\vdots$

64 ～ 65 での死亡に対しては $P\ddot{s}_{\overline{35|}}$ を返還

するので，

$${}_{10}V = A^{\,1}_{40:\overline{25|}} + \sum_{t=1}^{25} v^t \cdot P\ddot{s}_{\overline{10+t|}} \cdot {}_{t-1|}q_{40} - P\ddot{a}_{40:\overline{25|}}$$

$$= A^{\,1}_{40:\overline{25|}} + P\left((1+i)^{10} \sum_{t=1}^{25} \ddot{a}_{\overline{t|}}\,{}_{t-1|}q_{40} + \ddot{s}_{\overline{10|}} A^{\,1}_{40:\overline{25|}}\right)$$

$$ - P\ddot{a}_{40:\overline{25|}} \qquad (\ddot{s}_{\overline{10+t|}} = (1+i)^{10} \cdot \ddot{s}_{\overline{t|}} + \ddot{s}_{\overline{10|}})$$

$$= A^{\,1}_{40:\overline{25|}} + (1+i)^{10} P\left(\ddot{a}_{40:\overline{25|}} - \ddot{a}_{\overline{25|}} \cdot {}_{25}p_{40} + \ddot{a}_{\overline{10|}} A^{\,1}_{40:\overline{25|}}\right)$$

$$ - P\ddot{a}_{40:\overline{25|}}$$

となる．ここで，$\ddot{s}_{\overline{10|}} = (1+i)^{10} \ddot{a}_{\overline{10|}}$ となることを用いた．

4.2 ファックラーの再帰式

ファックラーの再帰式とは，$t-1$ 年度の責任準備金 ${}_{t-1}V$ と t 年度末の責任準備金 ${}_tV$ との関係を表した関係式のことである．

典型的な例として，一時払い保険料が $A_{x:\overline{n|}}$ で表される養老保険を考え，保険料は n 年間の年払いで支払われているとしよう．

$x+t-1$ の時点で，生存している人には責任準備金 ${}_{t-1}V_{x:\overline{n|}}$ が積み立てら

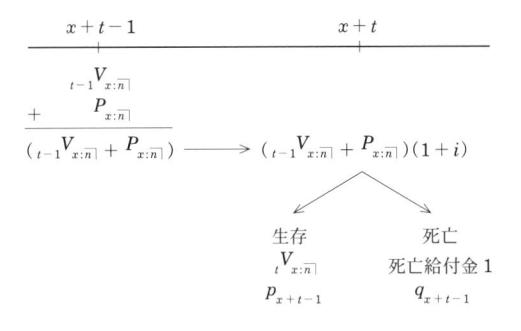

図 4.2

れており，さらに t 年度の保険金 $P_{x:\overline{n}|}$ が収入される．これらを 1 年間予定利率 i で運用すると，$x+t$ 時点には $({}_{t-1}V_{x:\overline{n}|} + P_{x:\overline{n}|})(1+i)$ という価値をもつ．これを，契約者が $x+t$ 時点で生存している場合には t 年度末の責任準備金とし，死亡したときは死亡給付金 1 の支払いに充てると考える．それぞれの確率が p_{x+t-1} と q_{x+t-1} であるので，

$$({}_{t-1}V_{x:\overline{n}|} + P_{x:\overline{n}|})(1+i) = {}_tV_{x:\overline{n}|} \cdot p_{x+t-1} + 1 \cdot q_{x+t-1}$$

となり，

$$_{t-1}V_{x:\overline{n}|} + P_{x:\overline{n}|} = v \cdot {}_tV_{x:\overline{n}|} \cdot p_{x+t-1} + v \cdot q_{x+t-1} \tag{4.3}$$

がえられる．これを**ファックラーの再帰式**とよぶ．

t 年度の死亡給付金として t 年度末の責任準備金を支払う保険の年払い保険料の算出には，このファックラーの再帰式が用いられる．

例題 4.5 x 歳加入，n 年契約の生存保険 (生存保険金 1) で，保険料 n 年間の年払いとし，n 年以内の死亡に対しては死亡年度末にその年度末の責任準備金を支払うとする．この保険の年払い保険料 P を求めよ．

解答 再帰式より

$$({}_{t-1}V + P)(1+i) = {}_tV \cdot p_{x+t-1} + {}_tV \cdot {}_tq_{x+t-1}$$

となるが，$p_{x+t-1} + q_{x+t-1} = 1$ なので，

$$(_{t-1}V + P) = v \,_tV$$

となる．この両辺に v^{t-1} をかけると

$$v^{t-1} \,_{t-1}V + v^{t-1}P = v^t \,_tV$$

がえられる．

$t = 1, 2, \cdots, n$ のときの式を書くと次のようになる．

$$\begin{cases} _0V + P = v \cdot {}_1V \\ v \cdot {}_1V + vP = v^2 \cdot {}_2V \\ v^2 \cdot {}_2V + v^2 P = v^3 \cdot {}_3V \\ \quad \vdots \qquad \vdots \\ v^{n-1} \cdot {}_{n-1}V + v^{n-1}P = v^n \cdot {}_nV \end{cases}$$

これらの式を辺々加えると両辺でキャンセルする項があり，$_0V = 0$ なので，

$$P(1 + v + \cdots + v^{n-1}) = v^n \cdot {}_nV$$

となる．満期時の生存給付金は 1 なので，$_nV = 1$ となり，

$$P = \frac{v^n}{\ddot{a}_{\overline{n}|}} = \frac{1}{\ddot{s}_{\overline{n}|}}$$

となる．

4.3 危険保険料と貯蓄保険料

養老保険の責任準備金に関するファックラーの再帰式 (4.3) において，$p_{x+t-1} = 1 - q_{x+t-1}$ を代入して整理すると

$$P_{x:\overline{n}|} = v(1 - {}_tV_{x:\overline{n}|}) \cdot q_{x+t-1} + (v\,_tV_{x:\overline{n}|} - {}_{t-1}V_{x:\overline{n}|})$$

がえられる．この右辺の第 1 項を t **年度の危険保険料**とよび $_tP^r$ で表す．また第 2 項を t **年度の貯蓄保険料**とよび $_tP^s$ で表す．すなわち，

$$\begin{cases} {}_tP^r = v(1 - {}_tV_{x:\overline{n}|}) \cdot q_{x+t-1} \\ {}_tP^s = (v\,{}_tV_{x:\overline{n}|} - {}_{t-1}V_{x:\overline{n}|}) \end{cases}$$

である．

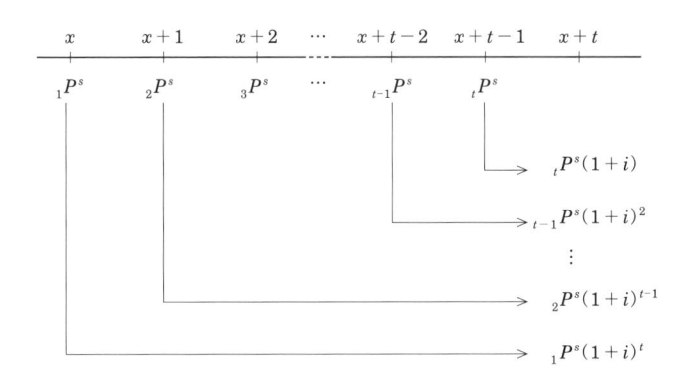

図 4.3

図 4.3 のように，各年度の貯蓄保険料 ${}_1P^s, {}_2P^s, \cdots, {}_{t-1}P^s, {}_tP^s$ を予定利率 i で運用したとすると，t 年度末におけるこれらの価値の総和は次のようになる：

$$\begin{aligned} &{}_tP^s(1+i) + {}_{t-1}P^s(1+i)^2 + \cdots + {}_1P^s(1+i)^t \\ &= (v\,{}_tV_{x:\overline{n}|} - {}_{t-1}V_{x:\overline{n}|})(1+i) \\ &\quad + (v\,{}_{t-1}V_{x:\overline{n}|} - {}_{t-1}V_{x:\overline{n}|})(1+i)^2 \\ &\quad + \cdots + (v\,{}_1V_{x:\overline{n}|} - {}_0V_{x:\overline{n}|})(1+i)^t \\ &= {}_tV_{x:\overline{n}|}. \end{aligned}$$

すなわち，各年度の貯蓄保険料を予定利率 i で運用すると，t 年度末に ${}_tV_{x:\overline{n}|}$ がえられる．貯蓄保険料は t 年度末に ${}_tV_{x:\overline{n}|}$ をえるために積み立てていく金額である．

これに対して危険保険料 ${}_tP^r$ は t 年度の死亡に対して t 年度の始めにもっているべき金額である．危険保険料 $v(1 - {}_tV_{x:\overline{n}|})q_{x+t-1}$ において，${}_tV_{x:\overline{n}|}$ が

マイナスされているのは，死亡が発生するとその人のために準備していた責任準備金が不要になるからである．

4.4 Thiele の微分方程式

保険料が連続的に支払われ，生存給付金も連続的に支払われ，死亡給付金が即時に支払われる x 歳加入の保険を考える．このとき責任準備金も実数 $t>0$ の関数 $_tV$ として定められる．これから，$_tV$ が満たすべき微分方程式について考えよう．

Δt を微小時間として，保険料，生存給付金，死亡給付金について次の仮定をおく．

- $(t, t+\Delta t)$ における保険料は $P_t \Delta t$ であり，時点 t で支払われる．
- $(t, t+\Delta t)$ における生存給付金は $E_t \Delta t$ であり，時点 t で支払われる．
- $(t, t+\Delta t)$ における死亡に対する死亡給付金は $S_{t+\Delta t}$ であり，時点 $t+\Delta t$ で支払われる．

このとき時点 t における責任準備金を $_tV$ とすると，次の微分方程式が成り立つ．

Thiele の微分方程式
$$\frac{d_tV}{dt} = (\delta + \mu_{x+t})_tV + P_t - E_t - \mu_{x+t} \cdot S_t$$

時点 x で l_x 人がこの保険に加入したとして，その後の生死は生命表に従って実現されると考える．このとき，微小時間区間 $(x+t, x+t+\Delta t)$ においてファックラーの再帰式を導こう．時点 $x+t$ における，責任準備金は $_tV$，保険料収入は $P_t \cdot \Delta t$，生存給付金は $E_t \cdot \Delta t$ であり，生存契約数は l_{x+t} であるので，

$$l_{x+t}\bigl({}_tV + P_t\Delta t - E_t\Delta t\bigr)(1+i)^{\Delta t}$$
$$= S_{t+\Delta t}(l_{x+t} - l_{x+t+\Delta t}) + l_{x+t+\Delta t} \cdot {}_{t+\Delta t}V$$

となり,
$${}_tV + P_t\Delta t - E_t\Delta t = v^{\Delta t}S_{t+\Delta t}(1 - {}_{\Delta t}p_{x+t}) + v^{\Delta t}{}_{\Delta t}p_{x+t} \cdot {}_{t+\Delta t}V$$

が成り立つ.

この式を変形すると
$$\frac{{}_{t+\Delta t}V - {}_tV}{\Delta t}$$
$$= P_t - E_t + v^{\Delta t}S_{t+\Delta t} \cdot \frac{{}_{\Delta t}p_{x+t} - 1}{\Delta t} - \frac{v^{\Delta t}{}_{\Delta t}p_{x+t} - 1}{\Delta t}{}_{t+\Delta t}V$$

となる.

ここで,
$$\lim_{\Delta t \to 0}\frac{{}_{\Delta t}p_{x+t} - 1}{\Delta t} = \frac{d}{du}{}_up_{x+t}\Big|_{u=0} = -{}_up_{x+t}\mu_{x+t+u}\Big|_{u=0} = -\mu_{x+t},$$
$$\lim_{\Delta t \to 0}\frac{v^{\Delta t}{}_{\Delta t}p_{x+t} - 1}{\Delta t} = \frac{d}{du}e^{-\delta u}{}_up_{x+t}\Big|_{u=0}$$
$$= (-\delta e^{-\delta u}{}_up_{x+t} - e^{-\delta u}{}_up_{x+t}\mu_{x+t+u})\Big|_{u=0} = -(\delta + \mu_{x+t})$$

に注意すると Thiele の微分方程式がえられる.

例題 4.6 x 歳加入, n 年契約の保険で, 生存給付金は 1 であるとする. n 年以内に死亡したときは即時にその時点の責任準備金の c 倍 $(0 < c < 1)$ を支払うとする. この保険の一時払い保険料 $\bar{A}$ を求めよ.

解答 $S_t = c_tV$, $P_t = 0$, $E_t = 0$ として Thiele の微分方程式をたてると,
$$\frac{d_tV}{dt} = (\delta + \mu_{x+t}){}_tV - \mu_{x+t} \cdot c \cdot {}_tV$$

となり

$$\frac{d}{dt}\log {}_tV = (1-c)\mu_{x+t} + \delta$$

となる.

この両辺を t について 0 から n まで積分すると

$$\int_0^n \frac{d}{dt}\log {}_tV \, dt = (1-c)\int_0^n \mu_{x+t} \, dt + \delta n$$

となり,

$$\log \frac{{}_nV}{{}_0V} = (1-c)\int_0^n \mu_{x+t} \, dt + \delta n$$

となる.

生存給付金は 1 なので ${}_nV = 1$ となり, $\bar{A}$ は時点 0 での責任準備金なので

$$\bar{A} = {}_0V = \left(e^{-\int_0^n \mu_{x+t}dt}\right)^{1-c} \cdot e^{-\delta n}$$

$$= v^n {}_np_x^{1-c}$$

となる.

4.5 チルメル式責任準備金

4.5.1 チルメル式責任準備金とは

まず, 営業年払い保険料のうち, 純保険料はその年度の保険金支払い (危険保険料) と責任準備金の積立金 (貯蓄保険料) に使われ, 付加保険料は会社経費として用いられることを思い出しておこう.

初年度の付加保険料を通常より大きく取り, 純保険料を通常より小さく取り, この純保険料の不足部分を 2 年度から h 年度の付加保険料を大きくすることによって補おうとする責任準備金を **h 年チルメル方式責任準備金** という.

x 歳加入, n 年契約 (死亡保険金期末払い, 保険金 1) の養老保険を例にとって考えてみよう. 保険料は全期払い込みとする. 初年度の純保険料を $P_1 < P_{x:\overline{n}|}$ とし, 2 年度から h 年度の純保険料を $P_2 > P_{x:\overline{n}|}$ とする.

各年度の純保険料を純保険料式責任準備金の場合と h 年チルメル式責任準

表 4.3

	1 年度	2 年度	⋯	h 年度	$h+1$ 年度	⋯	n 年度
純保険料式	$P_{x:\overline{n}|}$	$P_{x:\overline{n}|}$	⋯	$P_{x:\overline{n}|}$	$P_{x:\overline{n}|}$	⋯	$P_{x:\overline{n}|}$
チルメル式	P_1	P_2	⋯	P_2	$P_{x:\overline{n}|}$	⋯	$P_{x:\overline{n}|}$

備金の場合で表にしてみると，表 4.3 のようになる．

$h+1$ 年度以降はどちらも同じなので，第 1 年度から第 h 年度までの保険料収入の期待収入現価を比較すると，

$$P_1 + P_2(\ddot{a}_{x:\overline{h}|} - 1) = P_{x:\overline{n}|} \cdot \ddot{a}_{x:\overline{h}|} \tag{4.4}$$

となる．また，

$$P_2 - P_1 = \alpha$$

とおき，この α を**チルメル割合**とよぶ．

(4.4) とこの式より P_1, P_2 を求めると，

$$P_1 = P_{x:\overline{n}|} + \frac{\alpha}{\ddot{a}_{x:\overline{h}|}} - \alpha, \qquad P_2 = P_{x:\overline{n}|} + \frac{\alpha}{\ddot{a}_{x:\overline{h}|}}$$

となる．

それでは次にチルメル式責任準備金を求めてみよう．$h \leq t \leq n$ のとき t 年度責任準備金を将来法で考えれば，純保険料式もチルメル式も同じであるので，$1 \leq t < h$ のときを考える．このときの t 年度末チルメル式責任準備金を $_tV_{x:\overline{n}|}^{[hz]}$ とすると，

$$\begin{aligned}
_tV_{x:\overline{n}|}^{[hz]} &= A_{x+t:\overline{n-t}|} - P_2 \cdot \ddot{a}_{x+t:\overline{h-t}|} - P_{x:\overline{n}|} \cdot (\ddot{a}_{x+t:\overline{n-t}|} - \ddot{a}_{x+t:\overline{h-t}|}) \\
&= (A_{x+t:\overline{n-t}|} - P_{x:\overline{n}|} \cdot \ddot{a}_{x+t:\overline{n-t}|}) - \alpha \cdot \frac{\ddot{a}_{x+t:\overline{h-t}|}}{\ddot{a}_{x:\overline{h}|}} \\
&= {_tV_{x:\overline{n}|}} - \alpha \cdot \frac{\ddot{a}_{x+t:\overline{h-t}|}}{\ddot{a}_{x:\overline{h}|}}
\end{aligned}$$

となる．

一方，$h \leq t \leq n$ のときは

である.

$h = n$ であるときを**全期チルメル式**とよぶ. 全期チルメル式のときは,
$$_tV^{[z]}_{x:\overline{n|}} = 1 - (1+\alpha)\frac{\ddot{a}_{x+t:\overline{n-t|}}}{\ddot{a}_{x:\overline{n|}}}$$

となる. ここで, 全期チルメル式責任準備金の記号を $_tV^{[nz]}_{x:\overline{n|}}$ と書くべきところを n を省略して $_tV^{[z]}_{x:\overline{n|}}$ と書いていることに注意しよう.

4.5.2 初年度定期式責任準備金

全期チルメル式責任準備金において, 初年度末の責任準備金が 0 となるように α の値を定めたとき, この責任準備金を**初年度定期式責任準備金**とよぶ. このときの初年度の純保険料を P_1, 2 年度以降の純保険料を P_2 とし, これらを求めてみよう.

x 歳加入, n 年契約の養老保険 (保険金 1, 死亡時期末払い) を例にとって考えよう. 保険料は全期払い込みとする.

0 年度末の責任準備金と初年度末の責任準備金の間の再帰式を考えると
$$_0V^{[z]}_{x:\overline{n|}} + P_1 = vp_x \cdot {_1V^{[z]}_{x:\overline{n|}}} + vq_x$$

となるが, $_0V^{[z]}_{x:\overline{n|}} = {_1V^{[z]}_{x:\overline{n|}}} = 0$ であるので,
$$P_1 = vq_x \tag{4.5}$$

となる.

また, $_1V^{[z]}_{x:\overline{n|}}$ を将来法で求めると,
$$0 = {_1V^{[z]}_{x:\overline{n|}}} = A_{x+1:\overline{n-1|}} - P_2 \cdot \ddot{a}_{x+1:\overline{n-1|}}$$

となるので,
$$P_2 = \frac{A_{x+1:\overline{n-1|}}}{\ddot{a}_{x+1:\overline{n-1|}}} = P_{x+1:\overline{n-1|}} \tag{4.6}$$

となり,

$$\alpha = P_{x+1:\overline{n-1|}} - vq_x \tag{4.7}$$

となる.

このとき, $_tV^{[z]}_{x:\overline{n|}}$ は次のように表される:

$$_tV^{[z]}_{x:\overline{n|}} = {}_{t-1}V_{x+1:\overline{n-1|}}. \tag{4.8}$$

これは次のようにしてえられる. まず

$$_tV^{[z]}_{x:\overline{n|}} = {}_tV_{x:\overline{n|}} - \alpha\frac{\ddot{a}_{x+t:\overline{n-t|}}}{\ddot{a}_{x:\overline{n|}}} = 1 - (1+\alpha)\frac{\ddot{a}_{x+t:\overline{n-t|}}}{\ddot{a}_{x:\overline{n|}}}$$

に注意する.

(4.7) より

$$\alpha = \frac{1}{\ddot{a}_{x+1:\overline{n-1|}}} - d - v(1-p_x)$$

$$= \frac{1}{\ddot{a}_{x+1:\overline{n-1|}}} - 1 + vp_x$$

$$= \frac{\ddot{a}_{x:\overline{n|}}}{\ddot{a}_{x+1:\overline{n-1|}}} - 1 \qquad (\ddot{a}_{x:\overline{n|}} = 1 + vp_x\ddot{a}_{x+1:\overline{n-1|}} \text{ に注意})$$

が成り立つ.

したがって,

$$_tV^{[z]}_{x:\overline{n|}} = 1 - \frac{\ddot{a}_{x+t:\overline{n-t|}}}{\ddot{a}_{x+1:\overline{n-1|}}}$$

$$= {}_{t-1}V_{x+1:\overline{n-1|}}$$

が成り立つ.

演習問題

4.1

35 歳加入, 30 年据置, 期始払い, 20 年契約, 年金年額 1 の生命年金があり, 保険料は 30 年間の年払いとする. ただし, 次の死亡給付を行うとする.

- 年金開始後に死亡したときは，死亡年度末から第 50 年度始めまで年額 $\frac{1}{2}$ の確定年金を支払うとする．
- 保険料払い込み期間中に死亡したときは死亡年度末に既払い込み保険料に利息をつけないで返還するとする．

(1) 年払い保険料 P を求めよ．
(2) 5 年度末の責任準備金を過去法で求めよ．
(3) 5 年度末の責任準備金を将来法で求めよ．

4.2

30 歳加入，30 年契約の保険があり，保険料は 30 年間の年払いとする．このとき，責任準備金の再帰式が以下のように与えられているとする．

$$\begin{cases} P + {}_{t-1}V = v\,{}_tVq_{30+t-1} + v\,{}_tVp_{30+t-1} & (t=1,\cdots,5) \\ P + {}_{t-1}V = vK_1 q_{30+t-1} + v\,{}_tVp_{30+t-1} & (t=6,\cdots,20) \\ P + {}_{t-1}V = vK_2 q_{30+t-1} + v\,{}_tVp_{30+t-1} & (t=21,\cdots,30) \\ V_{30} = 0 \end{cases}$$

ここで，P は年払い保険料である．
(1) P を計算基数および確定年金の終価で表せ．
(2) 3 年度末の責任準備金 ${}_3V$ を計算基数および確定年金終価で表せ．

4.3

x 歳加入，30 年契約の保険があり，保険料は 30 年間の年払いとする．このとき，責任準備金の再帰式が以下のように与えられているとする．

$$\begin{cases} P + {}_{t-1}V = vtPq_{x+t-1} + v\,{}_tVp_{x+t-1} & (t=1,\cdots,5) \\ P + {}_{t-1}V = v\,{}_tVq_{x+t-1} + v\,{}_tVp_{x+t-1} & (t=6,\cdots,10) \\ P + {}_{t-1}V = vK_1 q_{x+t-1} + v\,{}_tVp_{x+t-1} & (t=11,\cdots,30) \\ {}_{30}V = K_2 \end{cases}$$

ここで，P は年払い保険料である．このとき年払い保険料 P を求めよ．

4.4

30歳加入，30年契約の保険で保険料は30年間の年払いとする．30年後に生存しているときには生存保険金 K を支払い，30年以内に死亡したときは期末に保険金1とその年度末の責任準備金を加えたものを支払うとする．このとき，年払い保険料 P を求めよ．ただし，$q_{30+t} = c(1+i)^t$ とする．

4.5

$$_5V_{30:\overline{20|}} = c_1, \quad _8V_{35:\overline{15|}} = c_2, \quad _6V_{43:\overline{7|}} = c_3$$

であるとき，$\ddot{a}_{30:\overline{20|}}$ の値を求めよ．

4.6

x 歳加入，n 年契約，保険料全期払い込み，保険金年度末支払い，保険金1となる養老保険について第 t 年度の危険保険料を $_tP^r$ とする．

$$P_{x:\overline{n|}} - \frac{\sum_{t=1}^{n} {_tP^r}v^{t-1}}{\ddot{a}_{\overline{n|}}} = \frac{1}{\boxed{(A)}}$$

となる空欄 (A) に適当な数式を入れよ．

4.7

20歳加入，40年契約の養老保険 (死亡時期末払い，保険金1) を考え，保険料は全期払い込み年払いとする．予定事業費の係数を $\alpha, \beta, \gamma, \gamma'$ とする．責任準備金はチルメル割合 α' の全期チルメル式とする．

(1) 初年度の付加保険料を求めよ．
(2) 2年度以降の付加保険料を求めよ．

ただし，$\ddot{a}_{20:\overline{40|}} = c_1, d = c_2$ とする．

4.8

$_{10}V_{31:\overline{34|}} = {_{11}V^{[z]}_{30:\overline{35|}}}$ のとき，チルメル割合 α を求めよ．ただし，$P_{31:\overline{34|}} = c_1, v = c_2, q_{30} = c_3$ とする．

4.9

2つの死亡率 $\{q_x\}, \{q'_x\}$ を考え，$\{q_x\}$ に関する生命年金現価や責任準備金などをダッシュを付けないで $\ddot{a}_{x:\overline{n}|}, {}_tV_{x:\overline{n}|}, \cdots$ と表し，$\{q'_x\}$ に関するものをダッシュを付けて，$\ddot{a}'_{x:\overline{n}|}, {}_tV'_{x:\overline{n}|}, \cdots$ と表す．

$${}_tV'_{x:\overline{n}|} = {}_tV_{x:\overline{n}|} \qquad (0 \leqq t \leqq n-2)$$

が成り立ち，$\ddot{a}'_{x:\overline{n}|} = c\ddot{a}_{x:\overline{n}|}$ で c を定めるとき

$$q'_{x+t} = q_{x+t} + \frac{1-c}{cv \cdot \ddot{a}_{x+t+1:\overline{n-t-1}|}}$$

が成り立つことを示せ．

4.10

x 歳加入，n 年契約，保険料は n 年間の年払いとする．n 年後に生存しているときは生存保険金 2 を支払い，t 年度の死亡に対しては期末に $\min\{{}_tV, 1\}$ を支払うとする（${}_tV$ は t 年度末の責任準備金）．

r を ${}_rV < 1 < {}_{r+1}V$ を満たす自然数とし，P を年払い保険料とする．

(1) r 年度末の責任準備金を P を用いて過去法で求めよ．
(2) r 年度末の責任準備金を P を用いて将来法で求めよ．
(3) P を計算基数で表せ．

4.11

x 歳加入，n 年契約，保険金 1 の養老保険（死亡時期末払い）の責任準備金を初年度定期式で積み立てるとき，チルメル割合 $\alpha = c_0$ となった．このとき，q_x の値を求めよ．ただし，$A_{x:\overline{n}|} = c_1, \ddot{a}_{x:\overline{n}|} = c_2$ とする．

4.12

x 歳加入，n 年契約の養老保険に関して，次の括弧内を適当な記号，数式でうめよ．

各年齢で生存率が c 倍になるとする $(0 < c < 1)$．すなわち，$p'_{x+t} = cp_{x+t}$ $(t \geqq 0)$ が成り立つとする．生存率が c 倍される前の生命年金現価，養老保険年払い保険料，責任準備金を $\ddot{a}_{x:\overline{n}|}, P_{x:\overline{n}|}, {}_tV_{x:\overline{n}|}$ で表し，c 倍された後

の記号を $\ddot{a}'_{x:\overline{n}|}, P'_{x:\overline{n}|}, {}_tV'_{x:\overline{n}|}$ とし，$\Delta_t V = {}_tV'_{x:\overline{n}|} - {}_tV_{x:\overline{n}|}$ とおくと，責任準備金の再帰式より

$$(P'_{x:\overline{n}|} - P_{x:\overline{n}|}) + \Delta_{t-1}V$$
$$= vp'_{x+t-1}\Delta_t V + \boxed{(A)}\, p'_{x+t-1} - \boxed{(B)}\, p'_{x+t-1}\,{}_tV_{x:\overline{n}|}$$

となり，両辺に $v^{x+t-1}l'_{x+t-1}$ をかけると，

$$(P'_{x:\overline{n}|} - P_{x:\overline{n}|})D'_{x+t-1} + \Delta_{t-1}VD'_{x+t-1}$$
$$= \Delta_t V D'_{x+t} + \boxed{(C)}\, D'_{x+t}$$

となる．

$t = 1, 2, \cdots, n$ について辺々足し合わせると，

$$\left(P'_{x:\overline{n}|} - P_{x:\overline{n}|}\right)\ddot{a}'_{x:\overline{n}|} = \boxed{(D)} \sum_{t=1}^{n} v^t{}_tp_x \boxed{(E)}$$

となる．

第5章
定常社会

5.1 定常社会における人口と死亡者数

5.1.1 定常社会とは

　第2章で生命確率を生命表から定めたとき，l_0 人の人からなる閉集団を考えた．この集団には新規加入はなく，死亡によって人数が減少していくだけのものであり，この意味で閉集団と名付けられた．

　この章では出生による新規加入と死亡による脱退を繰り返し，統計的に各世代の人数が一定となっている集団を考える．この集団は新規加入があるという意味で**開集団**とよばれる．

　開集団が**定常状態**にあるとは，どの時間帯でこの集団を観測しても，各世代の人口構成が"統計的に"一定になっているということであり，集団の人口が常に一定であるという条件を課しているわけではない．人口が常に一定であるためには，誰かが死亡したときに，必ず誰かが出生していなくてはならないが，そのようなことは考えてはいない．

　"統計的に"一定であるとは，各世代の人口の期待値が観測時点によらずに一定であるということである．

　集団が定常状態にあるために次のことを仮定する．

　仮定 1年間に出生する人の数は l_0 人であり，出生する時点は時間一様に独立に決められる．また，各人の余命も独立で，その確率分布は閉集団で定め

られた生命確率で決められる．

5.1.2　レキシスの図形と定常人口，死亡者数

1 年間に出生する人の数が l_0 人であるというのは，年度が決められていて，各年度における出生数が l_0 人であるという意味である．実際には，任意の 1 年間という観測期間で常に l_0 人が出生しているというわけではないが，以下では，そのように考える．

このようにして定められた定常状態にある開集団を観測して，次のようなものを考えたい．

(1)　ある任意の時点で観測したとき，x 歳である人口 (の期待値) L_x．
(2)　ある任意の時点で観測したとき，x 歳以上の人口 (の期待値) T_x．特に，$x = 0$ とした T_0 は集団の総人口にあたる．
(3)　ある任意の 1 年間で観測したとき，x 歳と $x+1$ 歳の間で死亡する人数 (の期待値)．
(4)　ある任意の 1 年間で観測したとき，x 歳と $x+n$ 歳の間で死亡する人数 (の期待値)．
(5)　ある任意の 1 年間で観測したとき，x 歳と $x+n$ 歳の間で死亡する人の死亡時の総年齢 (の期待値)．
(6)　この定常社会における平均年齢．

注意　(2) は (1) から導くことができ，(4) も (3) から導くことができるので，考えるべきことは (1), (3), (5), (6) である．上の (1)〜(6) を考えるに当たって，その道具となるのが**レキシスの図形**である．

図 5.1 を見ていただきたい．横軸が時間軸である．時間軸上の点が出生点とよばれ，出生点から縦に延びている線が生命線とよばれるもので，その人の生きた長さだけ縦に線がのびている．生命線の最終点が死亡点とよばれる点である．

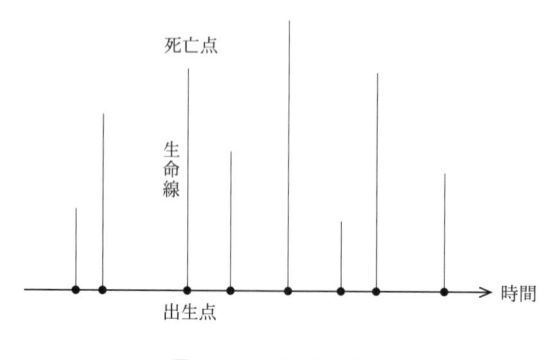

図 5.1　レキシスの図形

● ―― L_x について

観測時点 t_0 で年齢が x 歳と $x+1$ 歳の間にある人の人数の期待値 L_x を求めよう．

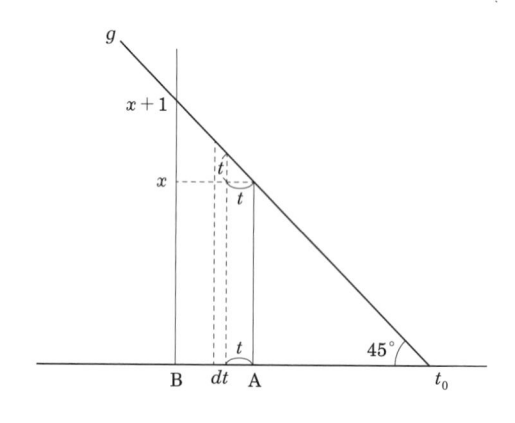

図 5.2　L_x の算出

時点 t_0 で生存してる人をレキシスの図形を用いてチェックするには，t_0 から図 5.2 のように左 45°の方向に半直線 g を描く．**生命線がこの半直線 g と交わっている人が t_0 で生存している人**である．

また，t_0 で x 歳と $x+1$ 歳の間にある人は，時間軸の A と B との間の 1 年間に出生した人である．そこで時間を A から B 方向に測って t と $t+dt$ の

間で生まれた人で，半直線 g と交わる人の数の期待値を求めよう．微小時間区間 $(t, t+dt)$ で出生した人数の期待値は，出生が 1 年を通じて一様に起こるので，$l_0\, dt$ となる．このうち，g と交わる者の数 (の期待値) は

$$l_0\, dt \cdot {}_{x+t}p_0 = l_{x+t}\, dt$$

となる．

これを t について 0 から 1 まで積分すると

$$L_x = \int_0^1 l_{x+t}\, dt \tag{5.1}$$

となる．

$x + t = u$ とおいて置換積分すると

$$L_x = \int_x^{x+1} l_u\, du$$

と書ける．x 歳と $x+1$ 歳の間の生存数 L_x は l_u を x から $x+1$ まで積分することによってえられるのである．どちらかと言えばこちらの表現の方が覚えやすいのではないだろうか．

● ―― $y = l_{x+u}$ のグラフが整数点 $x, x+1$ の間で直線補間されているとき

実数 $x + u$ $(0 < u < 1)$ に対して定義される $y = l_{x+u}$ のグラフが 整数点 x と $x+1$ の間で直線補間されている場合を考えよう (図 5.3 参照)．

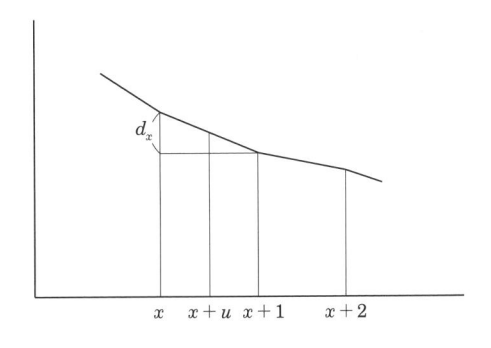

図 5.3

このとき，
$$l_{x+u} = l_{x+1} + (1-u)d_x$$
$$= (1-u)l_x + ul_{x+1}$$
となるので，
$$L_x = \int_0^1 l_{x+u}\, du$$
$$= \frac{1}{2}(l_x + l_{x+1}) \tag{5.2}$$
となる．

● ── T_x について

x 歳以上の生存数を求めるのであるから
$$T_x = L_x + L_{x+1} + \cdots$$
$$= \int_x^\infty l_u\, du = \int_0^\infty l_{x+t}\, dt \tag{5.3}$$
となる．

特に**総人口** T_0 に関しては
$$T_0 = \int_0^\infty l_u\, du \tag{5.4}$$
となる．

● ── **観測期間 1 年間での x 歳と $x+1$ 歳の間における死亡数**

今度は観測期間がある時点ではなく，時点 t_0 と時点 t_0+1 の間の 1 年間である場合を考えよう．

観測期間 t_0 と t_0+1 の間で x 歳と $x+1$ 歳の間で死亡する人は図 5.4 において，平行四辺形 DEFG の中に死亡点をもつ者である．そこで，まず 3 角形 DFG 内の死亡点の数の期待値について考えよう．時間軸上の A から B 方向へ測ったとき，t と $t+dt$ の間で出生する $l_0\, dt$ 人のうち，3 角形 DFG 内に死亡点をもつ者の人数の期待値は

図 5.4 の図

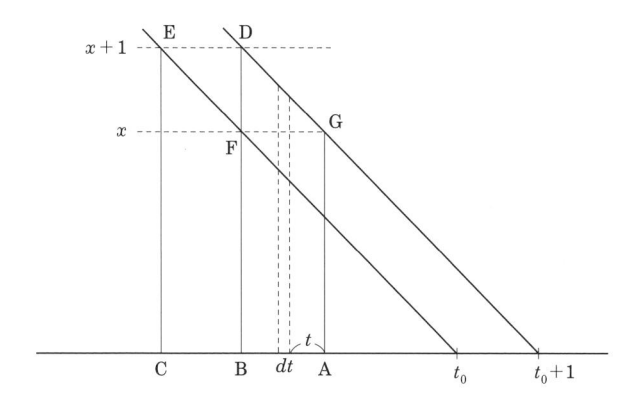

$$l_0 \, dt \cdot ({}_xp_0 - {}_{x+t}p_0) = (l_x - l_{x+t}) \, dt$$

となるので,

$$3\text{角形 DFG 内の死亡点の数の期待値} = \int_0^1 (l_x - l_{x+t}) \, dt \quad (5.5)$$

となる．同様にして 3 角形 DEF 内の死亡点の数の期待値は次のようになる：

$$3\text{角形 DEF 内の死亡点の数の期待値} = \int_0^1 (l_{x+t} - l_{x+1}) \, dt. \quad (5.6)$$

(5.5) と (5.6) より,

$$\text{平行四辺形 DEFG 内の死亡点の数の期待値} = \int_0^1 (l_x - l_{x+1}) \, dt$$
$$= l_x - l_{x+1} = d_x \quad (5.7)$$

となる．

したがって，**観測期間 1 年間で x 歳と $x+1$ 歳の間で死亡する人数の期待値は d_x となる**.

また，観測期間 1 年間で，x 歳以上で死亡する人数 (の期待値) は

$$d_x + d_{x+1} + \cdots = l_x$$

となる.

特に $x=0$ とすると，1年間の総死亡者数の期待値は l_0 となる．これは集団が定常であることから当然の結果である．

● 観測期間 1 年の間に x 歳と $x+n$ 歳の間における死亡数

前項より，求める期待値は次のようになる：

$$d_x + d_{x+1} + \cdots + d_{x+n-1}$$
$$= (l_x - l_{x+1}) + (l_{x+1} - l_{x+2}) + \cdots + (l_{x+n-1} - l_{x+n})$$
$$= l_x - l_{x+n}.$$

$(x+u, x+u+du)$ で死亡する人数は $l_u \mu_u \, du$ なので，この人数はまた

$$\int_x^{x+n} l_u \mu_u \, du = -\int_x^{x+n} \frac{d}{du} l_u \, du$$
$$= -[l_u]_x^{x+n} = l_x - l_{x+n}$$

としても求めることができる．

● 観測期間 1 年間に x 歳と $x+n$ 歳の間で死亡する人の死亡の総年齢

求める期待値は

$$\int_x^{x+n} u l_u \mu_u \, du = -[u l_u]_x^{x+n} + \int_x^{x+n} l_u \, du$$
$$= x l_x - (x+n) \cdot l_{x+n} + T_x - T_{x+n} \qquad (5.8)$$

となる.

したがって，

x 歳と $x+n$ 歳の間で死亡する人の死亡時の平均年齢
$$= \frac{x l_x - (x+n) l_{x+n} + T_x - T_{x+n}}{l_x - l_{x+n}}$$
$$= x + \frac{T_x - T_{x+n} - n l_{x+n}}{l_x - l_{x+n}}$$

となる.

●――平均年齢

この定常社会の総人口は T_0 で与えられ，総年齢は次のように与えられる：

$$\text{総年齢} = \int_0^\infty u l_u \, du.$$

したがって，

$$\text{平均年齢} = \frac{\int_0^\infty u l_u \, du}{T_0} = \frac{\int_0^\infty u l_u \, du}{\int_0^\infty l_u \, du}$$

となる．

例題 5.1 1 年間の出生数が a，死力が
$$\mu_x = \frac{1}{100-x}$$
で与えられる定常社会を考える．

(1) T_x を求めよ．

(2) $\dfrac{60\,\text{歳以上の人口}}{20\,\text{歳以下の人口}}$ を求めよ．

(3) この定常社会における平均年齢を求めよ．

(4) 1 年間に 50 歳以上で死亡する人の死亡時の平均年齢を求めよ．

解答 (1)

$$\begin{aligned}
T_x &= \int_x^{100} l_u \, du = a \int_x^{100} {}_u p_0 \, du \\
&= \frac{a}{100} \int_x^{100} (100 - u) \, du \\
&= \frac{a}{100} \left(5000 - 100x + \frac{1}{2} x^2 \right).
\end{aligned}$$

(2) $T_0 = 50a$, $T_{20} = 32a$, $T_{60} = 8a$ であるので，求めるものは

$$\frac{T_{60}}{T_0 - T_{20}} = \frac{8a}{50a - 32a} = \frac{4}{9}$$

となる．

(3) 総年齢は次のようになる：

$$総年齢 = \int_0^{100} u l_u \, du$$
$$= \frac{a}{100} \int_0^{100} u(100 - u) \, du = \frac{5000a}{3}.$$

したがって，

$$平均年齢 = \frac{\frac{5000a}{3}}{50a} = \frac{100}{3}$$

となる．

(4) まず，50 歳以上の死亡者数は

$$50\text{ 歳以上の死亡者数} = l_{50} = a \cdot \frac{100 - 50}{100} = \frac{1}{2}a$$

となり，50 歳以上で死亡する人の死亡時の総年齢は

$$\int_{50}^{100} u l_u \mu_u \, du = a \int_{50}^{100} u \cdot \frac{100 - u}{100} \cdot \frac{1}{100 - u} \, du = \frac{75}{2}a$$

であるので，死亡時の平均年齢は

$$\frac{\frac{75}{2}a}{\frac{1}{2}a} = 75$$

となる．

5.1.3　中央死亡率 m_x とは

x 歳の**中央死亡率** m_x を

$$m_x = \frac{d_x}{L_x}$$

で定める．

ここで，d_x, L_x は l_x を用いて次のように表されることに注意しよう：

$$d_x = \int_0^1 l_{x+u}\mu_{x+u}\,du = l_x \cdot \int_0^1 {}_up_x\mu_{x+u}\,du,$$

$$L_x = \int_0^1 l_{x+u}\,du = l_x \cdot \int_0^1 {}_up_x\,du.$$

この関係式を用いると

$$m_x = \frac{\int_0^1 {}_up_x\mu_{x+u}\,du}{\int_0^1 {}_up_x\,du}$$

となる．

例題 5.2 死力が
$$\mu_x = \frac{1}{100-x}$$
で与えられているとき，中央死亡率 m_x を求めよ．

解答
$${}_up_x = \frac{100-x-u}{100-x}, \qquad {}_up_x\mu_{x+u} = \frac{1}{100-x}$$

であるので，

$$m_x = \frac{1}{\int_0^1 (100-x-u)\,du} = \frac{1}{99.5-x}$$

となる．

死力が $\mu_x = c$ のときには，$m_x = c$ となることも簡単に分かる．

また，$y = l_{x+u}$ ($0 < u < 1$) のグラフが整数点 x と $x+1$ の間で直線補間されていて，(5.2) が成り立っているときには

$$m_x = \frac{d_x}{\frac{1}{2}(l_x + l_{x+1})}$$

$$= \frac{d_x}{l_x - \frac{1}{2}d_x}$$

$$= \frac{q_x}{1 - \frac{1}{2}q_x} \tag{5.9}$$

が成り立つ．

5.2 定常社会と年金制度

この節では定常社会と年金制度の財政方式との関連について述べよう．年金制度を財政的に運営していく方式として，**積立方式** (funded system) と**賦課方式** (pay as you go system) がある．積立方式は将来の年金支給に備えて年金掛金 (pension premium) を積み立てていく方式で，さまざまな方式があり，年金数理で詳しく論じられるテーマとなっている．一方，賦課方式はその年度の年金受給者全体の年金支払額を年金加入者 (労働者) から徴収するという方式である．一人当たりの年金年額を B 円，年金受給者の数を l_B とし，年金加入者の数を l_C とし，一人当たりの年金掛金を C 円とすると，

$$Bl_B = Cl_C$$

という関係式が成り立つ．

　積立方式は物価の変動や金利の変動リスクによる影響を受けやすい方式である．一方，賦課方式はこれらのリスクからあまり大きな影響は受けないが，人口構成が変化し，年金受給者が増加し年金加入者が減少するときには，年金掛金が増加し大きな問題となる．この問題をこれから定常社会の問題として見ていこう．

　1 年間の出生数が l_0，死力が μ_x で表されている定常社会において，財政方式が賦課方式である年金制度を考えよう．年金は 65 歳以上の人に年額 B 円支給されるとし，この年金支給に必要な金額を 20 歳から 65 歳未満の人たち

から一定の年金掛金 C 円を徴収することによって賄っているとする．上式の関係より

$$BT_{65} = C(T_{20} - T_{65})$$

が成り立つ．

死力が $\mu_x = c$ で与えられる場合について以後考えて行こう．この場合には

$$\begin{aligned}T_{20} &= \int_{20}^{\infty} l_u \, du = l_0 \int_{20}^{\infty} {}_u p_0 \, du \\ &= l_0 \int_{20}^{\infty} e^{-cu} \, du = \frac{l_0}{c} \cdot e^{-20c}, \\ T_{65} &= \frac{l_0}{c} e^{-65c}\end{aligned}$$

となることに注意すると，年金掛金 C は

$$\begin{aligned}C &= \frac{B \cdot \dfrac{l_0}{c} e^{-65c}}{\dfrac{l_0}{c}\left(e^{-20c} - e^{-65c}\right)} \\ &= \frac{B}{e^{45c} - 1}\end{aligned}$$

となる．

次にある年度から毎年，出生数が前年度の α 倍 ($0 < \alpha < 1$) に減少して行くとし，m 年経過後の年金掛金 C_m がどのような変化を受けるのかを考えよう．$m \leqq 20$ のときには，T_{20}, T_{65} は前と変化しないため，$20 < m \leqq 65$ の場合について考えよう．このときには 65 歳以上の人口 T_{65} は前のままであるが，$L_{25}, \cdots, L_{m-1}$ は出生数低下の影響を受ける．

$$\begin{aligned}L_{m-1} &= \alpha \int_{m-1}^{m} l_u \, du \\ &= \alpha l_0 \int_{m-1}^{m} {}_u p_0 \, du = \alpha l_0 \int_{m-1}^{m} e^{-cu} \, du \\ &= \frac{\alpha l_0}{c} \cdot e^{-c(m-1)}(1 - e^{-c}) = (\alpha e^c) \cdot (1 - e^{-c}) \cdot \frac{l_0}{c} \cdot e^{-cm}, \\ L_{m-2} &= \alpha^2 \int_{m-2}^{m-1} l_u \, du = \alpha^2 l_0 \int_{m-1}^{m-2} {}_u p_0 \, du\end{aligned}$$

$$= (\alpha e^c)^2 (1 - e^{-c}) \cdot \frac{l_0}{c} e^{-cm},$$

$$\vdots$$

$$L_{20} = L_{m-(m-20)} = (\alpha e^c)^{m-20} (1 - e^{-c}) \cdot \frac{l_0}{c} e^{-cm}$$

となるので，

$$T_{20} - T_m = L_{20} + \cdots + L_{m-1}$$
$$= \left\{ (\alpha e^c) + (\alpha e^c)^2 + \cdots + (\alpha e^c)^{m-20} \right\} (1 - e^{-c}) \cdot \frac{l_0}{c} e^{-cm}$$
$$= \frac{(\alpha e^c) \left((\alpha e^c)^{m-20} - 1 \right)}{(\alpha e^c) - 1} (1 - e^{-c}) \cdot \frac{l_0}{c} e^{-cm} \qquad (5.10)$$

となる．

したがって，

$$T_{20} - T_{65} = (20 \sim m\, \text{歳までの人口}) + (m \sim 65\, \text{歳までの人口})$$
$$= \frac{(\alpha e^c) \left((\alpha e^c)^{m-20} - 1 \right)}{(\alpha e^c) - 1} (1 - e^{-c}) \cdot \frac{l_0}{c} e^{-cm} + \frac{l_0}{c} (e^{-cm} - e^{-65c})$$

となるので，

$$C_m = \frac{B e^{-65c}}{\dfrac{(\alpha e^c)^{m-20} - 1}{1 - (\alpha e^c)^{-1}} (1 - e^{-c}) e^{-cm} + e^{-cm} - e^{-65c}}$$

となる．

演習問題

5.1

次の括弧内に適当な数字数式を入れよ．

(1) $t > 0$ に対して，${}_t p_x \mu_{x+t} = cte^{-3t}$ であるとき，$c = \boxed{(A)}$ であり，$m_x = \boxed{(B)}$ である．

(2) 総人口が c_1 となる定常社会について次のことが分かっている．

- 1 年間の死亡者数は c_2 である．
- 1 年間の 30 歳以上の死亡者数は c_3 である．
- 30 歳未満で死亡する人の死亡時の平均年齢は 23 歳である．
- 1 年間において，30 歳と 40 歳の間で死亡する人の数は c_4 である．
- 30 歳と 40 歳の間の人口は c_5 である．

このとき，$T_{30} = \boxed{\text{(C)}}$，$T_{40} = \boxed{\text{(D)}}$ となり，30 歳と 40 歳の間で死亡する人の死亡時の平均年齢は $\boxed{\text{(E)}}$ である．

5.2

$$_tp_x\mu_{x+t} = \begin{cases} \dfrac{e^{-ct}}{b^2}\left(ct^2 - 2(1+bc)t + b^2c + 2b\right) & (0 \leqq t < b) \\ 0 & (t \geqq b) \end{cases}$$

とするとき，次の問に答えよ．

(1) $_tp_x$ を求めよ．ただし $0 \leqq t < b$ とする．

(2) 中央死亡率 m_x を求めよ．

5.3

1 年間の出生数が a で死力が

$$\mu_x = \frac{\alpha}{100 - x}$$

となる定常社会を考える．総人口は $T_0 = \dfrac{200}{3}a$ であることが分かっている．

(1) α の値を求めよ．

(2) この定常社会の平均年齢を求めよ．

5.4 (死力の変化と人口の変化)

死力 $\mu_x = c_1$ となる定常社会を考え，1 年間の出生数を a_0 とする．

(1) 総人口 T_0 を求めよ．

(2) ある時点 t_0 から死力が $c_2(> c_1)$ に変化し m 年経過した時点 t_1 での

総人口 $T_0^{(1)}$ を求め，T_0 からの人口減少率 $\dfrac{T_0 - T_0^{(1)}}{T_0}$ を求めよ．

(3) t_0 から 50 歳以上の死力だけが c_2 に変化したとき，t_0 より m 年経過した時点 t_1 における総人口 $T_0^{(2)}$ を求めよ．

5.5

1 年間の出生数が a_0 の定常社会で m 歳未満の人口 $T_0 - T_m$ と $m+k$ 歳以上の人口がともに全人口の $\dfrac{1}{3}$ を占めることが分かっている．さらに次のことが分かっている．

- 総人口 $T_0 = 3a$.
- m 歳と $m+k$ 歳の間で死亡する人の死亡時の平均年齢は $m+b$ 歳となる．
- $m+k$ 歳の人の平均余命は c 歳である．

(1) 1 年間に $m+k$ 歳以上で死亡する人の数を求めよ．
(2) 1 年間に m 歳以上で死亡する人の数を求めよ．
(3) m 歳以上で死亡する人の死亡時の平均年齢を求めよ．

第6章
多重脱退と就業-就業不能問題

これまでは生存者集団から死亡という1つの理由による脱退を取り扱ってきた．この章では生存者集団からの脱退理由が複数ある場合を考えよう．

6.1 多重脱退残存表

脱退理由が複数ある場合を考えよう．例えば，がんによる死亡，脳卒中による死亡，心臓病による死亡と言った具合に複数の脱退理由を考える．

今，A, B, C の3つの脱退理由があるとする．このとき，生命表のように x 歳の生存数 l_x，x 歳と $x+1$ 歳の間で脱退理由 A, B, C で脱退する人数，d_x^A, d_x^B, d_x^C が与えられているとする．各 x 毎に l_x, d_x^A, d_x^B, d_x^C が表になったものを多重脱退残存表とよぶ．例えば，次のような表 6.1 が与えられているとする：

表 6.1

x	l_x	d_x^A	d_x^B	d_x^C
30	87000	25	30	18
31	86927	24	31	17
32	86855	27	32	17

このとき，x 歳の A, B, C 脱退率 q_x^A, q_x^B, q_x^C は

$$q_x^A = \frac{d_x^A}{l_x}, \quad q_x^B = \frac{d_x^B}{l_x}, \quad q_x^C = \frac{d_x^C}{l_x}$$

で定められる．

また生存率 p_x は

$$p_x = \frac{l_{x+1}}{l_x}$$

となる．$l_{x+1} = l_x - d_x^A - d_x^B - d_x^C$ であるので，

$$p_x = 1 - q_x^A - q_x^B - q_x^C$$

となる．

上の表に関しては

$$q_{30}^A = \frac{25}{87000}, \quad q_{30}^B = \frac{30}{87000}, \quad q_{30}^C = \frac{18}{87000}, \quad p_{30} = \frac{86927}{87000}$$

となる．

このように多重脱退残存表が統計データから作られていれば，各脱退率の計算も簡単であるが，多重脱退残存表が作られていない場合の取り扱いについて次節で述べる．

6.2 絶対脱退率とは

脱退理由が A, B, C の 3 つある場合を考え，x 歳の人が A, B, C の理由で 1 年以内に脱退する確率 q_x^A, q_x^B, q_x^C を考えたい．今，脱退理由が 1 つであるときの脱退率に関する知識のみが与えられているとしよう．脱退理由が A しかないときの脱退率 q_x^{A*}，B しかないときの脱退率 q_x^{B*}，C しかないときの脱退率 q_x^{C*} が分かっているとする．このような，脱退理由が 1 つしかないときの脱退率を**絶対脱退率**とよぶ．

これから，脱退率 (q_x^A, q_x^B, q_x^C) と絶対脱退率 $(q_x^{A*}, q_x^{B*}, q_x^{C*})$ との関係について考えよう．

そのために，次のように問題を定式化する．3 種類の死神，死神 A，死神 B，死神 C がいるとする．死神 A，死神 B，死神 C が (x) を訪れる時間を確

率変数 T_A, T_B, T_C で表し，これらは独立であると仮定する．

例えば，死神 A が一番最初に訪れ，死神 A に『おめでとうございます，お迎えに上がりました』と言われたとき，(x) は理由 A で脱退 (死亡) するとする．すなわち，一番最初に訪れた死神の理由で脱退すると考える．したがって，(x) が理由 A, B, C で 1 年以内に脱退する確率は

$$\begin{cases} q_x^A = P(0 < T_A < 1, T_A < T_B, T_A < T_C) \\ q_x^B = P(0 < T_B < 1, T_B < T_C, T_B < T_A) \\ q_x^C = P(0 < T_C < 1, T_C < T_A, T_C < T_B) \end{cases}$$

と定めることができる．

このとき，絶対脱退率は

$$\begin{cases} q_x^{A*} = P(0 < T_A < 1) \\ q_x^{B*} = P(0 < T_B < 1) \\ q_x^{C*} = P(0 < T_C < 1) \end{cases}$$

で定められる．

さらに，各死神は 1 年を通じて一様に訪れると仮定する．すなわち，$0 < t < 1$ としたとき，各死神が微小時間区間 $(t, t+dt)$ に訪れる確率は，それぞれ

$$\begin{cases} P(t < T_A < t+dt) = q_x^{A*} dt \\ P(t < T_B < t+dt) = q_x^{B*} dt \\ P(t < T_C < t+dt) = q_x^{C*} dt \end{cases}$$

で与えられると仮定する．

この仮定から，死神 A, B, C が t までにやって来る確率はそれぞれ，

$$q_x^{A*} \cdot t, \quad q_x^{B*} \cdot t, \quad q_x^{C*} \cdot t$$

となる．

以上の仮定の下で，q_x^A が絶対確率 $\{q_x^{A*}, q_x^{B*}, q_x^{C*}\}$ でどのように表現されるのかを見ていこう．$0 < t < 1$ として微小時間区間 $(t, t+dt)$ で死神 A が

『一番最初に』やって来る確率を考えよう.

- 死神 A が $(t, t+dt)$ でやって来る確率 $= q_x^{A*} \cdot dt$,
- 死神 B が t までにやって来ない確率 $= 1 - q_x^{B*} \cdot t$,
- 死神 C が t までにやって来ない確率 $= 1 - q_x^{C*} \cdot t$

であり, T_A, T_B, T_C は独立なので, $(t, t+dt)$ で初めて死神 A が訪れる確率は

$$q_x^{A*}\left(1 - q_x^{B*}t\right)\left(1 - q_x^{C*}t\right)dt$$

であるので, これを t について 0 から 1 まで積分することにより

$$\begin{aligned} q_x^A &= \int_0^1 q_x^{A*}(1-q_x^{B*}t)(1-q_x^{C*}t)dt \\ &= q_x^{A*}\left(1 - \frac{1}{2}(q_x^{B*}+q_x^{C*}) + \frac{1}{3}q_x^{B*}q_x^{C*}\right) \end{aligned}$$

となる.

q_x^B, q_x^C についても同様の関係式がえられるので, まとめると次がえられる:

$$\begin{cases} q_x^A = q_x^{A*}\left(1 - \frac{1}{2}(q_x^{B*}+q_x^{C*}) + \frac{1}{3}q_x^{B*}q_x^{C*}\right) \\ q_x^B = q_x^{B*}\left(1 - \frac{1}{2}(q_x^{C*}+q_x^{A*}) + \frac{1}{3}q_x^{C*}q_x^{A*}\right) \\ q_x^C = q_x^{C*}\left(1 - \frac{1}{2}(q_x^{A*}+q_x^{B*}) + \frac{1}{3}q_x^{A*}q_x^{B*}\right) \end{cases} \quad (6.1)$$

(x) の 1 年後の生存率 p_x に関しては, どの死神も 1 年以内には訪れないということなので,

$$\begin{aligned} p_x &= P(T_A > 1, T_B > 1, T_C > 1) \\ &= P(T_A > 1) \cdot P(T_B > 1) \cdot P(T_C > 1) \\ &= (1-q_x^{A*})(1-q_x^{B*})(1-q_x^{C*}) \end{aligned} \quad (6.2)$$

となる.

また, (6.1) から

$$p_x = 1 - q_x^A - q_x^B - q_x^C$$

となることも分かる．

● ——脱退理由が A, B 2 つあるとき

脱退理由が A, B という 2 つのときも，(x) に $(t, t+dt)$ で初めて，死神 A が訪れる確率は

$$q_x^{A*}\left(1 - q_x^{B*}t\right)dt$$

であるので，これを t について 0 から t まで積分すると

$$q_x^A = \int_0^1 q_x^{A*}\left(1 - q_x^{B*}t\right)dt = q_x^{A*}\left(1 - \frac{1}{2}q_x^{B*}\right)$$

となる．B についても同様にして

$$q_x^B = \int_0^1 q_x^{B*}\left(1 - q_x^{A*}t\right)dt = q_x^{B*}\left(1 - \frac{1}{2}q_x^{A*}\right)$$

がえられる．

これらをまとめると，

$$\begin{cases} q_x^A = q_x^{A*}\left(1 - \dfrac{1}{2}q_x^{B*}\right) \\ q_x^B = q_x^{B*}\left(1 - \dfrac{1}{2}q_x^{A*}\right) \end{cases}$$

となる．

このとき，(x) が 1 年後に生存している確率 p_x は

$$p_x = (1 - q_x^{A*})(1 - q_x^{B*}) = 1 - q_x^A - q_x^B$$

となる．

例題 6.1 脱退理由が A, B, C の 3 重脱退を考える．

(1) $q_x^{B*} = 0.01, q_x^{C*} = 0.03$ で 1 年間の A 脱退者数は B 脱退者数の 2 倍であるとき，q_x^A, q_x^B, q_x^C, p_x を求めよ．

(2) $q_x^A = 0.01, q_x^B = 0.02, q_x^{C*} = 0.03$ のとき，q_x^{B*} を求めよ．

解答 (1) $d_x^A = 2d_x^B$ であるので, $q_x^A = 2q_x^B$ となる.
したがって,

$$q_x^{A*}\left(1 - \frac{1}{2}\cdot 0.04 + \frac{1}{3}\cdot 0.0003\right)$$
$$= 2\cdot 0.01\left(1 - \frac{1}{2}(q_x^{A*} + 0.03) + \frac{1}{3}\cdot q_x^{A*}\cdot 0.03\right)$$

が成り立つ. これを解くと, $q_x^{A*} = 0.0199$ となる.
これより,

$$q_x^A = 0.0199\left(1 - 0.02 + \frac{1}{3}\cdot 0.01\cdot 0.03\right) = 0.0195,$$
$$q_x^B = 0.01\left(1 - 0.015\cdot 0.0199 + \frac{1}{3}\cdot 0.03\cdot 0.0199\right) = 0.009999,$$
$$q_x^C = 0.03\left(1 - 0.005\cdot 0.0199 + \frac{1}{3}\cdot 0.01\cdot 0.0199\right) = 0.02999,$$
$$p_x = 0.94051$$

となる.

(2) まず

$$\begin{cases} 0.01 = q_x^{A*}\left(1 - \frac{1}{2}(q_x^{B*} + 0.03) + \frac{1}{3}\cdot q_x^{B*}\cdot 0.03\right) \\ 0.02 = q_x^{B*}\left(1 - \frac{1}{2}(q_x^{A*} + 0.03) + \frac{1}{3}\cdot q_x^{A*}\cdot 0.03\right) \end{cases}$$

が成り立つ.
これより, q_x^{A*} を消去すると

$$0.02 = q_x^{B*}\left(0.985 - \frac{0.01\cdot 0.49}{0.985 - 0.49\, q_x^{B*}}\right)$$

となり,

$$0.48265\,(q_x^{B*})^2 - 0.975125\, q_x^{B*} + 0.0197 = 0$$

となり, $q_x^{B*} = 0.020408$ となる.

● ——脱退率 q_x^A, q_x^B, q_x^C から絶対確率 $q_x^{A*}, q_x^{B*}, q_x^{C*}$ を求める近似式
q_x^A, q_x^B, q_x^C が与えられているとき, これらを用いて $q_x^{A*}, q_x^{B*}, q_x^{C*}$ を表すに

はどうすれば良いであろうか？ (6.1) を $q_x^{A*}, q_x^{B*}, q_x^{C*}$ に関する連立方程式として解けば良いわけであるが，この解は複雑なものとなり，現実的な意味をもたなくなる．そこで，

$$q_x^A = q_x^{A*}\left(1 - \frac{1}{2}(q_x^{B*} + q_x^{C*}) + \frac{1}{3}q_x^{B*}q_x^{C*}\right)$$

において，$q_x^{B*} = q_x^B, q_x^{C*} = q_x^C$ であると近似して，

$$q_x^{A*} = \frac{q_x^A}{1 - \frac{1}{2}(q_x^B + q_x^C) + \frac{1}{3}q_x^B q_x^C}$$

とする近似式がえられる．さらに，この近似式において $q_x^B q_x^C$ は q_x^B, q_x^C に比べて無視できるほど小さいとして

$$q_x^{A*} = \frac{q_x^A}{1 - \frac{1}{2}(q_x^B + q_x^C)}$$

とする近似式がよく用いられる．

q_x^{B*}, q_x^{C*} についても同様の式がえられるので，これらをまとめると次の近似式がえられる：

$$q_x^{A*} = \frac{q_x^A}{1 - \frac{1}{2}(q_x^B + q_x^C)},$$

$$q_x^{B*} = \frac{q_x^B}{1 - \frac{1}{2}(q_x^C + q_x^A)},$$

$$q_x^{C*} = \frac{q_x^C}{1 - \frac{1}{2}(q_x^A + q_x^B)}.$$

例題 6.2 脱退理由 A, B, C の3重脱退において，$q_x^A = 0.01$, $q_x^B = 0.02$, $q_x^C = 0.03$ であるとする．q_x^{C*} は元のままとして，q_x^{A*}, q_x^{B*} の値を $\frac{1}{2}$ 倍とするとき，生存確率はもとの何倍となるか？

解答 もとの生存率は

$$p_x = 1 - 0.01 - 0.02 - 0.03 = 0.94$$

であり，絶対確率は

$$q_x^{A*} = \frac{0.01}{1 - \frac{1}{2}(0.02 + 0.03)} = 0.010256,$$

$$q_x^{B*} = \frac{0.02}{1 - \frac{1}{2}(0.01 + 0.03)} = 0.020408,$$

$$q_x^{C*} = \frac{0.03}{1 - \frac{1}{2}(0.01 + 0.02)} = 0.030457$$

となる．

したがって，新たな生存率は

$$(p_x)' = \left(1 - \frac{1}{2} \cdot 0.010256\right) \cdot \left(1 - \frac{1}{2} \cdot 0.020408\right) \cdot (1 - 0.030457)$$
$$= 0.954727$$

となるので

$$\frac{(p_x)'}{p_x} = \frac{0.954727}{0.94} = 1.015667$$

となる．

6.3 脱退力とは

多重脱退の問題において，単生命における死力の概念を拡張させたものが脱退力である．

脱退理由 A, B, C の 3 重脱退を考えよう．このとき脱退残存表 $\{l_x, d_x^A, d_x^B, d_x^C\}$ が与えられているとする．さらに，時間区間 $(x, x+h)$ で A 脱退，B 脱退，C 脱退する人数 $d^A(x, x+h), d^B(x, x+h), d^C(x, x+h)$ が与えられているとする．このとき，A 脱退力，B 脱退力，C 脱退力を

$$\mu_x^A = \lim_{h \to 0} \frac{d^A(x, x+h)}{h} \cdot \frac{1}{l_x},$$

$$\mu_x^B = \lim_{h \to 0} \frac{d^B(x, x+h)}{h} \cdot \frac{1}{l_x},$$

$$\mu_x^C = \lim_{h \to 0} \frac{d^C(x, x+h)}{h} \cdot \frac{1}{l_x}$$

で定める.

$(x, x+h)$ で脱退する総人数を $d(x, x+h)$ とすると

$$d(x, x+h) = d^A(x, x+h) + d^B(x, x+h) + d^C(x, x+h)$$

となり,全体の死力 μ_x は

$$\mu_x = \lim_{h \to 0} \frac{d(x, x+h)}{h} \cdot \frac{1}{l_x}$$

で与えられるので,

$$\mu_x = \mu_x^A + \mu_x^B + \mu_x^C$$

となる.

したがって,

$$_tp_x = \exp\left\{-\int_0^t \left(\mu_{x+u}^A + \mu_{x+u}^B + \mu_{x+u}^C\right) du\right\} \tag{6.3}$$

が成り立つ.

また,

$$d^A(x+t, x+t+dt) = l_{x+t}\, \mu_{x+t}^A \, dt$$

であるので,(x) が $(x+t, x+t+dt)$ で A 脱退する確率は $_tp_x\mu_{x+t}^A\, dt$ となる.B, C 脱退についても同様のことが言えるので,まとめると次が言える.

(x) が $(x+t, x+t+dt)$ で A 脱退する確率 $= {}_tp_x\, \mu_{x+t}^A \, dt$

(x) が $(x+t, x+t+dt)$ で B 脱退する確率 $= {}_tp_x\, \mu_{x+t}^B \, dt$

(x) が $(x+t, x+t+dt)$ で C 脱退する確率 $= {}_tp_x\, \mu_{x+t}^C \, dt$

例題 6.3 $\mu_x^A = c_1, \mu_x^B = c_2, \mu_x^C = c_3$ のとき，(x) が 5 年後と 10 年後の間で A 脱退する確率を求めよ．

解答 ${}_t p_x$ は

$${}_t p_x = e^{-(c_1+c_2+c_3)t}$$

となるので，

$$(x) \text{ が 5 年後と 10 年後の間で } A \text{ 脱退する確率} = \int_5^{10} {}_t p_x \mu_{x+t}^A \, dt$$

$$= \int_5^{10} c_1 e^{-(c_1+c_2+c_3)t} \, dt$$

$$= \frac{c_1}{c_1+c_2+c_3}\left\{ e^{-5(c_1+c_2+c_3)} - e^{-10(c_1+c_2+c_3)} \right\}$$

となる．

6.4 脱退力と絶対脱退率

A, B, C の 3 重脱退を考え，脱退力を $\mu_x^A, \mu_x^B, \mu_x^C$ とする．脱退力を用いると，生存確率 p_x は

$$p_x = \exp\left\{ -\int_0^1 \mu_{x+u}^A \, du \right\} \cdot \exp\left\{ -\int_0^1 \mu_{x+u}^B \, du \right\} \cdot \exp\left\{ -\int_0^1 \mu_{x+u}^C \, du \right\}$$

と表され，

$$p_x = (1 - q_x^{A*})(1 - q_x^{B*})(1 - q_x^{C*})$$

であるので，次の関係が成り立つことが推測される．

$$\begin{cases} q_x^{A*} = 1 - \exp\left\{-\int_0^1 \mu_{x+u}^A\, du\right\} \\ q_x^{B*} = 1 - \exp\left\{-\int_0^1 \mu_{x+u}^B\, du\right\} \\ q_x^{C*} = 1 - \exp\left\{-\int_0^1 \mu_{x+u}^C\, du\right\} \end{cases}$$

この関係が次の仮定の下で近似的に成り立つことを示そう.

A 脱退について考える. $0 < t < 1$ として

$$\mu_{x+t}^A = \lim_{\Delta t \to 0} \frac{d^A(x+t, x+t+\Delta t)}{\Delta t \cdot l_{x+t}}$$

となることに注意する. ここで, $d^A(x+t, x+t+\Delta t)$ は $(x+t, x+t+\Delta t)$ において A 脱退する人の数である.

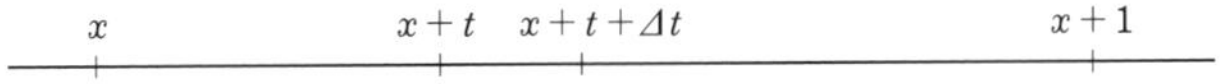

図 6.1

$(x, x+1)$ における A, B, C 脱退数をそれぞれ d_x^A, d_x^B, d_x^C とし, 各脱退は時間一様に起こると仮定すると

$$d^A(x+t, x+t+\Delta t) = d_x^A \cdot \Delta t, \quad l_{x+t} = l_x - td_x$$

が成り立つ.

したがって,

$$\int_0^1 \mu_{x+t}^A\, dt = d_x^A \int_0^1 \frac{1}{l_x - td_x}\, dt$$
$$= -\frac{d_x^A}{d_x} \log\left(1 - \frac{d_x}{l_x}\right)$$

となり,

$$\exp\left\{-\int_0^1 \mu_{x+t}^A\, dt\right\} = \left(1 - \frac{d_x}{l_x}\right)^{\frac{d_x^A}{d_x}}$$

となる.

$\dfrac{d_x}{l_x}$ が十分小さいとして $f(u) = (1-u)^{\frac{d_x^A}{d_x}}$ についてテイラー展開を行うと

$$f(u) = 1 - \frac{d_x^A}{d_x} u + \frac{1}{2} \frac{d_x^A}{d_x} \left(\frac{d_x^A}{d_x} - 1 \right) u^2 + o(u^2)$$

となる．これを上式に適用すると

$$\begin{aligned}
&1 - \exp\left\{ -\int_0^1 \mu_{x+t}^A \, dt \right\} \\
&= \frac{d_x^A}{l_x} + \frac{1}{2} \frac{d_x^A}{l_x} \cdot \frac{d_x - d_x^A}{l_x} + o\left(\left(\frac{d_x}{l_x} \right)^2 \right) \\
&= \frac{d_x^A}{l_x} \left(1 + \frac{1}{2} \left(\frac{d_x^B}{l_x} + \frac{d_x^C}{l_x} \right) \right) + o\left(\left(\frac{d_x}{l_x} \right)^2 \right)
\end{aligned}$$

となる．1.1.4 節で述べた (1.4) を用いると

$$\begin{aligned}
1 - \exp\left\{ -\int_0^1 \mu_{x+t}^A \, dt \right\} &= \frac{d_x^A}{l_x} \frac{1}{1 - \dfrac{1}{2}\left(\dfrac{d_x^B}{l_x} + \dfrac{d_x^C}{l_x}\right)} + o\left(\frac{d_x}{l_x} \right) \\
&= \frac{q_x^A}{1 - \dfrac{1}{2}(q_x^B + q_x^C)} = q_x^{A*}
\end{aligned}$$

が成り立つ．ここで 6.2 節で述べた q_x^{A*} を q_x^A, q_x^B, q_x^C で表す式が用いられた．

6.5 多重脱退に関する保険

6.5.1 期末払い保険

x 歳加入，n 年契約，n 年以内に A, B, C 脱退するとき，その年度末に保険金 K_A, K_B, K_C を支払う保険の一時払い保険料 A を求めてみよう．

(x) が $(x+t-1, x+t)$ で A, B, C 脱退する確率は，それぞれ $_{t-1}p_x \, q_{x+t-1}^A$, $_{t-1}p_x \, q_{x+t-1}^B$, $_{t-1}p_x \, q_{x+t-1}^C$ であるので，

$$A = K_A \sum_{t=1}^n v^t {}_{t-1}p_x \, q_{x+t-1}^A + K_B \sum_{t=1}^n v^t {}_{t-1}p_x \, q_{x+t-1}^B$$

$$+ K_C \sum_{t=1}^{n} v^t {}_{t-1}p_x \, q^C_{x+t-1}$$

となる.

> **例題 6.4** $\mu^A_x = c_1, \mu^B_x = c_2, \mu^C_x = c_3$ となる 3 重脱退を考える.
> (1) q^A_x, q^B_x, q^C_x, p_x を求めよ.
> (2) x 歳加入の終身保険で, A, B, C 脱退するとき, その年度末に, それぞれ保険金 K_A, K_B, K_C を支払う保険の一時払い保険料 A を求めよ. ただし, $p_x = p, q^A_x = \alpha_A, q^B_x = \alpha_B, q^C_x = \alpha_C$ とする.

解答 (1)
$$_u p_x = \exp\left\{-\int_0^u (c_1 + c_2 + c_3)\, du\right\} = e^{-(c_1+c_2+c_3)u}$$

に注意すると $p_x = e^{-(c_1+c_2+c_3)}$ となり, 次が成立する:

$$q^A_x = \int_0^1 {}_u p_x \cdot \mu^A_{x+u}\, du = \frac{c_1}{c_1+c_2+c_3}\left(1 - e^{-(c_1+c_2+c_3)}\right),$$

$$q^B_x = \int_0^1 {}_u p_x \cdot \mu^B_{x+u}\, du = \frac{c_2}{c_1+c_2+c_3}\left(1 - e^{-(c_1+c_2+c_3)}\right),$$

$$q^C_x = \int_0^1 {}_u p_x \cdot \mu^C_{x+u}\, du = \frac{c_3}{c_1+c_2+c_3}\left(1 - e^{-(c_1+c_2+c_3)}\right).$$

(2) 一時払い保険料は次のようになる:

$$A = K_A \sum_{t=1}^{\infty} v^t p^{t-1} \alpha_A + K_B \sum_{t=1}^{\infty} v^t p^{t-1} \alpha_B + K_C \sum_{t=1}^{\infty} v^t p^{t-1} \alpha_C$$
$$= (\alpha_A K_A + \alpha_B K_B + \alpha_C K_C) \cdot \frac{v}{1 - vp}.$$

6.5.2 即時払い保険

x 歳加入, n 年契約, n 年以内に A, B, C 脱退するとき, 保険金 K_A, K_B, K_C を即時に支払う保険の一時払い保険料 $\bar{A}$ を求めてみよう.

一時払い保険料は**支払われる保険金の現価の期待値**として定義されるもので

あることを思い出しておこう.

微小時間区間 $(x+t, x+t+dt)$ において A 脱退が起こるとき,保険金 K_A が支払われるのであるが,その現価は $v^t K_A$ となる.また,その確率は ${}_t p_x \mu_{x+t}^A \, dt$ であるので,支払われる保険金の現価の期待値は

$$\bar{A} = K_A \int_0^n v^t {}_t p_x \mu_{x+t}^A \, dt + K_B \int_0^n v^t {}_t p_x \mu_{x+t}^B \, dt + K_C \int_0^n v^t {}_t p_x \mu_{x+t}^C \, dt$$

となる.

例題 6.5 $\mu_x^A = c_1, \mu_x^B = c_2, \mu_x^C = c_3$ となる3重脱退を考える. x 歳加入, n 年契約の保険で, A, B, C 脱退するとき,即時に,それぞれ保険金 K_A, K_B, K_C を支払う保険の一時払い保険料 $\bar{A}$ を求めよ.

解答 (x) が $(x+t, x+t+dt)$ で A 脱退するとき,支払われる保険金の現価は $v^t K_A$ となり,その確率は ${}_t p_x \mu_{x+t}^A \, dt$ となるので A 脱退の保険金の現価の期待値は

$$K_A \int_0^n v^t {}_t p_x \mu_{x+t}^A \, dt$$

であるので,

$$\begin{aligned}
\bar{A} &= K_A \int_0^n e^{-(\delta+c_1+c_2+c_3)t} c_1 \, dt \\
&\quad + K_B \int_0^n e^{-(\delta+c_1+c_2+c_3)t} c_2 \, dt + K_C \int_0^n e^{-(\delta+c_1+c_2+c_3)t} c_3 \, dt \\
&= (c_1 K_A + c_2 K_B + c_3 K_C) \int_0^n e^{-(\delta+c_1+c_2+c_3)t} \, dt \\
&= \frac{c_1 K_A + c_2 K_B + c_3 K_C}{\delta + c_1 + c_2 + c_3} (1 - e^{-(\delta+c_1+c_2+c_3)n})
\end{aligned}$$

となる.

6.6 就業-就業不能問題

この節では就業者の集団を考え，そこから

(1) 死亡
(2) 就業不能

という2種類の脱退理由による脱退問題を考える．就業者から就業不能者になった人たちは就業不能者集団という新たな集団を形成する．就業不能者集団から就業者集団への復帰はないものとし，就業不能者集団からの脱退は死亡によるものだけであるとする．

● ── 記号についての注意

以後の話では a や i という記号がよく出てくるが，a は「active = 就業者」を意味し，i は「invalid = 就業不能者」を意味する．

6.6.1 就業-就業不能脱退残存表

16歳の就業者 l_{16}^{aa} 人からなる就業者集団を考えよう．最初の第1年度中に就業者として死亡する人が d_{16}^{aa} 人，就業不能になる人が i_{16} 人いるとする．就業不能になった i_{16} 人のうち，第1年度中に d_{16}^{ii} 人が就業不能者として死亡するとする．就業不能になった i_{16} 人のうち，死亡しなかった $l_{17}^{ii} = i_{16} - d_{16}^{ii}$ 人が17歳に達した就業不能者の集団を形成する．一方，17歳に達した就業者数 l_{17}^{aa} は

$$l_{17}^{aa} = l_{16}^{aa} - d_{16}^{aa} - i_{16}$$

となる．

第2年度においては，l_{17}^{aa} 人の就業者のうち，d_{17}^{aa} 人が就業者として死亡し，i_{17} 人が就業不能になるとする．就業不能者として第2年度中に死亡する人数 d_{17}^{ii} は

$$d_{17}^{ii} = (l_{17}^{ii} \text{ 人のうち死亡する人数}) + (i_{17} \text{ 人のうち死亡する人数})$$

となる．ここで，d_{17}^{ii} は l_{17}^{ii} 人のうちから死亡する人数だけではないことに注意されたい．

このような脱退を繰り返して行き，x 歳に達した就業者数を l_x^{aa}，就業不能者数を l_x^{ii} とする．次の 1 年の間に，就業者として死亡する人数を d_x^{aa}，就業不能になる人数を i_x，就業不能者として死亡する人数を d_x^{ii} とする．

d_x^{ii} は x 歳の就業不能者 l_x^{ii} 人のうち，1 年以内に死亡する人数だけではなく，l_x^{aa} 人のうち，1 年以内に就業不能となり，かつ就業不能者として死亡する人数を含んでいることに注意しよう．

理解のためのポイント：

$d_x^{ii} = (l_x^{ii}$ 人のうち 1 年以内に死亡する人数$)$
$\qquad + (i_x$ 人のうち 1 年以内に死亡する人数$)$

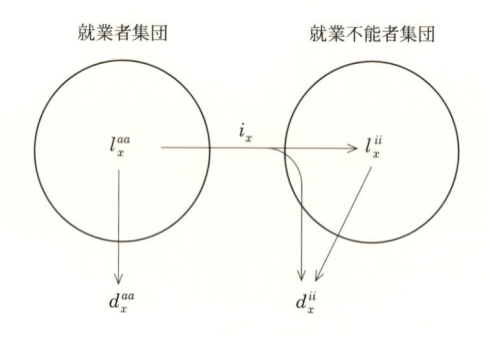

図 6.2

以上のような過程を経て出来上がった表

$$\{l_x^{aa}, l_x^{ii}, d_x^{aa}, i_x, d_x^{ii}\}_i$$

を**就業-就業不能脱退残存表**とよぶ．

この就業-就業不能脱退残存表において，

$$l_{x+1}^{aa} = l_x^{aa} - d_x^{aa} - i_x, \qquad l_{x+1}^{ii} = l_x^{ii} + i_x - d_x^{ii}$$

という関係式が成り立っている．$\{l_x^{aa}\}$ は x について単調減少であるが，$\{l_x^{ii}\}$ は増加することもあることに注意しておこう．

6.6.2　就業-就業不能に関する生命確率

就業-就業不能脱退残存表 $\{l_x^{aa}, l_x^{ii}, d_x^{aa}, i_x, d_x^{ii}\}_i$ が与えられたとき，次のような生命確率を考えよう．

(1)　p_x^{aa}：x 歳の就業者が 1 年後に就業者として生存している確率．
(2)　q_x^{aa}：x 歳の就業者が 1 年以内に就業者として死亡する確率．
(3)　$q_x^{(i)}$：x 歳の就業者が 1 年以内に就業不能になる確率．
(4)　q_x^i：x 歳の就業不能者が 1 年以内に死亡する確率．
(5)　p_x^{ai}：x 歳の就業者が 1 年後に就業不能者として生存している確率．
(6)　q_x^{ai}：x 歳の就業者が 1 年以内に就業不能者として死亡する確率．
(7)　${}_tp_x^{aa}$：x 歳の就業者が t 年後に就業者として生存している確率．
(8)　${}_tp_x^{ai}$：x 歳の就業者が t 年後に就業不能者として生存している確率．
(9)　${}_{t|}q_x^{ai}$：x 歳の就業者が t 年後と $t+1$ 年後の間に就業不能者として死亡する確率．

●――記号の注意

${}_tp_x^{ai}$ のように右上に ai という記号がついているのは，次のように理解する．a は最初の状態が $a=$ 就業者であることを示している．i は t 年後の状態が $i=$ 就業不能者であることを示しており，${}_tp_x^{ai}$ は最初 (x 歳時点)，$a=$ 就業者であった人が t 年後 $i=$ 就業不能者として生存している確率を表している．また，${}_tp_x^{aa}$ は最初 $a=$ 就業者であった人が t 年後にも $a=$ 就業者として生存している確率を表している．${}_{t|}q_x^{ai}$ は最初 $a=$ 就業者であった人が t 年後と $t+1$ 年後の間に $i=$ 就業不能者として死亡する確率を表す．

それでは次に，これらの確率を就業-就業不能脱退残存表 $\{l_x^{aa}, l_x^{ii}, d_x^{aa}, i_x, d_x^{ii}\}_i$ からどのように定めて行くのかについて述べよう．

上の (1), (2), (3) については単生命の確率と同様の考え方で次のように定められる：

$$p_x^{aa} = \frac{l_{x+1}^{aa}}{l_x^{aa}}, \qquad q_x^{aa} = \frac{d_x^{aa}}{l_x^{aa}}, \qquad q_x^{(i)} = \frac{i_x}{l_x^{aa}}.$$

q_x^i を定めるため次の仮定を置こう.

仮定 就業不能と死亡による脱退は一年を通じて一様に発生する.

l_x^{aa} 人のうち,1 年間に就業不能になる人数は i_x であるが,時点 $t \in (0,1)$ までに就業不能になる人数はこの仮定より $t\,i_x$ 人となる.この $t\,i_x$ 人のうち,$(t, t+dt)$ で死亡する人数は $t\,i_x q_x^i\,dt$ となるので,次が成立する:

> l_x^{aa} 人のうち,1 年以内に就業不能になり,かつ死亡する人数 (の期待値)
> $$= \int_0^1 t\,i_x q_x^i\,dt = \frac{1}{2} i_x \cdot q_x^i$$

また,l_x^{ii} 人のうち,1 年以内に死亡する人数(の期待値)は $l_x^{ii} \cdot q_x^i$ となるので,次が成立する.

> $$d_x^{ii} = l_x^{ii} \cdot q_x^i + \frac{1}{2} i_x \cdot q_x^i$$
> であるので,q_x^i は次のようになる:
> $$q_x^i = \frac{d_x^{ii}}{l_x^{ii} + \frac{1}{2} i_x} \qquad (6.4)$$

l_x^{aa} 人のうち,$x+t$ 歳で就業者である人数は l_{x+t}^{aa} なので,

$$_t p_x^{aa} = \frac{l_{x+t}^{aa}}{l_x^{aa}}$$

となる.

● ──**就業不能者の生命確率** $_tp_x^i, _{t|}q_x^i$

就業不能者集団からの脱退は死亡しかないので，就業不能者の生命確率は単生命のときと同様の扱いができる．就業不能者の死亡確率 q_x^i は (6.4) により定めることができたが，就業不能者の生存確率 p_x^i は

$$p_x^i = 1 - q_x^i$$

により定まる．これから，x 歳の就業不能者が t 年後に生存している確率 $_tp_x^i$ は

$$\begin{aligned}_tp_x^i &= p_x^i \cdot p_{x+1}^i \cdot \cdots \cdot p_{x+t-1}^i \\ &= (1-q_x^i) \cdot (1-q_{x+1}^i) \cdot \cdots \cdot (1-q_{x+t-1}^i) \\ &= \left(1 - \frac{d_x^{ii}}{l_x^{ii} + \frac{1}{2}i_x}\right) \cdot \left(1 - \frac{d_{x+1}^{ii}}{l_{x+1}^{ii} + \frac{1}{2}i_{x+1}}\right) \\ &\quad \cdots \cdot \left(1 - \frac{d_{x+t-1}^{ii}}{l_{x+t-1}^{ii} + \frac{1}{2}i_{x+t-1}}\right)\end{aligned}$$

として $\{l_x^{aa}, l_x^{ii}, d_x^{aa}, i_x, d_x^{ii}\}_i$ から定めることができる．

また据置死亡率 $_{t|}q_x^i$ は

$$_{t|}q_x^i = {}_tp_x^i - {}_{t+1}p_x^i$$

として定めるられる．

● ──**生命確率** $_tp_x^{ai}, _{t|}q_x^{ai}$ **について**

x 歳の就業者が就業不能者として生存する確率 $_tp_x^{ai}$ と就業不能者として死亡する据置死亡率 $_{t|}q_x^{ai}$ を上で定めた就業不能者の生命確率 $_tp_x^i, _{t|}q_x^i$ を用いて定めよう．

まず，$_tp_x^{ai}$ について考えよう．x 歳の就業者は l_x^{aa} 人いるわけであるが，このうち t 年後に就業不能者として生存している人数 (期待値) はどう表されるのであろうか？　就業-就業不能脱退残存表によれば，$x+t$ 歳の就業不能者数は l_{x+t}^{ii} 人であるが，この中には x 歳の段階で既に就業不能者集団に属してい

て，t 年後まで生き延びている人数も含まれている．

図 6.3 から x 歳のとき既に就業不能者であって，$x+t$ 歳のときに生存している人数は $l_x^{ii} \cdot {}_tp_x^i$ であるので，x 歳のときは就業者集団に属していて，$x+t$ 歳では就業不能者集団に属している人数は

$$l_{x+t}^{ii} - l_x^{ii} \cdot {}_tp_x^i$$

となることが分かる．

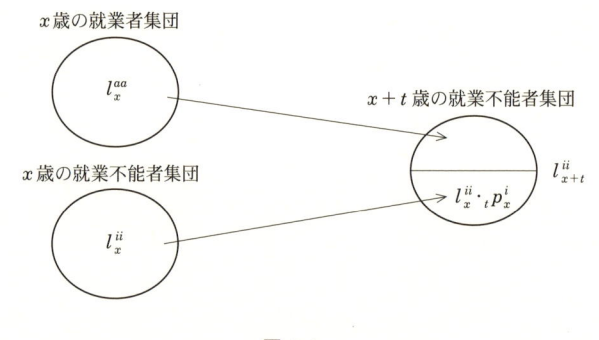

図 6.3

したがって，次が成り立つ：

$${}_tp_x^{ai} = \frac{l_{x+t}^{ii} - l_x^{ii} \cdot {}_tp_x^i}{l_x^{aa}}. \tag{6.5}$$

次に ${}_{t|}q_x^{ai}$ について考えよう．$x+t$ 歳と $x+t+1$ 歳の間で就業不能者として死亡する人数は d_{x+t}^{ii} 人であるが，この中には x 歳時点で既に就業不能者となっていた人数も含まれている．

次の図 6.4 を見ていただきたい．この図から，x 歳のときに既に就業不能者であって $x+t$ 歳と $x+t+1$ 歳の間で就業不能者として死亡する人数は $l_x^{ii} \cdot {}_{t|}q_x^i$ である．

したがって，x 歳のときは就業者であって $x+t$ 歳と $x+t+1$ 歳の間で就業不能者として死亡する人数は

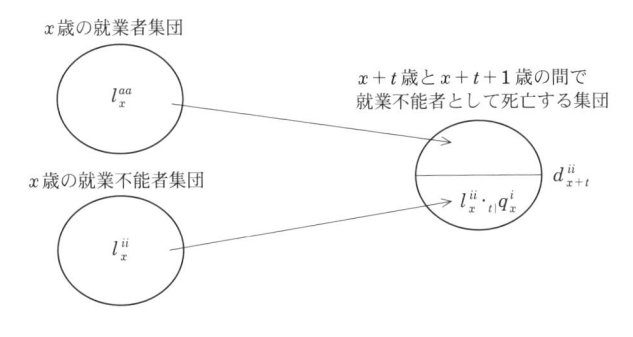

図 6.4

$$d^{ii}_{x+t} - l^{ii}_x \cdot {}_{t|}q^i_x$$

となり，${}_{t|}q^{ai}_x$ は次のように表される：

$$\boxed{{}_{t|}q^{ai}_x = \frac{d^{ii}_{x+t} - l^{ii}_x \cdot {}_{t|}q^i_x}{l^{aa}_x}.} \tag{6.6}$$

●──就業不能者の単生命表 $\{l^i_x, d^i_x\}$

前にも述べたように，就業不能者集団からの脱退は死亡のみであるので，就業不能者集団からの脱退問題は単生命のときと同様の扱いができる．そこで，就業不能者だけを集めた集団を考え，死亡による脱退に関する**単生命表** $\{l^i_x, d^i_x\}$ を作ることができる．

就業不能者集団の開始年齢を 16 歳として，$l^i_{16} = 100000$ とする．就業-就業不能脱退残存表 $\{l^{aa}_x, l^{ii}_x, i_x, d^{aa}_x, d^{ii}_x\}$ から，

$$q^i_{16} = \frac{d^{ii}_{16}}{l^{ii}_{16} + \frac{1}{2}i_{16}} \qquad (l^{ii}_{16} = 0 \text{ に注意})$$

によって，q^i_{16} が定まる．そこで，d^i_{16} は $d^i_{16} = l^i_{16} \cdot q^i_{16}$ と定められる．

l^i_{17} は

$$l_{17}^i = l_{16}^i - d_{16}^i$$

として定められる．また，就業-就業不能脱退残存表から q_{17}^i が定められるので，$d_{17}^i = l_{17}^i \cdot q_{17}^i$ として d_{17}^i が定められる．この操作を繰り返して行くことによって，就業不能者の単生命表 $\{l_x^i, d_x^i\}$ を作って行くことができる．

この就業不能者の単生命表 $\{l_x^i, d_x^i\}$ を用いると，就業不能者に関する生命確率が次のように表される：

$$_tp_x^i = \frac{l_{x+t}^i}{l_x^i}, \qquad _{t|}q_x^i = \frac{d_{x+t}^i}{l_x^i}.$$

この就業不能者の単生命表は，就業-就業不能に関する保険の保険料や生命年金現価を計算基数表を用いて表現するときに用いられる．

例題 6.6 就業-就業不能脱退残存表と就業不能者の単生命表が下の表 6.2 のように与えられている．

表 6.2

	l_x^{aa}	l_x^{ii}	i_x	d_x^{aa}	d_x^{ii}	l_x^i	d_x^i
x	95500	815	50			93000	2325
$x+1$			52	45	19		
$x+2$			46		20		

$p_x^{aa} = \dfrac{1908}{1910}$ とするとき，次の問に答えよ．

(1) d_x^{ii} を求めよ．

(2) d_x^{aa} を求めよ．

(3) l_{x+1}^{ii} を求めよ．

(4) q_{x+1}^i を小数点 5 位まで求めよ．

(5) d_{x+1}^i を求めよ (小数点以下は四捨五入).

(6) $_2p_x^i$ を小数点 5 位まで求めよ．

(7) $_2p_x^{ai}$ を小数点 5 位まで求めよ．

(8) $_{1|}q_x^i$ を小数点 5 位まで求めよ.
(9) $_{1|}q_x^{ai}$ を小数点 6 位まで求めよ.

解答 (1) 就業不能者の単生命表より $q_x^i = \dfrac{2325}{93000} = 0.025$ であるので,

$$\frac{d_x^{ii}}{815+25} = 0.025$$

より, $d_x^{ii} = 21$ となる.

(2) $l_{x+1}^{aa} = 95500 \cdot p_x^{aa} = 95400$ であるので,

$$95400 = 95500 - d_x^{aa} - 50$$

より, $d_x^{aa} = 50$ となる.

(3) $l_{x+1}^{ii} = 815 + 50 - 21 = 844$.

(4) $q_{x+1}^i = \dfrac{19}{844+26} = 0.02184$.

(5) $l_{x+1}^i = 93000 - 2325 = 90675$ であるので, $d_{x+1}^i = 90675 \cdot 0.02184 = 1980$ となる.

(6) $_2p_x^i = (1-0.025)(1-0.02184) = 0.95371$.

(7) $l_{x+2}^{ii} = 844 + 52 - 19 = 877$ であるので, (6.5) より

$$_2p_x^{ai} = \frac{877 - 815 \cdot 0.95371}{95500} = 0.00104.$$

(8) $_{1|}q_x^i = p_x^i - {}_2p_x^i = 0.975 - 0.95371 = 0.02129$.

(9) (6.6) より

$$_{1|}q_x^{ai} = \frac{19 - 815 \cdot 0.02129}{95500} = 0.000017$$

となる.

6.6.3 就業-就業不能に関する年金と保険

まず, 就業-就業不能に関する生命年金の現価について考えよう.

●——(1) 就業者生命年金現価 $\ddot{a}^{aa}_{x:\overline{n}|}$, $a^{aa}_{x:\overline{n}|}$

x 歳加入，就業者である限り期始払いで n 年間にわたって年金年額 1 を支払う生命年金の現価 $\ddot{a}^{aa}_{x:\overline{n}|}$ について考えよう．$x+t$ 時点で 1 が支払われるとき，その現価は v^t で，その確率は ${}_tp^{aa}_x$ であるので，支払われる年金現価の期待値を求めることにより

$$\ddot{a}^{aa}_{x:\overline{n}|} = \sum_{t=0}^{n-1} v^t {}_tp^{aa}_x$$

となる．

また，期末払いのときの生命年金現価は

$$a^{aa}_{x:\overline{n}|} = \sum_{t=1}^{n} v^t {}_tp^{aa}_x$$

となる．

●——(2) 就業不能者生命年金現価 $a^{i}_{x:\overline{n}|}$

x 歳の就業不能者を対象とする期始払い n 年契約，期始払い年金年額 1 の生命年金の現価を $\ddot{a}^{i}_{x:\overline{n}|}$ とすると，

$$\ddot{a}^{i}_{x:\overline{n}|} = \sum_{t=0}^{n-1} v^t {}_tp^{i}_x$$

となる．

期末払いのときは

$$a^{i}_{x:\overline{n}|} = \sum_{t=1}^{n} v^t {}_tp^{i}_x$$

となる．

●——(3) 就業者対象の就業不能生命年金現価 $a^{ai}_{x:\overline{n}|}$

x 歳の就業者を対象とする年金で，就業不能になった年度末から n 年度末まで生存を条件に年額 1 が支払われる生命年金の現価が $a^{ai}_{x:\overline{n}|}$ である．時点 $x+t$ で年金 1 が支払われる条件は x 歳の就業者が $x+t$ で就業不能者として生存していることであるので，その現価は

$$a^{ai}_{x:\overline{n}|} = \sum_{t=1}^{n} v^t {}_t p^{ai}_x$$

となる．

次に就業-就業不能に関する保険の一時払い保険料について考えよう．

●——(4)　就業者として死亡するときの定期保険

x 歳の就業者を対象とする保険で，n 年以内に就業者として死亡したとき，その年度末に死亡保険金 1 が支払われる保険の一時払い保険料を $A^{1\ aa}_{x:\overline{n}|}$ とする．t 年度末に保険金 1 が支払われる確率は ${}_{t-1|}q^{aa}_x$ であるので

$$A^{1\ aa}_{x:\overline{n}|} = \sum_{t=1}^{n} v^t {}_{t-1|}q^{aa}_x$$

となる．

●——(5)　就業者対象で，就業不能者として死亡するときの定期保険

x 歳の就業者を対象とする保険で，n 年以内に就業不能者として死亡したとき，その年度末に死亡保険金 1 が支払われる保険の一時払い保険料を $A^{1\ ai}_{x:\overline{n}|}$ とする．t 年度末に保険金 1 が支払われる確率は ${}_{t-1|}q^{ai}_x$ であるので

$$A^{1\ ai}_{x:\overline{n}|} = \sum_{t=1}^{n} v^t {}_{t-1|}q^{ai}_x$$

となる．

●——(6)　就業不能者の定期保険

x 歳の就業不能者を対象とする保険で，n 年以内に死亡したとき，その年度末に死亡保険金 1 が支払われる保険の一時払い保険料を $A^{1\ i}_{x:\overline{n}|}$ とする．t 年度末に保険金 1 が支払われる確率は ${}_{t-1|}q^{i}_x$ であるので

$$A^{1\ i}_{x:\overline{n}|} = \sum_{t=1}^{n} v^t {}_{t-1|}q^{i}_x$$

となる．

●──(7) 就業不能保険

x 歳の就業者を対象とする保険で，n 年以内に就業不能となったとき，その年度末に保険金 1 が支払われる保険の一時払い保険料を $A^{(i)}_{x:\overline{n}|}$ とする．t 年度末に保険金 1 が支払われる確率は ${}_{t-1|}q^{(i)}_x = \dfrac{i_{x+t-1}}{l^{aa}_x}$ であるので

$$A^{(i)}_{x:\overline{n}|} = \sum_{t=1}^{n} v^t {}_{t-1|}q^{(i)}_x$$

となる．

●──計算基数

就業-就業不能に関する計算基数を次で定める：

$$D^{aa}_x = v^x l^{aa}_x,$$
$$N^{aa}_x = D^{aa}_x + \cdots + D^{aa}_\omega,$$
$$C^{aa}_x = v^{x+1} d^{aa}_x,$$
$$M^{aa}_x = C^{aa}_x + \cdots + C^{aa}_\omega,$$
$$C^{(i)}_x = v^{x+1} i_x,$$
$$M^{(i)}_x = C^{(i)}_x + \cdots + C^{(i)}_\omega,$$
$$D^{ii}_x = v^x l^{ii}_x,$$
$$N^{ii}_x = D^{ii}_x + \cdots + D^{ii}_\omega,$$
$$C^{ii}_x = v^{x+1} d^{ii}_x,$$
$$M^{ii}_x = C^{ii}_x + \cdots + C^{ii}_\omega.$$

就業不能者の単生命表 $\{l^i_x, d^i_x\}$ に関しては，

$$D^i_x = v^x l^i_x,$$
$$N^i_x = D^i_x + \cdots + D^i_\omega,$$
$$C^i_x = v^{x+1} d^i_x,$$

$$M_x^i = C_x^i + \cdots + C_\omega^i$$

と定める．

さらに

$$D_x = D_x^{aa} + D_x^{ii},$$
$$N_x = D_x + \cdots + D_\omega,$$
$$C_x = C_x^{aa} + C_\omega^{ii},$$
$$M_x = C_x + \cdots + C_\omega$$

とおく．

これらの計算基数を用いて，上で述べた年金の現価や保険の一時払い保険料がどう表されるのかを見ていこう．

● ——(1) $\ddot{a}_{x:\overline{n}|}^{aa}$ について

$$\ddot{a}_{x:\overline{n}|}^{aa} = \frac{v^0 l_x^{aa} + v\, l_{x+1}^{aa} + \cdots + v^{n-1} l_{x+n-1}^{aa}}{l_x^{aa}}$$
$$= \frac{D_x^{aa} + \cdots + D_{x+n-1}^{aa}}{D_x^{aa}}$$
$$= \frac{N_x^{aa} - N_{x+n}^{aa}}{D_x^{aa}}.$$

期末払い年金 $a_{x:\overline{n}|}^{aa}$ については

$$a_{x:\overline{n}|}^{aa} = \frac{v l_{x+1}^{aa} + v^2 l_{x+2}^{aa} + \cdots + v^n l_{x+n}^{aa}}{l_x^{aa}}$$
$$= \frac{D_{x+1}^{aa} + D_{x+2}^{aa} + \cdots + D_{x+n}^{aa}}{D_x^{aa}}$$
$$= \frac{N_{x+1}^{aa} - N_{x+n+1}^{aa}}{D_x^{aa}}$$

となる．

● ── (2) $\ddot{a}^i_{x:\overline{n}|}$ について

就業不能者の計算基数を用いると

$$\ddot{a}^i_{x:\overline{n}|} = \frac{N^i_x - N^i_{x+n}}{D^i_x},$$

$$a^i_{x:\overline{n}|} = \frac{N^i_{x+1} - N^i_{x+n+1}}{D^i_x}$$

となる.

● ── (3) $a^{ai}_{x:\overline{n}|}, a^i_{x:\overline{n}|}$ について

$$_tp^{ai}_x = \frac{l^{ii}_{x+t} - l^{ii}_x \cdot {}_tp^i_x}{l^{aa}_x} = \frac{l^{ii}_{x+t} - \dfrac{l^{ii}_x}{l^i_x} \cdot l^i_{x+t}}{l^{aa}_x}$$

となるので,

$$\begin{aligned}
a^{ai}_{x:\overline{n}|} &= \sum_{t=1}^n \frac{v^t l^{ii}_{x+t} - \dfrac{l^{ii}_x}{l^i_x} \cdot v^t l^i_{x+t}}{l^{aa}_x} \\
&= \sum_{t=1}^n \frac{D^{ii}_{x+t} - \dfrac{D^{ii}_x}{D^i_x} \cdot D^i_{x+t}}{D^{aa}_x} \\
&= \frac{N^{ii}_{x+1} - N^{ii}_{x+n+1} - \dfrac{D^{ii}_x}{D^i_x}\left(N^i_{x+1} - N^i_{x+n+1}\right)}{D^{aa}_x}.
\end{aligned}$$

● ── (4) $A^{1\ aa}_{x:\overline{n}|}$ について

$$\begin{aligned}
A^{1\ aa}_{x:\overline{n}|} &= \frac{v d^{aa}_x + v^2 d^{aa}_{x+1} + \cdots + v^n d^{aa}_{x+n-1}}{l^{aa}_x} \\
&= \frac{C^{aa}_x + C^{aa}_{x+1} + \cdots + C^{aa}_{x+n-1}}{D^{aa}_x} \\
&= \frac{M^{aa}_x - M^{aa}_{x+n}}{D^{aa}_x}.
\end{aligned}$$

●──(5)　$A^{1\ ai}_{x:\overline{n}|}$ について

就業不能者の単生命表より

$$_{t-1|}q^i_x = \frac{d^i_{x+t-1}}{l^i_x}$$

であるので,

$$\begin{aligned}
A^{1\ ai}_{x:\overline{n}|} &= \sum_{t=1}^n v^t \cdot \frac{d^{ii}_{x+t-1} - \frac{l^{ii}_x}{l^i_x} \cdot d^i_{x+t-1}}{l^{aa}_x} \\
&= \sum_{t=1}^n \frac{C^{ii}_{x+t-1} - \frac{D^{ii}_x}{D^i_x} \cdot C^i_{x+t-1}}{D^{aa}_x} \\
&= \frac{M^{ii}_x - M^{ii}_{x+n} - \frac{D^{ii}_x}{D^i_x}(M^i_x - M^i_{x+n})}{D^{aa}_x}.
\end{aligned}$$

●──(6)　$A^{1\ i}_{x:\overline{n}|}$ について

$$\begin{aligned}
A^{1\ i}_{x:\overline{n}|} &= \frac{vd^i_x + v^2 d^i_{x+1} + \cdots + v^n d^i_{x+n-1}}{l^i_x} \\
&= \frac{C^i_x + C^i_{x+1} + \cdots + C^i_{x+n-1}}{D^i_x} \\
&= \frac{M^i_x - M^i_{x+n}}{D^i_x}.
\end{aligned}$$

●──(7)　$A^{(i)}_{x:\overline{n}|}$ について

$$\begin{aligned}
A^{(i)}_{x:\overline{n}|} &= \frac{vi_x + v^2 i_{x+1} + \cdots + v^n i_{x+n-1}}{l^{aa}_x} \\
&= \frac{C^{(i)}_x + C^{(i)}_{x+1} + \cdots + C^{(i)}_{x+n-1}}{D^{aa}_x} \\
&= \frac{M^{(i)}_x - M^{(i)}_{x+n}}{D^{aa}_x}.
\end{aligned}$$

例題 6.7 30 歳の就業者に対する保険で，35 年以内に就業不能になったときには，その年度末に K_1 を支払い，生存を条件に 35 年度末まで年額 K_2 の年金を支払うとする．また，就業不能者として死亡したときはその年度末に K_3 を支払うとする．保険料は 35 年間の年払いで，就業不能となった後は保険料の払い込みが免除されるとする．

(1) 年払い保険料 P を計算基数で表せ．
(2) 10 年度末の就業者契約の責任準備金 $_{10}V$ を求めよ．
(3) 10 年度末の就業不能者契約の責任準備金 $_{10}\tilde{V}$ を求めよ．
(4) $_tV$ を $_{t+1}V, _{t+1}\tilde{V}$ で表せ．

解答 (1) 収支相等の関係式より

$$P\ddot{a}^{aa}_{30:\overline{35|}} = K_1 A^{(i)}_{30:\overline{35|}} + K_2 a^{ai}_{30:\overline{35|}} + K_3 A^{1\ ai}_{30:\overline{35|}}.$$

これより，

$$P = \frac{K_1 A^{(i)}_{30:\overline{35|}} + K_2 a^{ai}_{30:\overline{35|}} + K_3 A^{1\ ai}_{30:\overline{35|}}}{\ddot{a}^{aa}_{30:\overline{35|}}}$$

$$= \left\{ K_1 \left(M^{(i)}_{30} - M^{(i)}_{65} \right) + K_2 \left(N^{ii}_{31} - N^{ii}_{66} - \frac{D^{ii}_{30}}{D^i_{30}} (N^i_{31} - N^i_{66}) \right) \right.$$

$$\left. + K_3 \left(M^{ii}_{30} - M^{ii}_{65} - \frac{D^{ii}_{30}}{D^i_{30}} (M^i_{30} - M^i_{65}) \right) \right\} \Big/ \left(N^{aa}_{30} - N^{aa}_{65} \right).$$

(2) $_{10}V = K_1 A^{(i)}_{40:\overline{25|}} + K_2 a^{ai}_{40:\overline{25|}} + K_3 A^{1\ ai}_{40:\overline{25|}} - P\ddot{a}^{aa}_{40:\overline{25|}}.$

(3) $_{10}\tilde{V} = K_2 \ddot{a}^i_{40:\overline{26|}} + K_3 A^{1\ i}_{40:\overline{25|}}.$

(4) t 年度末の就業者契約を 1 つ考えると，責任準備金 $_tV$ に年払い保険料 P を加えたものは，$t+1$ 年度末には $(_tV + P)(1+i)$ となる価値をもつ．これを確率的に配分すると次式が成り立つ．

$$(P + {_tV})(1+i) = {_{t+1}V} p^{aa}_{30+t} + {_{t+1}\tilde{V}} p^{ai}_{30+t} + K_1 q^{(i)}_{x+t} + K_3 q^{ai}_{x+t}.$$

これより次が成り立つ：

$$P + {}_tV = {}_{t+1}V\, v\, p^{aa}_{30+t} + {}_{t+1}\tilde{V}\, v\, p^{ai}_{30+t} + K_1\, v\, q^{(i)}_{x+t} + K_3\, v\, q^{ai}_{x+t}.$$

6.6.4 就業-就業不能に対する脱退力

就業者集団からの脱退は (1) 死亡，(2) 就業不能の 2 種類の脱退理由がある．多重脱退で脱退力を考えたように，就業者集団からのこの 2 種類の脱退に対しても脱退力を考える．

(1) 死亡に対する脱退力 μ^{ad}_x
(2) 就業不能に対する脱退力 μ^{ai}_x

ここで，$a =$ 就業，$i =$ 就業不能，$d =$ 死亡を表している．

μ^{ad}_x は就業者集団からの死亡という脱退理由による脱退力であって，

$$\mu^{ad}_x = \lim_{h \to 0} \frac{d^{ad}(x, x+h)}{h l^{aa}_x}$$

で定められる．$d^{ad}(x, x+h)$ は時間区間 $(x, x+h)$ で

$$a = 就業 \Longrightarrow d = 死亡$$

と変化する人数である．

このとき，脱退確率について次が言える：

> x 歳の就業者が $(x+t, x+t+dt)$ で就業者として死亡する確率
> $= {}_tp^{aa}_x \mu^{ad}_{x+t}\, dt$.

μ^{ai}_x は就業者集団からの就業不能という脱退理由による脱退力であって，

$$\mu^{ai}_x = \lim_{h \to 0} \frac{d^{ai}(x, x+h)}{h l^{aa}_x}$$

で定められる．$d^{ai}(x, x+h)$ は時間区間 $(x, x+h)$ で

$$a = 就業 \Longrightarrow i = 就業不能$$

と変化する人数である.

このとき,脱退確率について次が言える:

---

x 歳の就業者が $(x+t, x+t+dt)$ で就業不能となる確率 $= {}_tp_x^{aa}\mu_{x+t}^{ai}\,dt.$

就業不能者集団からの脱退は死亡しかないので単生命の死力と同様にして,

$$i = 就業不能 \implies d = 死亡$$

となる脱退力 μ_x^{id} が定められ,次が言える:

---

x 歳の就業不能者が $(x+t, x+t+dt)$ で死亡する確率 $= {}_tp_x^i\mu_{x+t}^{id}\,dt.$

$a = $ 就業者,$i = $ 就業不能者,$d = $ 死亡という3つの状態の間の変化に対応する脱退力が $\mu_x^{ad}, \mu_x^{ai}, \mu_x^{id}$ である (図 6.5).

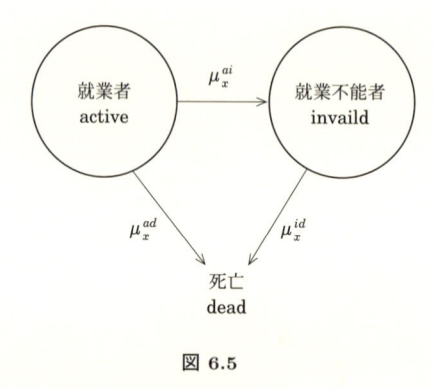

図 6.5

6.6.5 脱退力を用いた生命確率の表現

3つの脱退力 $\mu_x^{ad}, \mu_x^{ai}, \mu_x^{id}$ を用いて次の生命確率を表してみよう.

●——(1) $_tp_x^{aa}$ について

就業者集団からの 2 つの脱退に打ち勝って $a=$ 就業者として生存する確率が $_tp_x^{aa}$ であるので

$$_tp_x^{aa} = \exp\left\{-\int_0^t \left(\mu_{x+u}^{ad} + \mu_{x+u}^{ai}\right) du\right\} \tag{6.7}$$

となる.

●——(2) $_tq_x^{(i)}$ について

x 歳の就業者が t 以内に就業不能になる確率 $_tq_x^{(i)}$ については,x 歳の就業者が $(x+u, x+u+du)$ で就業不能になる確率が $_up_x^{aa}\mu_{x+u}^{ai} du$ となるので

$$_tq_x^{(i)} = \int_0^t {_up_x^{aa}}\mu_{x+u}^{ai} du \tag{6.8}$$

となる.

●——(3) $_tp_x^{ai}$ について

x 歳の就業者が $(x+u, x+u+du)$ で就業不能になり,その後 $t-u$ 年間生きて就業不能者として $x+t$ 歳に達すると考える.

図 6.6 より $_tp_x^{ai}$ は次のように表されることが分かる:

$$_tp_x^{ai} = \int_0^t {_up_x^{aa}}\mu_{x+u}^{ai} {_{t-u}p_{x+u}^{i}} du. \tag{6.9}$$

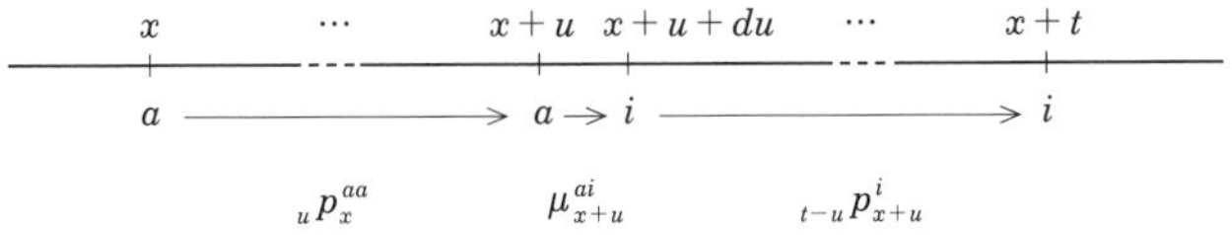

図 6.6

●——(4) $_tq_x^{ai}$ について

x 歳の就業者が就業不能者として死亡するとき,その直前までは就業不能者として生存しているので

$$_tq_x^{ai} = \int_0^t {}_u p_x^{ai} \mu_{x+u}^{id}\,du \tag{6.10}$$

となる.

同様に,

$$_{t|}q_x^{ai} = \int_t^{t+1} {}_u p_x^{ai} \mu_{x+u}^{id}\,du \tag{6.11}$$

となる.

例題 6.8

$$\mu_x^{ad} = \frac{1}{100-x}, \quad \mu_x^{ai} = c_1, \quad \mu_x^{id} = c_2$$

とするとき,次の問に答えよ.

(1) $_t p_{30}^{aa}$ を求めよ.
(2) $_{10} p_{30}^{ai}$ を求めよ.

解答 (1) (6.7) より

$$_t p_{30}^{aa} = \exp\left\{-\int_0^t \left(\frac{1}{70-u}+c_1\right)du\right\} = \frac{70-t}{70}\cdot e^{-c_1 t}.$$

(2) (6.9) と $_u p_x^i = e^{-c_2 u}$ より

$$\begin{aligned}
_{10} p_{30}^{ai} &= \int_0^{10} \frac{70-u}{70}\cdot e^{-c_1 u}\cdot c_1 \cdot e^{-c_2(10-u)}\,du \\
&= \frac{c_1 e^{-10c_2}}{70}\left[-\frac{e^{-(c_1-c_2)u}}{c_1-c_2}\left\{(70-u)-\frac{1}{c_1-c_2}\right\}\right]_0^{10} \\
&= \frac{c_1}{70(c_1-c_2)^2} \\
&\qquad \times \left\{(70(c_1-c_2)-1)e^{-10c_2}-(60(c_1-c_2)-1)e^{-10c_1}\right\}.
\end{aligned}$$

6.6.6 保険金即時払いの保険の一時払い保険料

ここでは,保険金が即時払いのケースを考えよう.

(1) x 歳の就業者が n 年以内に就業者として死亡したとき，保険金 1 が即時に支払われる定期保険の一時払い保険料 $\bar{A}^{1\,aa}_{x:\,\overline{n}|}$ について考えよう．

微小時間区間 $(x+u, x+u+du)$ で x 歳の就業者が就業者として死亡するとする．このとき支払われる保険金の現価は $1 \cdot v^u$ であり，その確率は ${}_u p^{aa}_x \mu^{ad}_{x+u}\, du$ であるので，

$$\bar{A}^{1\,aa}_{x:\,\overline{n}|} = \int_0^n v^u {}_u p^{aa}_x \mu^{ad}_{x+u}\, du \tag{6.12}$$

となる．

(2) 次に，x 歳の就業者が n 年以内に就業不能者として死亡したとき，保険金 1 が即時に支払われる定期保険の一時払い保険料 $\bar{A}^{1\,ai}_{x:\,\overline{n}|}$ について考えよう．

微小時間区間 $(x+u, x+u+du)$ で x 歳の就業者が就業不能者として死亡するとする．このとき支払われる保険金の現価は $1 \cdot v^u$ であり，その確率は ${}_u p^{ai}_x \mu^{id}_{x+u}\, du$ であるので，

$$\bar{A}^{1\,ai}_{x:\,\overline{n}|} = \int_0^n v^u {}_u p^{ai}_x \mu^{id}_{x+u}\, du \tag{6.13}$$

となる．

(3) 就業不能者に対する保険金即時払いの定期保険の一時払い保険料 $\bar{A}^{1\,i}_{x:\,\overline{n}|}$ は次のように表される：

$$\bar{A}^{1\,i}_{x:\,\overline{n}|} = \int_0^n v^u {}_u p^i_x \mu^{id}_{x+u}\, du. \tag{6.14}$$

6.6.7 保険料払い込み免除特約

x 歳の就業者がある n 年契約の保険に加入していて保険料を全期払い込みで支払っているとき，その営業年払い保険料を P^* とする．この就業者が m 年以内 $(m < n)$ に就業不能になったとき，それ以降の保険料払い込みが免除される特約に入ったとする．この特約の一時払い保険料は

$$P^* a^{a(i:\,\overline{m}|)}_{x:\,\overline{n-1}|} = P^* \left(a^{ai}_{x:\,\overline{n-1}|} - v^m {}_m p^{aa}_x a^{ai}_{x+m:\,\overline{n-m-1}|} \right)$$

となり，この特約を年払いにすると，保険料の払い込みは $x+m-1$ 歳までの m 回であるので年払い保険料 $\tilde{P}$ は

$$\tilde{P} = \frac{a^{a(i:\overline{m|})}_{x:\overline{n-1|}}}{\ddot{a}^{aa}_{x:\overline{m|}}}$$

となる.

演習問題

6.1

次のカッコ内に記号,数式を入れよ.ただし括弧内には複数の数式,記号が入ることがある.

(1) $_{t-1}p^{aa}_x - {}_tp^{aa}_x = \boxed{\text{(A1)}} + \boxed{\text{(A2)}}$

(2) $\ddot{a}^{aa}_{x:\overline{n|}} = \sum_{t=1}^{n} \ddot{a}_{\overline{t|}} \cdot \boxed{\text{(B1)}} + \ddot{a}_{\overline{n|}} \cdot \boxed{\text{(B2)}}$

(3) $\bar{a}^{aa}_{x:\overline{n|}} = \int_0^n \boxed{\text{(C1)}} {}_tp^{aa}_x \left(\boxed{\text{(C2)}} + \boxed{\text{(C3)}} \right) dt + \boxed{\text{(C4)}}$

(4) $a^{ai}_{25:\overline{35|}} = a^{ai}_{25:\overline{10|}} + \boxed{\text{(D)}}$

(5) $\sum_{t=1}^{40} v^t \left({}_{t-1|}q^{(i)}_{20} + {}_{t-1|}q^{aa}_{20} \right) \ddot{a}_{\overline{41-t|}} = \boxed{\text{(E1)}} - \boxed{\text{(E2)}}$

(6) $\dfrac{d}{dt} {}_tq^{(i)}_x = \boxed{\text{(F)}}$

(7) $\dfrac{d}{dt} {}_tp^{ai}_x = \boxed{\text{(G1)}} - \boxed{\text{(G2)}}$

(8) $A^{1\,ai}_{x:\overline{n_1+n_2|}} = A^{1\,ai}_{x:\overline{n_1|}} + \boxed{\text{(H)}}$

6.2

脱退理由が A, B, C の3重脱退を考え,$l_x = a - cx$ であるとする.

$$q^A_x = q^B_x, \qquad q^C_x = 2q^A_x$$

が成り立つとき,

$$q^{A*}_x = \frac{2c}{\boxed{\text{(A)}} - \boxed{\text{(B)}} x},$$

$$q_x^{C*} = \frac{2c}{\boxed{(C)} - \boxed{(D)} x}$$

が成り立つ．空欄に適当な数値，記号を入れよ．

6.3

(1) $l_{30}^{aa} = c_1, l_{30}^{ii} = c_2, l_{40}^{ii} = c_3, d_{40}^{ii} = c_4, {}_{10|}q_{30}^{ai} = c_5, {}_{10}p_{30}^{ai} = c_6$ であるとき，

$${}_{11}p_{30}^i = \boxed{(A)}, \quad p_{40}^i = \boxed{(B)}, \quad i_{40} = \boxed{(C)}$$

となる．空欄を $c_1 \sim c_6$ を用いて埋めよ．

(2) 30 歳の就業者に対する保険で就業者でなくなったとき，その期末から第 35 年度始めまで年額 1 の確定年金を支給する．就業不能者として死亡したときは死亡期末に 1 を支払うとする．保険料は就業者である限り 35 年間の年払いで支払うとする．年払い保険料は $\boxed{(D)}$ であり，就業不能者として生存している契約の 10 年度末責任準備金は $\boxed{(E)}$ である．空欄を適当な数式，記号で埋めよ．

(3) 35 歳の就業者に対する 30 年契約の保険で，保険料は 30 年間の年払いとする．30 年後に生存のときは生存保険金 K_1 を支払うとする．就業者でなくなったとき，その年度末に予定利率と同じ利率で既払い込み保険料に利息をつけたものを返還し，それ以降の保険料払い込みを免除する．就業不能者として死亡のときは期末に K_2 を支払う．

このとき，年払い保険料は $\boxed{(F)}$ となる．空欄を適当な数式，記号で埋めよ．

6.4

A, B の 2 重脱退を考え，その絶対脱退率が次のように与えられている：

$$q_{30}^{A*} = q_{31}^{A*} = c_1, \quad q_{30}^{B*} = q_{31}^{B*} = c_2.$$

このとき，30 歳加入，2 年契約の保険で，A 脱退したときには期末に K_1 を支払い，B 脱退したときには期末に K_2 を支払うとする．予定事業費は次で

与えられるとする.

A 脱退に関して

- 新契約費：保険金 1 に対して α_1，契約時に 1 回徴収
- 維持費：保険金 1 に対して γ_1，毎年始めに徴収

B 脱退に関して

- 新契約費：保険金 1 に対して α_2，契約時に 1 回徴収
- 維持費：保険金 1 に対して γ_2，毎年始めに徴収

集金経費は，それぞれ営業保険料 1 に対して β とする.

(1) $\ddot{a}_{30:\overline{2}|}$ を求めよ.
(2) 一時払い純保険料 A を求めよ.
(3) 営業年払い保険料 P^* を $\ddot{a}_{30:\overline{2}|}, A$ を用いて表せ.

6.5

次の関係式が成り立っている.

$$\begin{cases} a^{ai}_{x:\overline{n}|} = c_1, & a^{ai}_{x+1:\overline{n-1}|} = c_2, & a^{i}_{x+1:\overline{n-1}|} = c_3 \\ A^{1\ ai}_{x:\overline{n}|} = c_4, & A^{1\ ai}_{x+1:\overline{n-1}|} = c_5, & A^{1\ i}_{x+1:\overline{n-1}|} = c_6 \\ q^{aa}_x = c_7, & q^{ai}_x = c_8 \end{cases}$$

(1) p^{aa}_x, p^{ai}_x を $c_1 \sim c_8$ と v を用いて表せ.
(2) v を $c_1 \sim c_8$ を用いて表せ.

6.6

就業-就業不能脱退残存表が表 6.3 (次ページ) のように与えられている. また，${}_2p^{ai}_{30} = \alpha_1, {}_3p^{ai}_{30} = \alpha_2$ とする.

(1) q^{i}_{32} を求めよ.
(2) ${}_{2|}q^{i}_{30}$ を求めよ.
(3) ${}_{2|}q^{ai}_{30}$ を求めよ.
(4) p^{i}_{32} を求めよ.
(5) p^{ai}_{32} を求めよ.

表 6.3

x	l_x^{aa}	l_x^{ii}	i_x	d_x^{aa}	d_x^{ii}
30	c_1	c_2			
31					
32	c_3	c_4			c_5
33		c_6			

6.7

脱退力が次のように与えられているとする：

$$\mu_x^{ad} = c_1, \quad \mu_x^{ai} = \frac{1}{100-x}, \quad \mu_x^{id} = c_2.$$

このとき，次の問いに答えよ．

(1) ${}_tp_{30}^{ai}$ を求めよ．

(2) ${}_{10|}q_{30}^{ai}$ を求めよ．

(3) $q_{30}^{(i)}$ を求めよ．

(4) 10 年以内に就業不能となり，10 年後と 20 年後の間に死亡する確率を求めよ．

6.8

30 歳の就業者に関する保険で，30 年以内に就業者として死亡するときには，期末に既払い込み保険料を返還し，就業不能者として死亡するときに死亡保険金 1 を期末に支払うとする．保険料は 30 年間の年払いとする．保険料は就業者である限り払い込むものとして，就業不能者になった後は保険料の払い込みが免除されるとする．このとき，10 年度末の責任準備金を過去法と将来法で求めてみよう．ただし，就業者契約の責任準備金と就業不能者契約の責任準備金は同じであるとする．

以下の空欄に適当な数式，記号を入れよ．

(1) 年払い保険料 P を計算基数で表すと，

$$P = \boxed{\text{(A)}}$$

となる.

(2) 過去法による10年度末の責任準備金を $_{10}V^P$ とし，30歳の就業者が l_{30}^{aa} 人，この保険に加入したとする．死亡-就業不能が就業-就業不能脱退残存表 $\{l_x^{aa}, l_x^{ii}, i_x, d_x^{aa}, d_x^{ii}\}$ に従って実現されるとする．このとき，10年度末の残存契約数は，就業-就業不能脱退残存表および就業不能者の単生命表 $\{l_x^i, d_x^i\}$ を用いると (B) となる．ただし，$l_x = l_x^{aa} + l_x^{ii}$ とし，$D_x = D_x^{aa} + D_x^{ii}$ とする．

(3) 時点 $30+u$ ($u=0,1,\cdots,9$) での保険料収入は (C) となる．

(4) また，時点 $30+u$ ($u=1,2,\cdots,t$) での支出は (D) となる．

(5) 以上のことより，$_{10}V^P$ を P と計算基数を用いて表すと，

$$_{10}V^P = \boxed{\quad (E) \quad}$$

となる．

(6) 同様にして将来法による10年度末の責任準備金 $_{10}V^F$ を求めると，

$$_{10}V^F = \boxed{\quad (F) \quad}$$

となる．

6.9

30歳の就業者が30年契約の保険に加入していてその年払い営業保険料が P_0 であるとする．50歳までに就業不能になれば，それ以降の保険料の払い込みを免除する特約に入ったとする．

(1) この特約の年払い保険料はいくらか？　特約に関しては予定事業費を考慮しなくてよい．

(2) この特約の10年度末責任準備金を求めよ．

6.10

30歳の就業者に関する35年契約の保険で，35年後に就業者として生存しているときには保険金 K_1 を支払い，34年以内に就業者でなくなったときには，その年度末から第35年度始めまで年額 K_2 の確定年金を支払うとする．

保険料は就業者である限り 35 年間の年払いで払い込むとする.
(1) 年払い保険料 P を求めよ.
(2) 10 年度末の就業者契約に関する責任準備金 $_{10}V$ を求めよ.
(3) 10 年度末の非就業者契約に関する責任準備金 $_{10}\tilde{V}$ を求めよ.
(4) $_{t-1}V$ を $_tV$ と $_t\tilde{V}$ を用いて表せ.

6.11

x 歳の就業者に対する n 年契約の保険で, 保険料は就業者である限り n 年間に渡って払い込まれるとする. このとき, 次の給付を考える:

- n 年後に就業者として生存のときは K_1 を支払う.
- n 年後に就業不能者として生存のときは K_2 を支払う.
- n 年以内に就業者でなくなったときには, 期末に既払い込み保険料に予定利率と同じ利率で利息をつけたものを支払う.

(1) 年払い保険料 P を求めよ.
(2) t 年度末の就業者契約の責任準備金 $_tV$ を求めよ.
(3) t 年度末の就業不能者契約の責任準備金 $_t\tilde{V}$ を求めよ.

6.12

A, B の 2 重脱退を考える.
$$\mu_x^A = \frac{1}{\omega_1 - x},$$
$$_tp_x\mu_{x+t} = \frac{\omega_1 + \omega_2 - 2(x+t)}{(\omega_1 - x)(\omega_2 - x)}$$

であり, $q_{30}^{A*} = c_1, p_{30}^* = c_2$ であるとき, $_2q_{30}^B$ を求めよ.

第7章
連合生命

この章では親と子といった複数の生命に関わる保険や年金について考える．複数の生命を連合生命とよぶ．複数の人の生命確率を考えるときには，異なった人の余命は独立であると考える．確率変数の独立性については 1.1.2 節で述べたがもう一度定義をふり返っておこう．x 歳の人の余命を W_x，y 歳の人の余命を W_y，z 歳の人の余命を W_z とするとき，W_x, W_y, W_z が独立であるとは

$$P(a_1 \leqq W_x \leqq b_1, a_2 \leqq W_y \leqq b_2, a_3 \leqq W_z \leqq b_3)$$
$$= P(a_1 \leqq W_x \leqq b_1) \cdot P(a_2 \leqq W_y \leqq b_2) \cdot P(a_3 \leqq W_z \leqq b_3) \tag{7.1}$$

が成り立つことである．確率変数が n 個あるときの独立性の定義も同様である．

7.1 共存と最終生残者の生命確率

$(x), (y), (z)$ の余命を W_x, W_y, W_z とし，これらは独立であるとし，これら 3 人の連合生命に関する基本的な生命確率について考えて行こう．

●──**連合生命 $(x), (y), (z)$ の共存**

$(x), (y), (z)$ が t 年後に共存している確率を ${}_tp_{xyz}$ と表し，$(x), (y), (z)$ の共存が t 年以内に壊れる確率を ${}_tq_{xyz}$ と表す．ここで，xyz と並べて書くとき，これは $(x), (y), (z)$ の共存を表していると考えよう．

まず，${}_tp_{xyz}$ を W_x, W_y, W_z の言葉で表すと，

$$_tp_{xyz} = P(\min\{W_x, W_y, W_z\} \geqq t)$$

となるので，$(x),(y),(z)$ の共存を考えるときは W_x, W_y, W_z の最小値である $\min\{W_x, W_y, W_z\}$ を考えれば良いことが分かる．

$$\min\{W_x, W_y, W_z\} \geqq t \iff W_x \geqq t,\ W_y \geqq t,\ W_z \geqq t$$

であるので，

$$\begin{aligned}_tp_{xyz} &= P(W_x \geqq t,\ W_y \geqq t,\ W_z \geqq t) \\ &= P(W_x \geqq t) \cdot P(W_y \geqq t) \cdot P(W_z \geqq t) \\ &= {}_tp_x \cdot {}_tp_y \cdot {}_tp_z\end{aligned}$$

となる．

$(x),(y),(z)$ の共存が t 年以内に壊れる確率を ${}_tq_{xyz}$ とすると，余事象の確率から

$$_tq_{xyz} = 1 - {}_tp_{xyz}$$

となる．これを ${}_tq_x,\ {}_tq_y,\ {}_tq_z$ で表すと

$$\begin{aligned}_tq_{xyz} &= 1 - (1 - {}_tq_x)({}_tq_y)(1 - {}_tq_z) \\ &= {}_tq_x + {}_tq_y + {}_tq_z - ({}_tq_x \cdot {}_tq_y + {}_tq_y \cdot {}_tq_z + {}_tq_z \cdot {}_tq_x) \\ &\quad + {}_tq_x \cdot {}_tq_y \cdot {}_tq_z\end{aligned}$$

となる．

一般に n 人の生命 $(x_1), \cdots, (x_n)$ を考えるときもこれら n 人の共存が t 年後に成り立っている確率を ${}_tp_{x_1 \cdots x_n}$ とすると，

$$_tp_{x_1 \cdots x_n} = {}_tp_{x_1} \cdots {}_tp_{x_n}$$

が成り立つ．

●――連合生命 $(x), (y), (z)$ の最終生残者

次に、$(x), (y), (z)$ の最終生残者が t 年後に生存している確率を ${}_tp_{\overline{xyz}}$ と表す。ここで、$\overline{xyz}$ と書くとき、これは $(x), (y), (z)$ の最終生残者を表していると考えよう。

まず、${}_tp_{\overline{xyz}}$ を W_x, W_y, W_z の言葉で表すと、

$${}_tp_{\overline{xyz}} = P(\max\{W_x, W_y, W_z\} \geqq t)$$

となるので、$(x), (y), (z)$ の最終生残者を考えるときは W_x, W_y, W_z の最大値 $\max\{W_x, W_y, W_z\}$ を考えれば良いことが分かる。

$$\max\{W_x, W_y, W_z\} < t \Longleftrightarrow W_x < t, W_y < t, W_z < t$$

であるので、

$$\begin{aligned}
{}_tp_{\overline{xyz}} &= 1 - P(\max\{W_x, W_y, W_z\} < t) \\
&= 1 - P(W_x < t, W_y < t, W_z < t) \\
&= 1 - P(W_x < t) \cdot P(W_y < t) \cdot P(W_z < t) \\
&= 1 - (1 - {}_tp_x)(1 - {}_tp_y)(1 - {}_tp_z) \\
&= {}_tp_x + {}_tp_y + {}_tp_z - ({}_tp_x \cdot {}_tp_y + {}_tp_y \cdot {}_tp_z + {}_tp_z \cdot {}_tp_x) \\
&\quad + {}_tp_x \cdot {}_tp_y \cdot {}_tp_z
\end{aligned}$$

となる。

また、$(x), (y), (z)$ の最終生残者が t 年以内に死亡する確率 ${}_tq_{\overline{xyz}}$ は

$${}_tq_{\overline{xyz}} = {}_tq_x \cdot {}_tq_y \cdot {}_tq_z$$

となる。

7.2 連合生命の条件付き生命確率

この節では、死亡の順番が指定された連合生命の死亡確率について考える。

まず，次の記号について述べよう．

例えば，次の記号で表される連合生命の確率を考えよう．

$$_tq_{\underset{1}{x}\underset{2}{y}\overset{3}{z}}$$

この連合生命確率の主語は $(x),(y),(z)$ のうち，**上に数字が書かれている** (z) である．(z) の上に 3 が書かれており，これは (z) が t 年以内に 3 番目に死亡することを意味している．$(x),(y)$ の下にそれぞれ 1, 2 が書かれているのは (z) の死亡前に $(x) \Longrightarrow (y)$ の順に $(x),(y)$ が死亡していることを意味している．

したがって，この確率は (z) の死亡が t 年以内に起こり，それ以前に $(x),(y)$ の順に死亡が起こっている確率を意味している．

まず，この記号の意味を理解してもらいたい．次にいくつか例をあげよう．

$$_tq_{x\overset{1}{y}}$$

は (y) が t 年以内に一番目に死亡する確率，すなわち，(y) の死亡時に (x) が生存している確率を表している．

$$_tq_{x\overset{2}{y}}$$

は (y) が t 年以内に 2 番目に死亡する確率，すなわち，(y) の死亡時に (x) は既に死亡している確率を表している．

$$_{t|}q_{\underset{2}{x}\underset{1}{y}\overset{3}{z}w}$$

は (z) が t 年後と $t+1$ 年後の間で死亡し，それ以前に $(y) \Longrightarrow (x)$ の順に $(y),(x)$ が死亡しており，(z) の死亡時に (w) が生存している確率を表している．

次にこれらの条件付き死亡率が死力 μ_x を用いてどのように表されるのかを見ていこう．

その前に，次のことに注意しておこう：

(x) が微小時間区間 $(x+u, x+u+du)$ で死亡する確率

$$= {}_up_x\, \mu_{x+u}\, du.$$

(1) ${}_tq^1_{xy}$ について

(y) が $(y+u, y+u+du)$ で死亡し，(y) の死亡時に (x) が生存している確率は ${}_up_y\mu_{y+u} \cdot {}_up_x\, du$ であるので，

$$ {}_tq^1_{xy} = \int_0^t {}_up_y\mu_{y+u} \cdot {}_up_x\, du$$

となる．

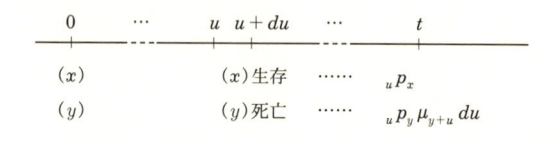

```
 0       ···    u  u+du   ···      t
─┼──────────────┼──┼─────────────┼─
(x)            (x)生存   ……   ${}_up_x$
(y)            (y)死亡   ……   ${}_up_y\mu_{y+u}\,du$
```

図 7.1

(2) ${}_tq^2_{xy}$ について

(y) が $(y+u, y+u+du)$ で死亡し，(y) の死亡時に (x) が既に死亡している確率は ${}_up_y\mu_{y+u} \cdot {}_uq_x\, du$ であるので，

$$\begin{aligned}
{}_tq^2_{xy} &= \int_0^t {}_up_y\mu_{y+u} \cdot {}_uq_x\, du \\
&= \int_0^t {}_up_y\mu_{y+u}(1 - {}_up_x)\, du \\
&= {}_tq_y - {}_tq^1_{xy}
\end{aligned}$$

となる．

```
 0       ···    u  u+du   ···      t
─┼──────────────┼──┼─────────────┼─
(x)            (x)既に死亡 ……  ${}_uq_x$
(y)            (y)死亡    ……  ${}_up_y\mu_{y+u}\,du$
```

図 7.2

(3) $_tq_{x\,\underset{1}{y}\,z}^{\;\;2}$ について

この確率は (y) が $(y+u, y+u+du)$ で死亡するとき，(x) は既に死亡しており，(z) が生存している確率を u について 0 から t まで積分すれば良いので

$$_tq_{x\,\underset{1}{y}\,z}^{\;\;2} = \int_0^t {}_uq_x \, {}_tp_y \, \mu_{y+u} \, {}_up_z \, du$$
$$= \int_0^t (1 - {}_up_x) \, {}_tp_y \, \mu_{y+u} \, {}_up_z \, du$$
$$= {}_tq_{\underset{1}{y}z} - {}_tq_{x\underset{1}{y}z}$$

となる．

```
   0      ···   u   u+du   ···      t
   |------------|----|-------------|
   (x)           (x)既に死亡  ······  ₜqₓ
   (y)           (y)死亡     ······  ᵤp_y μ_{y+u} du
   (z)           (z)生存     ······  ᵤp_z
```

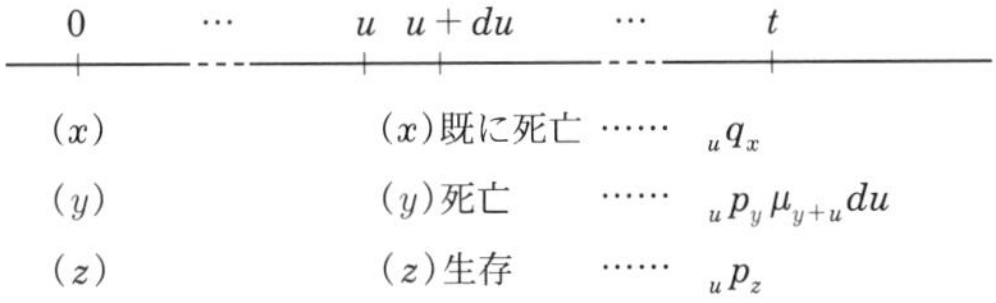

図 **7.3**

(4) $_tq_{\underset{1}{x}\,\underset{2}{y}\,z}^{\;\;\;\;3}$ について

この確率は 2 通りの表し方がある．まず最初，(y) の死亡時点に着目する．(y) が $(y+u, y+u+du)$ で死亡し，その時点で (x) は既に死亡しており，(z) は生存して $z+u$ 歳になっているが，$t-u$ 年以内に死亡する確率

$${}_uq_x \, {}_up_y \mu_{y+u} \, {}_up_z \, {}_{t-u}q_{z+u} \, du$$

を積分することによって

$$_tq_{\underset{1}{x}\,\underset{2}{y}\,z}^{\;\;\;\;3} = \int_0^t {}_uq_x \, {}_up_y \mu_{y+u} \, {}_up_z \, {}_{t-u}q_{z+u} \, du$$

となる．

もう 1 つの方法は (z) の死亡時点に着目する方法である．(z) が $(z+u, z+u+du)$ で死亡し，その時点で $(x), (y)$ は $(x) \Longrightarrow (y)$ の順に既に死亡しているので，

$$_tq_{x\,y\,z\,\,\,\,}^{\;\;\;3}_{\;\,1\,2} = \int_0^t {_uq_{x\,y}^{\;\;2}}\, {_up_z}\, \mu_{z+u}\, du$$

と表すことができる.

例題 7.1

$$_5q_{x\,y}^{\;\;1} = c_1, \qquad _5p_x = c_2, \qquad _5p_y = c_3,$$

$$_5q_{x+5\,y+5}^{\;\;\;\;\;\;\;1} = c_4, \qquad _5q_{y+5} = c_5$$

であるとき,次の問に答えよ.

(1) $_{10}q_{x\,y}^{\;\;1}$ を求めよ.
(2) $_{10}q_y$ を求めよ.
(3) $_{10}q_{x\,y}^{\;\;2}$ を求めよ.

解答 (1)

$$_{10}q_{x\,y}^{\;\;1} = {_5q_{x\,y}^{\;\;1}} + \int_5^{10} {_up_x}\, {_up_y}\, \mu_{y+u}\, du$$

$$= {_5q_{x\,y}^{\;\;1}} + {_5p_{xy}} \int_0^5 {_tp_{x+5}}\, {_tp_{y+5}}\, \mu_{y+5+t}\, dt$$

($t = u - 5$ とおいた)

$$= c_1 + c_2 c_3 c_4.$$

(2)

$$_{10}q_y = {_5q_y} + {_5p_y} \cdot {_5q_{y+5}}$$

$$= 1 - c_3 + c_3 c_5.$$

(3)

$$_{10}q_{x\,y}^{\;\;2} = {_{10}q_y} - {_{10}q_{x\,y}^{\;\;1}}$$

$$= 1 - c_3 + c_3 c_5 - c_1 - c_2 c_3 c_4.$$

●──ゴムパーツモデル

死力が

$$\mu_x = Bc^x$$

となる生命確率のモデルをゴムパーツモデルとよぶ.

このモデルはアクチュアリー試験にもよく出題されるモデルであって，$_\infty q^1_{xyzw}$ などの確率がきれいに求められる．

$$_\infty q^1_{xyzw} = \int_0^\infty {}_u p_{xyzw} \mu_{x+u} \, du$$

であるが，ゴムパーツモデルにおいては

$$\mu_{x+u} = \frac{c^x}{c^x + c^y + c^z + c^w} \left(\mu_{x+u} + \mu_{y+u} + \mu_{z+u} + \mu_{w+u} \right)$$

が成り立つ.

これを用いると

$$_\infty q^1_{xyzw}$$
$$= \frac{c^x}{c^x + c^y + c^z + c^w}$$
$$\quad \times \int_0^\infty {}_u p_{xyzw} \left(\mu_{x+u} + \mu_{y+u} + \mu_{z+u} + \mu_{w+u} \right) du$$
$$= \frac{c^x}{c^x + c^y + c^z + c^w} \left({}_\infty q^1_{xyzw} + {}_\infty q^1_{x\overset{1}{y}zw} + {}_\infty q^1_{xy\overset{1}{z}w} + {}_\infty q^1_{xyz\overset{1}{w}} \right)$$
$$= \frac{c^x}{c^x + c^y + c^z + c^w}$$

となる.

同様にして

$$_\infty q^{\ 1}_{x\overset{}{y}z} = \frac{c^y}{c^x + c^y + c^z}$$

となる.

例題 7.2 ゴンパーツモデル $\mu_x = Bc^x$ において次の確率を求めよ．

(1) $_\infty q_{\substack{x\overset{2}{y}z \\ 1}}$

(2) $_\infty q_{\substack{xy\overset{3}{z}w \\ 1\ 2}}$

解答 (1) (y) の死亡時に着目すると

$$_\infty q_{\substack{x\overset{2}{y}z \\ 1}} = \int_0^\infty (1 - {_up_x}) {_up_{yz}} \mu_{y+u}\, du$$

$$= {_\infty q^1_{yz}} - {_\infty q^1_{xyz}}$$

$$= \frac{c^y}{c^y + c^z} - \frac{c^y}{c^x + c^y + c^z}$$

となる．

(2)

$$_\infty q_{\substack{xy\overset{3}{z}w \\ 1\ 2}} = \int_0^\infty {_u q^{\,2}_{xy}}\, {_u p_{zw}}\, \mu_{z+u}\, du$$

において，

$$_u q^{\,2}_{xy} = \int_0^u (1 - {_t p_x}) {_t p_y} \mu_{y+t}\, dt$$

$$= {_u q_y} - \frac{c^y}{c^x + c^y} \int_0^u {_t p_{xy}} (\mu_{x+t} + \mu_{y+t})\, dt$$

$$= {_u q_y} - \frac{c^y}{c^x + c^y} {_u q_{xy}}$$

となるので，

$$_\infty q_{\substack{xy\overset{3}{z}w \\ 1\ 2}} = \int_0^\infty (1 - {_u p_y}) {_u p_{zw}} \mu_{z+u}\, du$$

$$\quad - \frac{c^y}{c^x + c^y} \int_0^\infty (1 - {_u p_{xy}}) {_u p_{zw}} \mu_{z+u}\, du$$

$$= {_\infty q^1_{zw}} - {_\infty q^1_{yzw}} - \frac{c^y}{c^x + c^y} \left({_\infty q^1_{zw}} - {_\infty q^1_{xyzw}} \right)$$

$$= \frac{c^z}{c^z + c^w} - \frac{c^z}{c^y + c^z + c^w}$$

$$-\frac{c^y}{c^x+c^y}\left(\frac{c^z}{c^z+c^w}-\frac{c^z}{c^x+c^y+c^z+c^w}\right).$$

7.3 連合生命に関する年金と保険

この節では，連合生命に関する年金の現価や保険の一時払い保険料，年払い保険料について考える．

7.3.1 連合生命に関する年金

(1) $\ddot{a}_{xy:\overline{n}|}$ **について**

$(x), (y)$ の共存が成立している限り，期始払いで第 n 年度始めまで年額 1 の年金が支払われる連合生命年金の現価を $\ddot{a}_{xy:\overline{n}|}$ で表すと，

$$\ddot{a}_{xy:\overline{n}|} = \sum_{t=0}^{n-1} v^t {}_tp_{xy} \tag{7.2}$$

となる．

(2) $\ddot{a}_{\overline{xy}:\overline{n}|}$ **について**

$(x), (y)$ の最終生残者が存在している限り，期始払いで第 n 年度始めまで年額 1 の年金が支払われる連合生命年金の現価を $\ddot{a}_{\overline{xy}:\overline{n}|}$ で表すと，

$$\begin{aligned}\ddot{a}_{\overline{xy}:\overline{n}|} &= \sum_{t=0}^{n-1} v^t {}_tp_{\overline{xy}} \\ &= \sum_{t=0}^{n-1} v^t \left({}_tp_x + {}_tp_y - {}_tp_{xy}\right) \\ &= \ddot{a}_{x:\overline{n}|} + \ddot{a}_{y:\overline{n}|} - \ddot{a}_{xy:\overline{n}|}\end{aligned}$$

となる．

(3) 遺族年金 $a_{x|y:\overline{n}|}$

(x) が死亡した年度末から第 n 年度末まで，(y) **の生存を条件に**年額 1 が支給される年金の現価を $a_{x|y:\overline{n}|}$ で表す．

時点 t で年金年額 1 が支払われる条件は (x) が既に死亡していて，(y) が生存していることであるので，

$$a_{x|y:\overline{n}|} = \sum_{t=1}^{n} v^t {}_tq_x {}_tp_y \tag{7.3}$$

となる．また，$a_{x|y:\overline{n}|} = a_{y:\overline{n}|} - a_{xy:\overline{n}|}$ が成り立つ（${}_tq_x = 1 - {}_tp_x$ に注意）．

(4) $a_{xy|z:\overline{n}|}$ について

$(x),(y)$ の共存が壊れた年度末から第 n 年度末まで，(z) の生存を条件に年額 1 が支給される年金の現価を $a_{xy|z:\overline{n}|}$ で表す．

時点 t で年金年額 1 が支払われる条件は $(x),(y)$ の共存が既に壊れていて，(z) が生存していることであるので，

$$a_{xy|z:\overline{n}|} = \sum_{t=1}^{n} v^t {}_tq_{xy} {}_tp_z \tag{7.4}$$

となる．また，$a_{xy|z:\overline{n}|} = a_{z:\overline{n}|} - a_{xyz:\overline{n}|}$ が成り立つ（${}_tq_{xy} = 1 - {}_tp_{xy}$ に注意）．

(5) $a_{\overline{xy}|z:\overline{n}|}$ について

$(x),(y)$ の最終生残者が死亡した年度末から第 n 年度末まで，(z) の生存を条件に年額 1 が支給される年金の現価を $a_{\overline{xy}|z:\overline{n}|}$ で表す．

時点 t で年金年額 1 が支払われる条件は $(x),(y)$ の最終生残者が既に死亡していて，(z) が生存していることであるので，

$$a_{\overline{xy}|z:\overline{n}|} = \sum_{t=1}^{n} v^t {}_tq_{\overline{xy}} {}_tp_z \tag{7.5}$$

となる．また，$a_{\overline{xy}|z:\overline{n}|} = a_{z:\overline{n}|} - a_{\overline{xy}z:\overline{n}|}$ が成り立つ（${}_tq_{\overline{xy}} = 1 - {}_tp_{\overline{xy}}$ に注意）．

7.3.2 連合生命に関する保険

(1) 連生定期保険 $A^{\,1}_{xy:\overline{n}|}$

$(x),(y)$ に関する保険で，n 年以内に共存が壊れた年度末に保険金 1 が支払われる保険の一時払い保険料を $A^{\,1}_{xy:\overline{n}|}$ とすると

$$A^{\ 1}_{xy:\,\overline{n}|} = \sum_{t=1}^{n} v^t{}_{t-1|}q_{xy} \tag{7.6}$$

となる.

年払い保険料 $P^{\ 1}_{xy:\,\overline{n}|}$ に関しては，$(x),(y)$ が共存している限り保険料は払い込まれるので収支相等の関係式：

$$P^{\ 1}_{xy:\,\overline{n}|} \cdot \ddot{a}_{xy:\,\overline{n}|} = A^{\ 1}_{xy:\,\overline{n}|}$$

より

$$P^{\ 1}_{xy:\,\overline{n}|} = \frac{A^{\ 1}_{xy:\,\overline{n}|}}{\ddot{a}_{xy:\,\overline{n}|}}$$

となる.

また，この保険の責任準備金は将来法で考えると

$$_tV^{\ 1}_{xy:\,\overline{n}|} = A^{\ 1}_{x+t,y+t:\,\overline{n-t}|} - P^{\ 1}_{xy:\,\overline{n}|} \cdot \ddot{a}_{x+t,y+t:\,\overline{n-t}|}$$

となる.

(2) 連生生存保険 $A_{xy:\,\frac{1}{n}|}$

$(x),(y)$ の共存が n 年後に成立しているとき，生存保険金 1 を支払う連生生存保険の一時払い保険料を $A_{xy:\,\frac{1}{n}|}$ とすると，

$$A_{xy:\,\frac{1}{n}|} = v^n{}_np_{xy}$$

となる.

(3) 連生養老保険 $A_{xy:\,\overline{n}|}$

$(x),(y)$ に関する保険で，n 年後に共存が成立しているか n 年以内に共存が壊れた年度末に保険金 1 が支払われる保険の一時払い保険料を $A_{xy:\,\overline{n}|}$ とすると

$$A_{xy:\,\overline{n}|} = \sum_{t=1}^{n} v^t{}_{t-1|}q_{xy} + v^n{}_np_{xy} \tag{7.7}$$

となる.

このとき，$A_{x:\overline{n}|} = 1 - d\ddot{a}_{x:\overline{n}|}$ と同様の関係式

$$A_{xy:\overline{n}|} = 1 - d\ddot{a}_{xy:\overline{n}|}$$

が成り立つ．

年払い保険料 $P_{xy:\overline{n}|}$ に関しては，$(x),(y)$ が共存している限り保険料は払い込まれるので収支相等の関係式

$$P_{xy:\overline{n}|} \ddot{a}_{xy:\overline{n}|} = A_{xy:\overline{n}|}$$

より

$$P_{xy:\overline{n}|} = \frac{A_{xy:\overline{n}|}}{\ddot{a}_{xy:\overline{n}|}} = \frac{1}{\ddot{a}_{xy:\overline{n}|}} - d$$

となる．

また，この保険の責任準備金は将来法で考えると

$$_tV_{xy:\overline{n}|} = A_{x+t,y+t:\overline{n-t}|} - P_{xy:\overline{n}|} \ddot{a}_{x+t,y+t:\overline{n-t}|}$$

となる．

また，上の関係式から

$$_tV_{xy:\overline{n}|} = 1 - \frac{\ddot{a}_{x+t,y+t:\overline{n-t}|}}{\ddot{a}_{xy:\overline{n}|}}$$

が成り立つ．

(4) 最終生存者連生養老保険

$(x),(y)$ に関する保険で，n 年後最終生存者が生存するか，n 年以内に最終生存者が死亡した年度末に保険金 1 が支払われる保険の一時払い保険料は

$$A_{\overline{xy}:\overline{n}|} = \sum_{t=1}^{n} v^t {}_{t-1|}q_{\overline{xy}} + v^n {}_np_{\overline{xy}}$$

となる．

また，これは

$$A_{\overline{xy}:\overline{n}|} = 1 - d\ddot{a}_{\overline{xy}:\overline{n}|}$$

という関係式を満たす．

この保険の年払い保険料 $P_{\overline{xy}:\,\overline{n|}}$ は

$$P_{\overline{xy}:n} = \frac{A_{\overline{xy}:\,\overline{n|}}}{\ddot{a}_{\overline{xy}:\,\overline{n|}}} = \frac{1}{\ddot{a}_{\overline{xy}:\,\overline{n|}}} - d$$

となる.

また，この保険の t 年度末の責任準備金は t 年度末における加入者の状態によって異なる.

まず，t 年度末で，$(x),(y)$ が共存のときは将来法で考えると，

$$_tV_{\overline{xy}:\,\overline{n|}} = A_{\overline{x+t,y+t}:\,\overline{n-t|}} - P_{\overline{xy}:\,\overline{n|}}\ddot{a}_{\overline{x+t,y+t}:\,\overline{n-t|}}$$

となる.

(x) のみ生存のときは

$$_t\hat{V} = A_{x+t:\,\overline{n-t|}} - P_{\overline{xy}:\,\overline{n|}}\ddot{a}_{x+t:\,\overline{n-t|}}$$

となり，(y) のみ生存のときは

$$_t\tilde{V} = A_{y+t:\,\overline{n-t|}} - P_{\overline{xy}:\,\overline{n|}}\ddot{a}_{y+t:\,\overline{n-t|}}$$

となる.

(5) 死亡順序がつけられた定期保険

例えば，(x) 歳の親と (y) 歳の子供を契約者とする n 年契約の保険で，親が子供より先に死亡したとき，その年度末に保険金 1 が支払われる保険の一時払い保険料を $A^1_{x,y:\,\overline{n|}}$ とする．t 年度において，(x) が (y) より先に死亡する確率は $_{t-1|}q^1_{xy}$ であるので，$A^1_{x,y:\,\overline{n|}}$ は

$$A^1_{x,y:\,\overline{n|}} = \sum_{t=1}^{n} v^t \,_{t-1|}q^1_{xy}$$

と表される.

また，(x) が (y) より後に死亡したとき，その年度末に保険金 1 が支払われる保険の一時払い保険料 $A^2_{x,y:\,\overline{n|}}$ は

$$A^2_{x,y:\,\overline{n|}} = \sum_{t=1}^{n} v^t \,_{t-1|}q^2_{xy}$$

と表される.

さらに次のような保険の一時払い保険料も考えられる：

$$A_{\substack{xyz\\1\,2\,3}} = \sum_{t=1}^{\infty} v^t {}_{t-1|}q_{\substack{xyz\\1\,2\,3}},$$

$$(IA)^1_{x,y:\overline{n|}} = \sum_{t=1}^{n} tv^t \cdot {}_{t-1|}q^1_{xy}.$$

例題 7.3 (7) の子供と (35) の親に関する 15 年契約の保険で，15 年以内に親が子供に先立って死亡のときは，一時金 K_1 を死亡年度末に支払い，子供の生存を条件に死亡年度末から 15 年度末まで年額 K_2 の年金を支払う．さらにそれ以降の保険料の払い込みを免除する．子供が親に先立って 15 年以内に死亡のときは，既払い込み保険料を死亡年度末に返還して契約は終了する．

(1) 年払い保険料 P を求めよ．
(2) 親子とも生存している契約の t 年度末責任準備金 ${}_tV$ を求めよ．
(3) 子のみ生存している契約の t 年度末責任準備金 ${}_t\tilde{V}$ を求めよ．
(4) ${}_tV$ を ${}_{t+1}V,\ {}_{t+1}\tilde{V}$ を用いて表せ．

解答 (1) 保険料の払い込みは親子とも共存しているときなので，収支相等の関係式より

$$P\ddot{a}_{35,7:\overline{15|}} = K_1 A^1_{35,7:\overline{15|}} + K_2\, a_{35|7:\overline{15|}} + P(IA)^1_{7,35:\overline{15|}}$$

となるので，

$$P = \frac{K_1 A^1_{35,7:\overline{15|}} + K_2\, a_{35|7:\overline{15|}}}{\ddot{a}_{35,7:\overline{15|}} - (IA)^1_{7,35:\overline{15|}}}$$

となる．

(2) 将来法で考えると

$${}_tV = K_1 A^1_{35+t,7+t:\overline{15-t|}} + K_2\, a_{35+t|7+t:\overline{15-t|}}$$

$$+ {}_tPA^{\;\;1}_{7+t,35+t:\overline{15-t|}} + P(IA)^{\;\;1}_{7+t,35+t:\overline{15-t|}}$$
$$- P\ddot{a}_{35+t,7+t:\overline{15-t|}}$$

となる.

(3) 子供の死亡給付は子供が親より先に死亡したときのみ支給されるので,子供のみ生存のときの将来の支出は年額 K_2 の年金のみである.また,将来の収入はないことに注意すると,

$$_t\tilde{V} = K_2 \ddot{a}_{35+t,7+t:\overline{16-t|}}.$$

(4) $(P + {}_tV)(1+i)$ を確率的に配分すると,

$$(P + {}_tV)(1+i)$$
$$= {}_{t+1}V p_{35+t,7+t} + {}_{t+1}\tilde{V} q_{35+t} p_{7+t}$$
$$+ K_1 q^{\;\;1}_{35+t,7+t} + (t+1)P q_{35+t,7+t}^{\;\;\;\;1}$$

となるので

$$(P + {}_tV)$$
$$= v \cdot {}_{t+1}V p_{35+t,7+t} + v \cdot {}_{t+1}\tilde{V} q_{35+t} p_{7+t}$$
$$+ K_1 v \cdot q^{\;\;1}_{35+t,7+t} + (t+1)P v \cdot q_{35+t,7+t}^{\;\;\;\;1}$$

がえられる.

例題 7.4 (7) の子供と (35) の親を契約者とする保険料年払いの終身保険で,子供が死亡したときには年度末に保険金 K_1 を支払う.15年以内に親が子供に先立って死亡するとき,子供の生存を条件に,年度末から15年度末まで年額 K_2 の年金を支払い,その後の保険料の払い込みを免除する.しかし,子供が 25 歳に達したときから子供の責任で保険料の払い込みが再開されるとする.

(1) 年払い保険料 P を求めよ.
(2) 5年度末に親子とも生存している契約について,責任準備金 $_5V$

を将来法で求めよ．ただし，P はそのまま用いて良い．
(3) 5年度末に子供のみ生存している契約について，責任準備金 $_5\tilde{V}$ を将来法で求めよ．

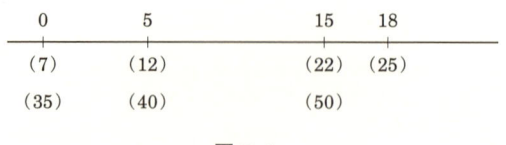

```
    0          5              15    18
    ├──────────┼──────────────┼─────┼──────
   (7)        (12)           (22)  (25)
   (35)       (40)           (50)
```

図 7.4

解答 (1) 15〜17年度で保険料が払い込まれる条件について考えよう．15年度末に親が生存しており，その後3年間は年度始に子供が生存している限り保険料は払い込まれることに注意すると，

$$P\left(\ddot{a}_{7,35:\overline{15|}} + v^{15}{}_{15}p_{35,7} \cdot \ddot{a}_{22:\overline{3|}} + {}_{18|}\ddot{a}_7\right) = K_1 A_7 + K_2 a_{35|7:\overline{15|}}$$

となる．

(2) 将来法で考えると，

$$_5V = K_1 A_{12} + K_2 a_{40|12:\overline{10|}}$$
$$- P\left(\ddot{a}_{12,40:\overline{10|}} + v^{10}{}_{10}p_{40,12} \cdot \ddot{a}_{22:\overline{3|}} + {}_{13|}\ddot{a}_{12}\right)$$

となる．

(3) 親が死亡していても，将来の保険料収入があることに注意すると

$$_5\tilde{V} = K_1 A_{12} + K_2 \ddot{a}_{12:\overline{11|}} - P \, _{13|}\ddot{a}_{12}$$

となる．

●──死亡給付金即時払いの定期保険

(1) $\bar{A}^1_{x,y:\overline{n|}}$ について

(x) が n 年以内に (y) より先に死亡するとき，即時に保険金1を支払う定期保険の一時払い保険料を $\bar{A}^1_{x,y:\overline{n|}}$ とすると，

$$\bar{A}^1_{x,y:\,\overline{n}|} = \int_0^n v^t\, {}_tp_{xy}\, \mu_{x+t}\, dt$$

となる.

(2) $\bar{A}^2_{x,y:\,\overline{n}|}$ について

(x) が n 年以内に (y) の死亡後に死亡するとき,即時に保険金 1 を支払う定期保険の一時払い保険料を $\bar{A}^2_{x,y:\,\overline{n}|}$ とすると,

$$\begin{aligned}\bar{A}^2_{x,y:\,\overline{n}|} &= \int_0^n v^t\, {}_tq_y\, {}_tp_x\, \mu_{x+t}\, dt \\ &= \bar{A}^1_{x:\,\overline{n}|} - \bar{A}^1_{xy:\,\overline{n}|}\end{aligned}$$

となる.

(3) 連生定期保険 $\bar{A}^1_{\overline{xy}:\,\overline{n}|}$

$(x),(y)$ の共存が n 年以内に壊れたとき,即時に保険金 1 が支払われる連生定期保険の一時払い保険料を $\bar{A}^1_{\overline{xy}:\,\overline{n}|}$ で表す.

$(x),(y)$ の共存が $(u, u+du)$ で壊れる確率は

$${}_up_{xy}\,(\mu_{x+u} + \mu_{y+u})\, du$$

であるので,

$$\begin{aligned}\bar{A}^1_{\overline{xy}:\,\overline{n}|} &= \int_0^n v^t\, {}_up_{xy}\,(\mu_{x+u} + \mu_{y+u})\, du \\ &= \bar{A}^1_{xy:\,\overline{n}|} + \bar{A}^1_{yx:\,\overline{n}|}\end{aligned}$$

と表される.

(4) 最終生残者定期保険 $\bar{A}^1_{\overline{xy}:\,\overline{n}|}$

$(x),(y)$ の最終生残者が n 年以内に死亡するとき,即時に保険金 1 を支払う保険の一時払い保険料を $\bar{A}^1_{\overline{xy}:\,\overline{n}|}$ とする.

(2) の保険に注意すると

$$\bar{A}^1_{\overline{xy}:\,\overline{n}|} = \bar{A}^2_{xy:\,\overline{n}|} + \bar{A}^2_{yx:\,\overline{n}|}$$

$$= \int_0^n v^t \,_tq_y \,_tp_x \,\mu_{x+t} \, dt + \int_0^n v^t \,_tq_x \,_tp_y \,\mu_{y+t} \, dt$$

となる．

●──既払い込み保険料返還付き保険

例題 7.5 5 歳の子供と，30 歳の父に対する 15 年契約の保険で，次の (i), (ii), (iii) の給付を考える．保険料は平準年払いとする．

(i) 父が 15 年以内に，子より先に死亡したとき，1 を年度末に支払い，それ以降の保険料の払い込みを免除する．
(ii) 子供が 15 年以内に死亡のときは年度末に既払い込み保険料を返還して契約は終了する．
(iii) 子供が 15 年後に生存しているときは 2 を支払う．

このとき，次の空欄に適当な記号，数式を入れよ．
(1) $1P$ が返還されるときの支出現価 $= 1P($ (A1) $-$ (A2) $)$
(2) $2P$ が支払われるときの支出現価 $= 2P($ (B1) $-$ (B2) $)$
(3) kP が支払われるときの支出現価 $= kP($ (C1) $-$ (C2) $)$
(4) 会社側の収入現価 $=$ (D)
(5) 収支相等の式は

$$P \cdot \left(\boxed{\text{(E1)}} \right) = \boxed{\text{(E2)}}$$

(6) 父と子が共存している契約について 10 年度末の責任準備金 $_{10}V$ は

$$_{10}V = \boxed{\text{(F)}}$$

となる．

解答 (1) $1P$ が返還されるのは (5) が 1 年度に死亡するときと，親が 1

年度に死亡し，(5) が 15 年度までに死亡するときなので，その支出現価は次のようになる：

$$1P(vq_5 + q_{30}(v^2{}_{1|}q_5 + v^3{}_{2|}q_5 + \cdots + v^{15}{}_{14|}q_5))$$
$$= 1P(vq_5 + q_{30} \cdot {}_{1|}A^1_{5:\overline{14|}})$$
$$= 1P(A^1_{5:\overline{15|}} - p_{30} \cdot {}_{1|}A^1_{5:\overline{14|}}).$$

(2) 時点 2 で $2P$ が返還されるのは，(30) が時点 1 で生存し (5) が 2 年度に死亡するときであり，それ以降は (30) が 2 年度に死亡し，(5) が 3 年度から 15 年度までで死亡するときなので，その現価は

$$2P(v^2 p_{30} \cdot {}_{1|}q_5 + {}_{1|}q_{30} \cdot {}_{2|}A^1_{5:\overline{13|}}) = 2P(p_{30} \cdot {}_{1|}A^1_{5:\overline{14|}} - {}_2 p_{30} \cdot {}_{2|}A^1_{5:\overline{13|}})$$

となる．

(3) 同様にして，kP が返還されるときの支出現価は次のようになる：

$$kP(v^k{}_{k-1}p_{30} \cdot {}_{k-1|}q_5 + {}_{k-1|}q_{30} \cdot {}_{k|}A^1_{5:\overline{15-k|}})$$
$$= kP({}_{k-1}p_{30} \cdot {}_{k-1|}A^1_{5:\overline{16-k|}} - {}_k p_{30} \cdot {}_{k|}A^1_{5:\overline{15-k|}}). \tag{7.8}$$

(4) 会社の収入現価は $P\ddot{a}_{5,30:\overline{15|}}$ である．

(5) 収支相等の関係式は

$$P\ddot{a}_{5,30:\overline{15|}}$$
$$= \sum_{k=1}^{15} kP({}_{k-1}p_{30} \cdot {}_{k-1|}A^1_{5:\overline{16-k|}} - {}_k p_{30} \cdot {}_{k|}A^1_{5:\overline{15-k|}})$$
$$\quad + A^1_{30,5:\overline{15|}} + 2A_{5:\overline{15|}}^{\ 1}$$
$$= P \sum_{k=1}^{15} {}_{k-1}p_{30} \cdot {}_{k-1|}A^1_{5:\overline{16-k|}} + A^1_{30,5:\overline{15|}} + 2A_{5:\overline{15|}}^{\ 1}.$$

(6)

$$_{10}V = 10PA^1_{15:\overline{5|}} + P \sum_{k=11}^{15} {}_{k-11}p_{40} \cdot {}_{k-11|}A^1_{15:\overline{16-k|}}$$
$$\quad + A^1_{40,15:\overline{5|}} + 2A_{15:\overline{5|}}^{\ 1} - P\ddot{a}_{15,40:\overline{5|}}.$$

演習問題

7.1

次の括弧内に数式，記号を入れよ．

(1) $a_{x|y:\overline{n|}} = \sum_{t=1}^{n} v^t {}_{t-1|}q_x \cdot \boxed{(A)} \cdot \boxed{(B)}$

(2) ${}_t p_{\overline{xy}} = p_{xy} \cdot \boxed{(C)} + p_x \cdot \boxed{(D)} \cdot \boxed{(E)}$
$\quad + \boxed{(F)} \cdot \boxed{(G)} \cdot \boxed{(H)}$

(3) $\ddot{a}_{xy:\overline{n|}} = 1 + v \cdot \boxed{(I)} \cdot \boxed{(J)}$

(4) $\ddot{a}_{\overline{xy}:\overline{n|}} = 1 + vp_{xy} \cdot \boxed{(K)} + v \cdot \boxed{(L1)} \cdot \boxed{(L2)} \cdot \boxed{(M)}$
$\quad + v \cdot \boxed{(N1)} \cdot \boxed{(N2)} \cdot \boxed{(O)}$

(5) $a_{x|y:\overline{n_1+n_2|}} = \boxed{(P)} + \boxed{(Q)} \cdot a_{x+n_1|y+n_1:\overline{n_2|}} + \boxed{(R)}$

7.2

(20), (30) の順に 10 年以内に死亡し，死亡の間隔が 3 年以内となる確率を次の (1), (2) の場合に求めよ．

(1) ${}_3p_{30} = c_1$, ${}_{10}q^1_{30,20} = c_2$, ${}_7q^1_{33,20} = c_3$, ${}_3p_{20} = c_4$, ${}_7q^1_{33,23} = c_5$ が与えられているとき．

(2) ${}_3p_{30} = c_1$, ${}_7p_{33} = c_2$, ${}_{10}q^1_{20,30} = c_3$, ${}_7q^1_{20,33} = c_4$, ${}_7p_{20} = c_5$,
${}_3p_{27} = c_6$, ${}_{10}p_{30} = c_7$, ${}_{10}p_{20} = c_8$ が与えられたとき．

7.3

次の括弧内に適当な生命確率の記号を入れよ．

(1) (20), (30) が 10 年以内にこの順で死亡し，死亡の間隔が 3 年以上となる確率

$= {}_3p_{30} \left(\boxed{(A)} - \boxed{(B)} \right)$

(2) (20), (30), (40) がこの順に死亡し，それぞれの死亡の間隔が 2 年以上となる確率

$= \boxed{(C)} \left(\boxed{(D)} - \boxed{(E)} \right)$

$$- {}_2p_{30} \cdot \boxed{\text{(F)}} \cdot \boxed{\text{(G)}}.$$

7.4

(30) の死亡から 10 年以上経ってから (25) が死亡したとき，即時に保険金 1 が支払われる保険の一時払い保険料は c_1 であった．このとき，(25) の死亡時に (30) が生存しているかまたは (30) の死亡から 10 年以内であるとき，保険金 1 が即時に支払われる保険の一時払い保険料を求めよ．ただし，

$$A_{25:\overline{\frac{1}{10|}}} = c_2, \qquad \bar{A}_{35} = c_3, \qquad \bar{A}^1_{25:\overline{10|}} = c_4$$

とする．

7.5

(30) の父親，(28) の母親と (2) の子供を被保険者とする保険で，終身契約，保険料全期払い込みとする．また，次の給付を考える．

- 父が 20 年以内に子供に先立って死亡のときは期末に 1 を支払い，子供の生存を条件に年額 0.6 の年金を 20 年度末まで支払う．以後保険料の 60%の支払いを免除する．
- 母親が 20 年以内に子供に先立って死亡のときは期末に 0.5 を支払い，子供の生存を条件に年額 0.4 の年金を 20 年度末まで支払う．以後保険料の 40%の支払いを免除する．
- 子供が 25 歳に達するまでに死亡のときは何も支払わずに契約は終了する．
- 子供が 25 歳以降に死亡のときは，期末に 1 を支払う．
- 子供が 25 歳に達したときからは子供の責任で保険料の払い込みがなされる．

(1) このとき収支相等の式は

$$P\left(0.6 \cdot \boxed{\text{(A)}} + \boxed{\text{(B)}} + v^{20}{}_{10}p_{30,28,2} \cdot \ddot{a}_{22:\overline{3|}}\right.$$
$$\left. + 0.4 \cdot \boxed{\text{(C)}} \cdot \ddot{a}_{22:\overline{3|}} + \boxed{\text{(D)}} \cdot \ddot{a}_{22:\overline{3|}} + {}_{23|}\ddot{a}_2\right)$$
$$= A^1_{30,2:\overline{20|}} + 0.6 \cdot \boxed{\text{(E)}} + 0.5 \cdot A^1_{28,2:\overline{20|}} + \boxed{\text{(F)}} + {}_{23|}A_2$$

となる.

3人とも生存している契約の責任準備金を $_tV$, 父と子供のみ生存している契約の責任準備金を $_t\hat{V}$, 母と子供のみ生存している契約の責任準備金を $_t\tilde{V}$ とし, 子供のみ生存している契約の責任準備金を $_t\overline{V}$ で表す.

(2) $_{10}V$ を求めよ.

(3) $_{10}\tilde{V}$ を求めよ.

(4) $_{10}\hat{V}$ を求めよ.

(5) $_{10}\overline{V}$ を求めよ.

(6) $0 < t < 20$ のとき, $_tV$ を $_{t+1}V, {}_{t+1}\hat{V}, {}_{t+1}\tilde{V}, {}_{t+1}\overline{V}$ で表せ.

第8章

契約の変更

8.1 解約返戻金

契約後，何らかの理由により保険契約を解約するとき，保険会社から契約者に返還される金額が**解約返戻金**である．t 年度末で解約するときの解約返戻金は基本的には，t 年度末の責任準備金である．しかし，契約からの経過年数が短いときは，新契約費の償却が進んでいないため，解約に際して責任準備金からある金額を差し引いた金額が返還される．この差し引かれる金額を**解約控除**とよぶ．

例えば，t 年度末で解約するときの解約返戻金を $_tW$ とするとき，

$$_tW = \begin{cases} _tV - \sigma\dfrac{10-t}{10} & (t < 10) \\ _tV & (t \geq 10) \end{cases}$$

という式がよく用いられる．ここで，$_tV$ は t 年度末の責任準備金である．

この式では 10 年以内の解約に対しては

$$\sigma\frac{10-t}{10}$$

が解約控除額となる．

この解約返戻金は，これから述べる払い済み保険の新保険金や延長保険の延長期間の算出に用いられる．

8.2 払い済み保険と延長保険

●——払い済み保険とは

保険金が K 円の養老保険 (x 歳加入，n 年契約，死亡時期末払い) に加入し，全期払い込みで保険料を払ってきて，t 年度末で $t+1$ 年度以降の保険料払い込みができなくなったときを考えよう．このとき，保険金を減額される代わりに，$t+1$ 年度以降の保険料の払い込みを免除してもらうとき，これを**払い済み保険**と言う．

t 年度末の解約返戻金を $_tW$ とするとき，$_tW$ で残存期間の保険金 K' の養老保険を維持費を込めて買うと考える．このとき，維持費の係数としては保険料払い込み後の係数 γ' が用いられる．

したがって

$$_tW = K'(A_{x+t:\overline{n-t}|} + \gamma' \ddot{a}_{x+t:\overline{n-t}|})$$

から，新保険金は

$$K' = \frac{_tW}{A_{x+t:\overline{n-t}|} + \gamma' \ddot{a}_{x+t:\overline{n-t}|}}$$

となる．

例題 8.1 30 歳加入，35 年契約，保険金 K の養老保険 (死亡時期末払い) があり，保険料は全期払い込みとする．20 年経過後に払い済み保険に変更するとき，変更後の保険金 K' を求めよ．解約返戻金の算出に当たっては，解約控除は考えないものとする．また変更後の予定事業費は保険金 1 に対して γ' とする．ただし，

$$\ddot{a}_{30:\overline{35}|} = c_1, \quad \ddot{a}_{30:\overline{20}|} = c_2, \quad A_{30:\overline{20}|}^{1} = c_3, \quad d = c_4$$

とする．

解答 解約控除がないので解約返戻金 $_{20}W$ は

$$_{20}W = K\,_{20}V_{30:\overline{35}|} = K\left(1 - \frac{\ddot{a}_{50:\overline{15}|}}{\ddot{a}_{30:\overline{35}|}}\right)$$

となる. $\ddot{a}_{50:\overline{15|}} = \dfrac{c_1 - c_2}{c_3}$ であるので

$$K\left(1 - \frac{c_1 - c_2}{c_1 c_3}\right) = K'(A_{50:\overline{15|}} + \gamma' \ddot{a}_{50:\overline{15|}})$$

となり,

$$K' = \frac{K\left(1 - \dfrac{c_1 - c_2}{c_1 c_3}\right)}{1 - (c_4 - \gamma')\dfrac{c_1 - c_2}{c_3}} = \frac{K(c_1 c_3 - c_1 + c_2)}{c_1(c_3 - (c_4 - \gamma')(c_1 - c_2))}$$

となる.

● ──延長保険とは

　払い済み保険のときと同様に,保険金 K 円の養老保険 (x 歳加入, n 年契約,死亡時期末払い) に加入し,全期払い込みで保険料を払ってきて, t 年度末で $t+1$ 年度以降の保険料払い込みができなくなった場合を考えよう.払い済み保険は保険金を減額する方法であったが,死亡保険金額はそのままとし,契約期間を $T \leqq n - t$ 年にする方法がある.この T を延長期間とよび,変更後の保険を**延長保険**という.

　この延長期間 T は,

$$K\left(A^1_{x+t:\overline{n-t|}} + \gamma' \ddot{a}_{x+t:\overline{n-t|}}\right) \geq {}_tW$$

のときには次の関係式で決まる:

$${}_tW = K\left(A^1_{x+t:\overline{T|}} + \gamma' \ddot{a}_{x+t:\overline{T|}}\right).$$

一方,

$${}_tW > K\left(A^1_{x+t:\overline{n-t|}} + \gamma' \ddot{a}_{x+t:\overline{n-t|}}\right)$$

のときには, ${}_tW - K(A^1_{x+t:\overline{n-t|}} + \gamma' \ddot{a}_{x+t:\overline{n-t|}})$ でもって生存保険を買うとする.

　このとき,延長保険の死亡保険金額 1 に対する予定維持費を γ'_1,生存保険金額 1 に対する予定維持費を γ'_2 とすると,生存保険金額 K' は

$$_tW = K\left(A^{\;1}_{x+t:\overline{n-t|}} + \gamma'_1 \ddot{a}_{x+t:\overline{n-t|}}\right)$$
$$+ K'\left(A_{x+t:\overline{n-t|}}^{\quad\;1} + \gamma'_2 \ddot{a}_{x+t:\overline{n-t|}}\right)$$

によって定められる.

例題 8.2 30歳加入, 35年契約, 保険金 K の養老保険 (死亡時期末払い) がある. 30年度末から延長期間5年の延長保険に変更するとき, 変更後の生存保険金 K' を求めよ. 解約返戻金の算出に当たっては, 解約控除は考えないものとする. また変更後の予定維持費は死亡保険金1に対して γ'_1, 生存保険金1に対して γ'_2 とする.

ただし,
$$\ddot{a}_{30:\overline{35|}} = c_1, \quad A_{60:\overline{5|}}^{\quad\;1} = c_2, \quad \ddot{a}_{60:\overline{5|}} = c_3, \quad d = c_4$$
とする.

解答
$$K\left(1 - \frac{\ddot{a}_{60:\overline{5|}}}{\ddot{a}_{30:\overline{35|}}}\right) = K(A^{\;1}_{60:\overline{5|}} + \gamma'_1 \ddot{a}_{60:\overline{5|}}) + K'(A_{60:\overline{5|}}^{\quad\;1} + \gamma'_2 \ddot{a}_{60:\overline{5|}})$$

において,
$$A^{\;1}_{60:\overline{5|}} = A_{60:\overline{5|}} - A_{60:\overline{5|}}^{\quad\;1} = 1 - c_3 c_4 - c_2$$

に注意すると,
$$K' = \frac{K\left(c_2 + (c_4 - \gamma'_1)c_3 - \dfrac{c_3}{c_1}\right)}{c_2 + \gamma'_2 c_3}$$

となる.

8.3 転換

保険契約の途中で保険内容を変更することを転換という. いくつかの例で説明しよう.

例 8.1 30 歳加入，35 年契約の養老保険があり，保険金は K で死亡保険金は死亡時期末払いとする．保険料は全期払い込みとする．20 年経過後に，保険金額はそのままで満期までの年数を 10 年に短縮する契約内容の変更を加入者が申し出たとする．このとき，転換後の営業年払い保険料 P^* はいくらになるのであろうか？　これには 2 つの考え方がある．

● ── **方式 1**

これは基本的な営業年払い保険料として，30 歳加入，30 年契約の養老保険の全期払い込み営業年払い保険料 $KP^*_{30:\overline{30|}}$ を考える方法である．本来は純保険料として，$KP_{30:\overline{30|}}$ を払ってこなければならなかったのに，実際に払い込んできた年払い純保険料は $KP_{30:\overline{35|}}$ であったので 20 年度末において責任準備金の不足が生じている．

この責任準備金の不足額は

$$K\left({}_{20}V_{30:\overline{30|}} - {}_{20}V_{30:\overline{35|}}\right) = K\left(\frac{\ddot{a}_{50:\overline{15|}}}{\ddot{a}_{30:\overline{35|}}} - \frac{\ddot{a}_{50:\overline{10|}}}{\ddot{a}_{30:\overline{30|}}}\right)$$

である．

この不足分を 10 年間で平準化して支払うとし，この部分には予定事業費を考えないとすると，その額 P_1^* は

$$P_1^* \ddot{a}_{50:\overline{10|}} = K\left(\frac{\ddot{a}_{50:\overline{15|}}}{\ddot{a}_{30:\overline{35|}}} - \frac{\ddot{a}_{50:\overline{10|}}}{\ddot{a}_{30:\overline{30|}}}\right)$$

から定まる．これに，30 歳加入，30 年契約の養老保険の全期払い込み営業年払い保険料 $KP^*_{30:\overline{30|}}$ を加えた額

$$KP^*_{30:\overline{30|}} + \frac{K}{\ddot{a}_{50:\overline{10|}}} \cdot \left(\frac{\ddot{a}_{50:\overline{15|}}}{\ddot{a}_{30:\overline{35|}}} - \frac{\ddot{a}_{50:\overline{10|}}}{\ddot{a}_{30:\overline{30|}}}\right)$$

が新しい年払い保険料となる．

● ── **方式 2**

基本的に 50 歳加入，10 年契約の養老保険の営業年払い保険料 $KP^*_{50:\overline{10|}}$ を支払うとする．しかし，これまでに払ってきた保険料による責任準備金は

であるので，これを 10 年間で平準化した額を $KP^*_{50:\overline{10|}}$ より減算するとする．

したがって，新しい年払い営業保険料は

$$KP^*_{50:\overline{10|}} - \frac{K\left(1 - \dfrac{\ddot{a}_{50:\overline{15|}}}{\ddot{a}_{30:\overline{35|}}}\right)}{\ddot{a}_{50:\overline{10|}}}$$

となる．

例 8.2（定期付き養老保険） x 歳加入，n 年契約，保険金 K_1 の養老保険に保険金 K_2 の定期保険がついた保険に加入しており，t 年経過後に，養老保険の保険金を $c_1 K_1$ ($c_1 > 1$) に，定期保険の保険金を $c_2 K_2$ ($c_2 > 1$) に変更する転換を行うとする．このとき，新たな契約の年払い営業保険料がどうなるのかを考えよう．

ただし，予定事業費は次のように与えられる．

(i) 新契約費：

表 8.1

養老保険	保険金 1 に対して 2α	契約時に 1 回徴収
定期保険	保険金 1 に対して α	契約時に 1 回徴収

(ii) 集金経費：営業年払い保険料 1 に対して β で集金毎に徴収．

(iii) 維持費：

表 8.2

	保険料払い込み中	保険料払い済み後	徴収時期
養老保険	保険金 1 に対して $2\gamma_1$	保険金 1 に対して $2\gamma_2$	毎年始めに徴収
定期保険	保険金 1 に対して γ_1	保険金 1 に対して γ_2	毎年始めに徴収

●──方式 1

養老保険の責任準備金 $K_1 {}_tV_{x:\overline{n|}}$ で保険金 S_1 の養老保険を買い，定期保険の責任準備金 $K_2 {}_tV^1_{x:\overline{n|}}$ で保険金 S_2 の定期保険を買うとし，それぞれの不足部分は年払いで支払って行くと考える．このときの新たな契約の営業年払い保険料 P_1^* を求めよう．

まず，S_1, S_2 は

$$K_1 \cdot {}_tV_{x:\overline{n|}} = S_1 \left(A_{x+t:\overline{n-t|}} + 2\gamma_2 \cdot \ddot{a}_{x+t:\overline{n-t|}}\right),$$
$$K_2 \cdot {}_tV^1_{x:\overline{n|}} = S_2 \left(A^1_{x+t:\overline{n-t|}} + \gamma_2 \cdot \ddot{a}_{x+t:\overline{n-t|}}\right)$$

より次のように定まる：

$$S_1 = \frac{K_1 \cdot {}_tV_{x:\overline{n|}}}{A_{x+t:\overline{n-t|}} + 2\gamma_2 \cdot \ddot{a}_{x+t:\overline{n-t|}}},$$
$$S_2 = \frac{K_2 \cdot {}_tV^1_{x:\overline{n|}}}{A^1_{x+t:\overline{n-t|}} + \gamma_2 \cdot \ddot{a}_{x+t:\overline{n-t|}}}.$$

したがって，保険金 $c_1K_1 - S_1$ となる養老保険と保険金 $c_2K_2 - S_2$ となる定期保険の営業年払い保険料を求めればよく，求める営業保険料を P_1^* とすると

$$P_1^* \ddot{a}_{x+t:\overline{n-t|}} = (c_1K_1 - S_1)\left(A_{x+t:\overline{n-t|}} + 2\alpha + 2\gamma_1 \ddot{a}_{x+t:\overline{n-t|}}\right)$$
$$+ (c_2K_2 - S_2)\left(A^1_{x+t:\overline{n-t|}} + \alpha + \gamma_1 \ddot{a}_{x+t:\overline{n-t|}}\right)$$
$$+ P_1^* \beta \cdot \ddot{a}_{x+t:\overline{n-t|}}$$

となるので，

$$P_1^* = \frac{(c_1K_1 - S_1)\left(A_{x+t:\overline{n-t|}} + 2\alpha + 2\gamma_1 \ddot{a}_{x+t:\overline{n-t|}}\right)}{(1-\beta)\ddot{a}_{x+t:\overline{n-t|}}}$$
$$+ \frac{(c_2K_2 - S_2)\left(A^1_{x+t:\overline{n-t|}} + \alpha + \gamma_1 \ddot{a}_{x+t:\overline{n-t|}}\right)}{(1-\beta)\ddot{a}_{x+t:\overline{n-t|}}}$$

となる．

●──方式 2

養老保険と定期保険の責任準備金の和 $K_1{}_tV_{x:\overline{n|}} + K_2{}_tV^1_{x:\overline{n|}}$ で保険金 S_3 の養老保険を買い，不足分は年払いで支払って行くとする．この営業年払い保険料を P_2^* とし，これを求めよう．

まず，S_3 は

$$K_1 \cdot {}_tV_{x:\overline{n|}} + K_2 \cdot {}_tV^1_{x:\overline{n|}} = S_3\left(A_{x+t:\overline{n-t|}} + 2\gamma_2 \cdot \ddot{a}_{x+t:\overline{n-t|}}\right)$$

より

$$S_3 = \frac{K_1 \cdot {}_tV_{x:\overline{n|}} + K_2 \cdot {}_tV^1_{x:\overline{n|}}}{A_{x+t:\overline{n-t|}} + 2\gamma_2 \cdot \ddot{a}_{x+t:\overline{n-t|}}}$$

となる．

新たに契約する保険は保険金 $c_1K_1 - S_3$ の養老保険と保険金 c_2K_2 の定期保険であるので，

$$\begin{aligned}P_2^*\ddot{a}_{x+t:\overline{n-t|}} &= (c_1K_1 - S_3)\left(A_{x+t:\overline{n-t|}} + 2\alpha + 2\gamma_1\ddot{a}_{x+t:\overline{n-t|}}\right) \\ &\quad + c_2K_2\left(A^1_{x+t:\overline{n-t|}} + \alpha + \gamma_1\ddot{a}_{x+t:\overline{n-t|}}\right) \\ &\quad + \beta P_3^*\ddot{a}_{x+t:\overline{n-t|}}\end{aligned}$$

となる．

これより

$$\begin{aligned}P_2^* &= \frac{(c_1K_1 - S_3)\left(A_{x+t:\overline{n-t|}} + 2\alpha + 2\gamma_1\ddot{a}_{x+t:\overline{n-t|}}\right)}{(1-\beta)\ddot{a}_{x+t:\overline{n-t|}}} \\ &\quad + \frac{c_2K_2\left(A^1_{x+t:\overline{n-t|}} + \alpha + \gamma_1\ddot{a}_{x+t:\overline{n-t|}}\right)}{(1-\beta)\ddot{a}_{x+t:\overline{n-t|}}}\end{aligned}$$

となる．

●──方式 3

新契約で支払って行く養老保険と定期保険の保険金額が同額 S となるように，責任準備金 $K_1{}_tV_{x:\overline{n|}} + K_2{}_tV^1_{x:\overline{n|}}$ を 2 つに分けて，それぞれの金額で養老保険，定期保険を買うとする．このとき，保険金額 S の養老保険と定期保

険の営業年払い保険料を P_3^* とする.

責任準備金で保険金 $(c_1 K_1 - S)$ の養老保険と保険金 $(c_2 K_2 - S)$ の定期保険を買うので

$$K_1 \cdot {}_tV_{x:\overline{n|}} + K_2 \cdot {}_tV^1_{x:\overline{n|}}$$
$$= (c_1 K_1 - S)(A_{x+t:\overline{n-t|}} + 2\gamma_2 \ddot{a}_{x+t:\overline{n-t|}})$$
$$+ (c_2 K_2 - S)(A^1_{x+t:\overline{n-t|}} + \gamma_2 \ddot{a}_{x+t:\overline{n-t|}}).$$

S は

$$S = \frac{c_1 K_1 A_{x+t:\overline{n-t|}} + c_2 K_2 A^1_{x+t:\overline{n-t|}}}{A_{x+t:\overline{n-t|}} + A^1_{x+t:\overline{n-t|}} + 3\gamma_2 \ddot{a}_{x+t:\overline{n-t|}}}$$
$$+ \frac{(2c_1 K_1 + c_2 K_2)\gamma_2 \ddot{a}_{x+t:\overline{n-t|}}}{A_{x+t:\overline{n-t|}} + A^1_{x+t:\overline{n-t|}} + 3\gamma_2 \ddot{a}_{x+t:\overline{n-t|}}}$$
$$- \frac{K_1 \cdot {}_tV_{x:\overline{n|}} + K_2 \cdot {}_tV^1_{x:\overline{n|}}}{A_{x+t:\overline{n-t|}} + A^1_{x+t:\overline{n-t|}} + 3\gamma_2 \ddot{a}_{x+t:\overline{n-t|}}}$$

となる.

この S を用いると P_3^* は

$$P_3^* \ddot{a}_{x+t:\overline{n-t|}}$$
$$= S(A_{x+t:\overline{n-t|}} + A^1_{x+t:\overline{n-t|}}) + 3\alpha S + 3\gamma_1 S \ddot{a}_{x+t:\overline{n-t|}}$$
$$+ \beta P_3^* \ddot{a}_{x+t:\overline{n-t|}}$$

となるので

$$P_3^* = \frac{(A_{x+t:\overline{n-t|}} + A^1_{x+t:\overline{n-t|}}) + 3\alpha + 3\gamma_1 \ddot{a}_{x+t:\overline{n-t|}}}{(1-\beta)\ddot{a}_{x+t:\overline{n-t|}}} \cdot S$$

となる.

8.4 保険料振替貸付

ある保険を考え,保険料を年払いで支払っているとする.ある時点で経済的理由等により保険料払い込みができなくなったとき.会社から自動的に保険料

の貸付が行われ保険契約を継続させることを**保険料振替貸付**と言う．もちろん無条件で貸付が行われることはなく，解約返戻金から貸付金額を差し引いた範囲内で行われる．ここで貸付金は既往の振替貸付金残高に契約貸付 (会社と被保険者の間で何らかの契約に基づいて行われた貸付) の金額を加えたものとする．

t 年度まで正常に保険料が払い込まれたとして t 年度までの貸付金額を $_tL$ とし，貸付金に対する利息の利率を i' とする．さらにこの保険の年払い営業保険料を P^* とし，$t+1$ 年度末の解約返戻金を $_{t+1}W$ とする．このとき，

$$({}_tL + P^*)(1+i') \leqq {}_{t+1}W$$

であれば，$t+1$ 年度の保険料に対する保険料振替貸付が可能になる．

貸付があった後に死亡，満期，解約があったときには，支払金から貸付金が差し引かれる．また，貸付金は 1 年単位で利息が元金に組み入れられる．

例題 8.3 年払い営業保険料が c_1 となるある保険があり，t 年度まで保険料は正常に払い込まれたが，$t+1$ 年度で保険料払い込みが不可能になった．

そこで，保険料振替貸付が行われたが，1 回のみで 2 回目の貸付は行われなかった．

t 年度までの貸付金額を c_2，$t+1, t+2$ 年度末の解約返戻金を $_{t+1}W = c_3$，$_{t+2}W = c_4$，貸付金に対する利息の利率を i' とするとき，

$$\boxed{\text{(A)}} < i' \leqq \boxed{\text{(B)}}$$

となる．空欄を $c_1 \sim c_4$ を用いて埋めよ．

解答 $P^* = c_1$，$_tL = c_2$，$_{t+1}W = c_3$ であり，$(t+1)$ 年度の貸付は可能であったので，

$$(c_1 + c_2)(1+i') \leqq c_3 \tag{8.1}$$

となり，

$$_{t+1}L = ({}_tL + P^*)(1+i') = (c_1+c_2)(1+i')$$

となる．

2 回目の貸付は不可能であったので

$$((c_1 + c_2)(1 + i') + c_1)(1 + i') > c_4 \tag{8.2}$$

となる．

(8.1), (8.2) より

$$\frac{-c_1 + \sqrt{c_1^2 + 4c_4(c_1 + c_2)}}{2(c_1 + c_2)} - 1 < i' \leqq \frac{c_3}{c_1 + c_2} - 1$$

となる．

演習問題

8.1

30 歳加入, 保険料全期払い込み, 保険金年度末支払い, 保険金 1, 35 年契約の養老保険で, 20 年経過後に払い済み保険に変更したときの払い済み保険金額を S_1, 延長保険に変更したときの延長保険の生存保険金額を S_2 とするとき, S_1, S_2 の値を求めよ. ただし, 解約控除はないものとし, 払い済み保険の予定事業費は毎年始めに保険金 1 に対して 0.2 パーセント, 延長保険の予定事業費は毎年始めに死亡保険金 1 に対して 0.1 パーセント, 生存保険金 1 に対して 0.1 パーセントとし, 次の数値を用いよ：

$$i = 0.02, \quad \ddot{a}_{30:\overline{35|}} = 24.676, \quad \ddot{a}_{50:\overline{15|}} = 12.589,$$
$$A^{\;1}_{50:\overline{15|}} = 0.09672, \quad A^{\;\;1}_{50:\overline{15|}} = 0.6565.$$

8.2

35 歳加入, 保険金 1 (期末払い), 保険料終身払い込みの終身保険があり, 7 年経過後に払い済み保険に契約変更するとき, 払い済み保険金額を求めよ. ただし, 解約返戻金 $_7W = {_7V_{35}} - 0.0065$ とする. 払い済み保険の予定事業費は払い済み保険金 1 に対して 0.002 とし, 毎年始めに徴収とする. また, 次の数値を用いよ：

$$i = 0.02, \quad \ddot{a}_{35} = 28.8072, \quad \ddot{a}_{42} = 25.7761.$$

8.3

30 歳加入，35 年契約，保険金 1，保険料全期払い込みの養老保険に加入していた加入者が，20 年経過後に保険金はそのままで，満期までの年数を 10 年に短縮する契約内容の変更を申し出た．転換後の営業保険料を $P^*_{30:\overline{30|}}$ に責任準備金の不足分を 10 年間で平準化した額を加えて支払うとする．ただし，この部分には予定事業費を考えないとする．転換後の営業年払い保険料を求めよ．ただし，$i = 0.02$, $\alpha = 0.034$, $\beta = 0.03$, $\gamma = 0.002$, $\gamma' = 0.001$ とし

$$\ddot{a}_{30:\overline{35|}} = 24.676, \quad \ddot{a}_{30:\overline{30|}} = 22.3214,$$
$$\ddot{a}_{50:\overline{10|}} = 8.9646, \quad \ddot{a}_{50:\overline{15|}} = 12.589$$

とする．

8.4

30 歳加入，35 年契約，保険金 1，保険料全期払い込みの養老保険に加入していた加入者が，20 年経過後に保険金はそのままで，満期までの年数を 10 年に短縮し，さらに保険金を 2 に変更する契約内容の変更を申し出た．転換後の営業年払い保険料は，50 歳加入，10 年契約，保険金 2 の営業年払い保険料 P^* から，旧契約の 20 年度末責任準備金を 10 年間に平準化した額を減算するものとする．転換後の営業年払い保険料を求めよ．ただし，$i = 0.02$, $\alpha = 0.03$, $\beta = 0.03$, $\gamma = 0.002$, $\gamma' = 0.001$ とし

$$\ddot{a}_{30:\overline{35|}} = 24.676, \quad \ddot{a}_{30:\overline{30|}} = 22.3214, \quad \ddot{a}_{50:\overline{10|}} = 8.9646$$

とする．

Appendix

A.1 【座談会】アクチュアリーのこれまでとこれから

参加者
　日笠克巳◎元・国際アクチュアリー会会長，元・三井生命保険株式会社
　今井勇城◎第一生命保険株式会社
　黒田涼子◎アメリカンファミリー生命保険会社
　黒田耕嗣◎日本大学大学院総合基礎科学研究科 (司会)

アクチュアリーの仕事とキャリア

司会 (黒田) ●本日はお忙しいところ，日本アクチュアリー会の理事長・会長，国際アクチュアリー会 (IAA) の会長を歴任された日笠さんと，アクチュアリーを目指しながら生命保険会社で活躍する若手の皆さんにお集まりいただきました．まず，日笠さんから自己紹介をお願いします．
日笠●私は 1971 年に大学を卒業しました．就職を考えるまではアクチュアリーの存在自体を知りませんでしたが，数学科の掲示版に生命保険会社の求人案内があり，「三井生命」に入社しました．
　入社後 10 年ぐらいは数理部で商品開発などを担当し，次に企画部で長期経営計画の策定，業界他社調査や監督官庁対応などを行いました．1990 年に営

業部門へ移り，1991〜92年には支社長を務めました．その後，1995年には商品開発部長，1998年には主計部長となりました．

その後，2002年に企画担当役員となりました．2003年から保険計理人も兼任しましたが，そのころIAAからの要請で日本から会長を出すという話になり，2008年から3年の間，会長を含めたIAAの役員を務めました．IAA役員を務めている間は，会社では保険計理人を務めておりました．そして，2013年3月末で三井生命を退職しました．

日本アクチュアリー会においては，2004年7月〜2007年3月まで理事長，次の3年間は会長を務めました．

黒田●私は大学は工学部出身です．物理工学科という学科で量子力学に関する理論の裏付けとなるような実験をしていました．大学卒業後は大学院数理科学研究科に進学し，物理数学の勉強をしていました．ただ，数学は何に役立つか自分ではつかみかねる部分があって，それが私の性格と合わず志半ばで中退してしまいました．その後は特に目的もないまま職を転々として10年ぐらいすごしていました．

学習塾講師をやっていた時代に，偶然「アクチュアリー」という資格があることを知りました．大学のころはその資格の存在をまったく知らなかったのですが，このまま塾講師を続けるより，好きな数学をより生かして仕事ができるチャンスにもう1回挑戦したいと思い，広く聴講生を募集していた日本大学のアクチュアリーコースの面接を受け，社会人聴講生となったのがアクチュアリーになったきっかけです．

そこで1年間，黒田先生に保険数理を教えていただき，先生の紹介で小さい生命保険会社に就職することができました．そちらは商品の新規契約・販売を行っていない会社だったのですが，主計の部署に所属し，責任準備金・支払備金の毎月の評価や，四半期ごとのさまざまな決算業務を行い，主計全般を広く浅くという感じで覚えました．

そちらの会社では2年ほどお世話になったのですが，私の場合，保険業界に入るのが遅かったので，ほかの保険会社でも経験を積みたい，という思いがあって，おもに医療保険，がん保険を扱う外資系の別の生命保険会社に転職しました．そちらでさらに経験を積んで，今は，同じような保険商品を扱ってい

てより規模の大きい「アメリカンファミリー生命 (以下，アフラック生命)」にお世話になっています．アクチュアリーになるまでにずいぶん回り道をしましたが，途中の経験もさまざまな形で生きていますし，その結果，今の仕事に就けて本当によかったと思っています．

現在，私はそれまでの会社で経験してきた決算の評価とは若干業務内容の異なる，おもにプロジェクション (将来収支分析) を行う部署に所属しています．小規模の会社で広く業務を行ったので，一通りの数理関係業務はできると思っていたのですが，とんでもない思い上がりでした．アフラック生命は今までの会社よりはるかに大きい会社で，これまでの会社になかったようなさまざまな業務があり，勉強させられることばかりの毎日です．

また，私は日本アクチュアリー会準会員 (座談会当時) なのですが，社外でのアクチュアリーとしての活動については，「女性アクチュアリー輝きの会」という海老崎美由紀さん[1] が主導してくださっている集まりに参加しています．まだまだ女性のアクチュアリーは少ないのですが，産休や育児と仕事との両立の話，男性ばかりの職場で働く上での悩みなど，会社の枠を超えてたくさんの女性アクチュアリーたちと女性アクチュアリーのこれからについて考えています．集まりには研究会員から正会員まで毎回 30 人ぐらいの女性アクチュアリーが集まります．年に 1 回のアクチュアリー会の年次大会のお昼休みには，毎年恒例の昼食会を開催しています．最近はとくに 20 代の女性アクチュアリーが増えました．

日笠●今，アクチュアリー会の女性正会員は 25 人ぐらいいますよね．全員入っているわけではないんですか？

黒田●活動に賛同してくださっていますが，お忙しい方ばかりなので実際に活動に参加してくださっている正会員はそのうちの一部です．

司会●アフラック生命の数理関係のスタッフは何人ぐらいですか？

黒田●私が所属している経営数理部は 30 人ほどです．経営数理部の中に課が 3 つあって，私が所属する数理企画課もその 1 つです．商品開発はまた別の部署で行いますので，広く数理関係のスタッフといった場合はもう少し多いと思

---

[1] ロイズ保険会社キャノピアス．『損害保険数理』(アクチュアリー数学シリーズ 4, 日本評論社) 第 1 章「[座談会] 損害保険とアクチュアリー」参加者．

います．
司会●外資の場合，海外の本社との間の連絡も結構あって大変ではないかと思うのですがいかがですか．
黒田●英語を話せなければならないということはないのですが，メールや電話などでの海外からの連絡はよくあり，英語の話せる人は仕事の幅が広がります．周りにも英会話の勉強をしている人は多いですし，私も勉強しています．ただ，英語を話せなくてもなんとかなるにはなります．これまで勤務した会社もそうでしたが，アフラック生命はかなり日本の保険会社に近く，日本のオフィスでは海外の人はあまり働いていないのです．
司会●日本の保険会社でも社内メールは英語というようなところがありますね．
黒田●それほどまでのところには勤めていませんでしたが，やはり英語でメールを送れた方がいいですね．
司会●では，今度は今井君．
今井●皆さんは理科系の学部・研究科のご出身ですが，私は経済学部出身です．大学院も商学研究科で，文科系の学生の比率が高いところですが，取っていた授業は数学関係だけでした．そういうことも可能な学部・研究科に所属していたのです．そもそも，文科系コース・理科系コースのある高校で文科系を選んでしまい，その結果，理科系の数学を知らない状態で大学受験を迎えることになりました．それでも数学が得意ではあったので，それが使える経済学部を選びました．

大学では司会の黒田先生が1科目だけ授業を担当されていて，3年生の「確率論」の授業の初回でアクチュアリーの宣伝にかなりの時間を割いていました（笑）．それを聞いて，初めてアクチュアリーという資格の存在を知りました．私の学生時代は，大学3年生の10月から就職活動を開始する最後の世代で，話を聞いたときに「これだ」と感じました．黒田先生に相談したところゼミにお誘いいただき，勉強をさせていただいて現在に至ります．大学院では，アクチュアリー会の講座ももたれている藤田岳彦先生のゼミに所属していました．そこでは損保数理を研究していたのですが，2011年に「第一生命」に就職しました．

現在私は，団体年金事業部にある企業年金数理室というところに所属してい

ます．皆さんは生保の仕事をされていると思いますので業務内容はかなり異なるのですが，最初は DB (Defined Benefit, 確定給付年金) チームに所属して，財政決算[2]，財政再計算[3] を大量にこなしていました．生命保険会社の主計部ですと，自分の会社一社のためだけに計算を行うのですが，企業年金ですと受託している企業ごとの負債計算を行います．財政再計算は 5 年に一度ですので，受託している団体の 5 分の 1 程度が該当することになり大量にこなす必要があります．

2012 年 8 月から PBO (Projected Benefit Obligation, 退職給付会計計算) チーム，2013 年 4 月からまた DB チームに戻り，変更計算[4]，数理資料[5] の作成を行っていました．

2013 年 10 月から現在に至るまでは厚生年金基金チームにいます．今までと内容ががらっと変わって，昔ながらの企業年金制度の業務を行っています．そして，いまニュースで話題になっているとおり，今後解散する基金が多いので，それに向けて規約変更や諸々の手続きに関する資料・書類を作っています．

司会●第一生命に DC (Defined Contribution, 確定拠出年金) のチームはありますか？

今井●あります．団体年金事業部には私がいる企業年金数理室のほかに確定拠出年金室があって，こちらが DC を取り扱っています．

司会●どのような部署にアクチュアリーが多いですか？

今井●アクチュアリーがいるのは数理室と主計部のほかは国際業務部にいます．海外展開を進めていますので，1 年間ほど海外の主計部門に行くこともあります．また，リスク管理部門や資産運用部門にいます．

---

[2] 負債が期末時点の資産に対してどれぐらいの比率で存在しているかを見て，その時点での財政状況が健全かどうか，掛金を上げる必要があるかの検証．

[3] 年月が経つと企業の状況が変わってくるので，法令により，5 年に一度再計算をして脱退率や昇給率 (時には死亡率も) を洗い替え，掛金を見直す作業．

[4] 企業の退職金制度を変更するとき，掛金を洗い替える必要があるのか検討し，必要に応じて再計算を行うもの．

[5] 再計算や変更計算に合わせて当局 (保険の場合は金融庁，企業年金の場合は厚生労働省) 宛に提出する資料．

アクチュアリーの役割の変遷

司会●では次に日笠さんから，経験談も含めてアクチュアリーの役割が時代とともにどう変遷してきたかという点をお話しいただけないでしょうか．

日笠●アクチュアリー業務の話で2つお話しします．1つは，アクチュアリーの歴史はとても古いものですが，その長い歴史の中でアクチュアリーという専門職は4つの段階を経て発展してきているという話です．

　アクチュアリーは17世紀に，生命保険を中心に生まれました．決定論的な手法を使って,「生命表をどのようにつくるか」というところからスタートしています．これが第1の段階です．次の発展の段階は20世紀初めにやってきます．この第2の段階は，損害保険の分野でさまざまな種類のリスクに対応するために確率論的な手法が使用され始めたことに端を発します．この手法は生命保険の分野でも用いられるようになります．第3の段階は1980年代に，それまでは負債サイドを中心に見てきたアクチュアリーが，資産サイドも合わせて見る必要性を認識し始めたところからスタートします．つまり，アクチュアリーは，資産と負債の統合管理，いわゆるALM (Asset and Liability Management) に能力を発揮する専門職へと発展したのです．以上のアクチュアリーの発展段階の話は，スイスの高名なアクチュアリーであるハンス・ビュールマン先生が，アクチュアリーを「生保アクチュアリー」,「損保アクチュアリー」,「投資アクチュアリー」の3種に分類されているのですが，その先生の説を私なりに解釈し直したものです．

　第4の段階への進化は，今まさに現在進行形で進んでいるところです．それはALMからさらに進んで，アクチュアリーをERM (Enterprise Risk Management, 全社的リスク管理) 分野で活躍する専門職として位置づけていこうという動きです．日本においてもERMの資格であるCERA (Chartered Enterprise Risk Actuary) ができました．これはERMについて，国際的に共通に通用する資格を作る目的で，世界12か国の14のアクチュアリー会が2009年に協定を結び創設されたグローバルな資格です (2014年の時点では14か国に拡大)．日本では2012年に第1回のCERA試験を行いました．本座談会の時点で日本のCERA保有者は20名程度ですが，世界には2000人を超

えるCERAがいます．CERA試験は簡単ではありませんが，これから正会員になる若い人たちは全員がCERAにも挑戦するようになってほしいですね．

次に，私が実際に経験したアクチュアリー業務の変化を生命保険を中心にしてお話しします．

三井生命の場合，以前は主計と呼ばれる決算部門や，商品開発部門，企業保険の管理部門，システム部門にアクチュアリーが多かったのですが，システム部門のアクチュアリーは徐々に減っていきました．バブル期 (1985年頃～1991年頃) になり保有資産が増えてくると，資産運用部門でもアクチュアリーが働くようになります．その後，リスク管理部門でもアクチュアリーが必要になり，現在では，さらに監査部門でもアクチュアリーが必要になってきています．このように，アクチュアリーの働いている部署が拡がってきているのです．

アクチュアリーの重要性が制度的にはっきりしたのは，1996年 (平成8年) の保険業法改正が起点になっていると思います．これは人口の高齢化，金融の自由化・国際化の進展など，保険業を取り巻く環境が大きく変化している中で「規制緩和・自由化」,「保険業の健全性確保」,「公正な事業運営の確保」の視点から保険制度を変えていくものです．法改正では，アクチュアリーに関係する面においても，重要な変更点がいくつかあります．

1つ目は「保険計理人制度の拡充」です．それまでは生命保険会社にしか保険計理人はいなかったのですが，原則的に損害保険会社にも保険計理人を選任する義務ができました．そして，保険計理人の関与すべき業務，確認事項が保険業法やその施行規則にきちんと書かれるようになりました．

2つ目は「標準責任準備金制度」です．規制緩和・自由化の流れの中で，各社の保険料競争が激しくなることを想定して，それまでは同一の「計算基礎率」を用いて保険料と責任準備金を計算していたものを，それぞれ別々に定める仕組みが導入され，基本的に責任準備金の計算基礎率は保険会社の健全性の維持，保険契約者の保護の観点から監督官庁が定め，生命保険各社は同一水準の責任準備金を積むこととなりました．これが「標準責任準備金」です．一方で，保険料は各社のそれぞれの戦略に応じて，定めるものであるとの整理がされたものです．また同時に，責任準備金を将来にわたってきちんと積めるかどうかの将来収支分析，区分経理に基づいた財源の確認などを含む契約者配

当[6]についての公正・衡平性の確認なども，保険計理人の確認事項として法律にきちんと書かれました．

そして，健全性確保のための措置で，「ソルベンシー・マージン基準」の規定もでき，保険相互会社の株式会社化も認められました．さらに法律改正と軌を一にして，アクチュアリー会によって生命保険会社における保険計理人の実務基準が定められました．保険計理人が確認業務を行う際に，原則的にはこの実務基準に示された標準的方法に従うことになります．

以上が1996年の法律改正の大きな流れで，それが今も生きています．その後の20年間にソルベンシー・マージン基準の見直しや確認業務の追加は行われましたが根幹は変わっていません．

司会●日笠さんが会社に入社した頃は，保険会社に対する規制の状況も今とは大きく違っていたのでしょうか．

日笠●そうですね，1996年の保険業法改正の前と後ではやはり違いは大きいです．しかし，保険会社各社の経営の健全性を確保して，保険契約者の保護を図るといったような根本の考えは昔も今も同じだと思います．

司会●保険商品の面から見ると，昔は人の生死だけを扱った生命保険を売っていたわけですが，医療保険も売るようになり，その後の変額年金保険などの導入は，アクチュアリーの仕事の面から見ると，結構大きな変化になるのでしょうか．

日笠●変額年金保険の場合，お客様からお預かりした保険料を特別勘定に投入して運用し，その資産運用の成果をダイレクトにお客様に還元するものです．そこだけを取れば投資信託のような一般の金融商品と変わらないのですが，投資信託の場合は運用成果が悪かった場合にはお客様はその悪い運用成果をそのまま受け取ることになりますが，変額年金保険では，運用成果が悪かった場合でも，お客様に対してさまざまな最低保証が付けられます．

当初は死亡時の死亡保険金に最低保証が付けられていた程度だったのですが，次第に受け取る年金額や，途中で解約したときの解約返戻金に最低保証が付けられる，元本保証的な商品も開発されてきました．

---

[6]株式会社であれば契約者配当，相互会社でいえば社員配当．

その点で，プライシングや，必要な責任準備金の積み立て，それにリスク管理の点などで，アクチュアリーにとっては非常にチャレンジングな商品となりました．

司会●変額年金保険の責任準備金の積み方については，アクチュアリー会の中でもいろいろな議論があったのではないでしょうか．

日笠●金融庁からアクチュアリー会に対して，最低保証付きの変額年金保険の責任準備金の積み立てに関する論点整理と積み立てルールの原案作成について検討要請がありました．アクチュアリー会では検討組織を立ち上げ，議論を重ねた上で金融庁に報告書を提出しましたが，提言した積み立て方式は確率論的手法に基づくものです．この際の報告内容が現在の責任準備金積み立てルールに取り入れられています．

司会●従来のアクチュアリーの知識を超えたものが必要になってきたということですね．

日笠●そうですね．伝統的な保険数理の枠を超えた知識が必要になりますが，検討に携わったアクチュアリーにはしっかり対応してもらえたと思います．今井君はファイナンス理論を大学院でやっていたんですよね．今はあまり使わないですか？

今井●使用頻度は減少しますね．年金数理部門では負債計算がメインであるため，資産側の知識を鍛えることが，年金数理部門にいる人にとっては課題かなと思います．

司会●最近では金融庁も民間出身の専門家を採用して，監督の体制充実を図っていますよね．

日笠●そうですね．保険会社出身のアクチュアリーも何人か採用されて，活躍しているようです．

今井●日本がアクチュアリー資格を国家資格にしないのは，歴史的な背景があるのですか？

日笠●私は詳しくは存じません．保険計理人という職務が保険業法に初めて規定されたのは，1939年（昭和14年）ですが，資格としては民間資格のままでした．なお，国際的に見ても，アクチュアリーを国家資格としている国の例は知りません．

コンピュータの進歩とアクチュアリー

司会●日笠さんにもう1つ伺いたいのが，コンピューターの進歩とアクチュアリー業務の関連です．どのような歴史があるのでしょうか．

日笠●私の会社では，入社当時はPL/I（ピーエルワン）というFORTRANみたいなコンピュータ言語を使って，保険料や責任準備金などを計算していました．大型コンピュータを使っての業務は今でも続いていると思いますが，平成に入って以降はパソコンを使い，Excel等のソフトウェアを使っての業務が一般的だと思います．

　また，エンベディッド・バリュー[7]の計算など，非常に長期間にわたってのプロジェクションを短時間で多量に行う業務が増えてきたことから，10年ぐらい前からはコンサルティング会社が開発した保険数理業務専用のソフトウェアを利用する会社も増えてきたと思います．

　こういうソフトウェアの使用には最近のパソコンの高性能化・高速化が欠かせませんでしたが，今後，経済価値ベースのソルベンシー規制が導入されたり，リスク管理の高度化が進むと，さらに大量の計算を高速に実行する必要も出てきます．そのため，先進的な考えとしてはクラウドシステムを利用して，計算の高速化を図るというような考え方もあるようです．

　また，最近流行しているビッグデータに目を向けるアクチュアリーも増えてくるでしょうね．保険のプライシングにビッグデータを活用するといったアクチュアリーも今後は出てくるかもしれません．

司会●われわれの世代のアクチュアリーは，最初のころは「タイガー計算機[8]」を使っていたという話もあります．コンピューターの発達に伴ってずいぶん変わってきたと思うのですが，シミュレーションをして将来予測も行うということは現在かなり行われているのでしょうか．

黒田●シミュレーションはアクチュアリーの基本的な業務です．今では小学生でもコンピューターをもっていたりしますが，コンピューターが各家庭に普及

---

[7] EV，潜在価値．貸借対照表上の純資産に修正を加えて計算される「修正純資産」と，保有契約から生じる将来の利益の現在価値の合計額で，保険会社の企業価値を表す指標．

[8] 歯車などの機械要素の組み合わせにより，演算を行う機械式計算機の一種．

したのは私が大学を卒業する時期でした．ですから，私がコンピューターに馴染んだのは 20 代の人に比べて遅いですし，正直，Excel の作業や将来予測の作業も彼らより慣れないところがあると感じています．一緒に働いている 20 代の人はみんな自分の頭や手のようにコンピューターを使っています．考えるより先にプログラムをつくって中を見る，実験してみるということをよくやっています．

司会●数理モデルを走らせて将来予測などをやっていると思うのですが，その妥当性を金融庁がチェックすることもあるのですか．

黒田●保険計理人が関わる業務関係のものは実務基準などに則って行うのですが，内部管理会計の将来収支予測は前提などほぼすべてが会社判断になります．

司会●プロジェクションに使うようなソフトウェアは会社によって違うものですか．

日笠●複数のコンサルティング会社がソフトウェアを開発しています．また，自社開発している保険会社もあると思います．

黒田●外資の会社では本社の意向もあります．

司会●現在導入が検討されているソルベンシー II [9] もそうですが，バーゼル II [10] 以降の規制はいろいろなリスクをすべて計量化する必要が出てきて，それに当たっては数学モデルが必要だという話ですが，その際は，わりと普遍的なモデルを使ったのでしょうか．それとも各社独自のモデルを使ったのでしょうか．

日笠●ソルベンシー II ではリスクの計測において，規制によって定められた標準的な方式を用いることも，会社独自の内部モデルを使うことも，どちらも認められています．おそらく，大規模な会社では内部モデルを使用するのではないでしょうか．

司会●年金業務では何か特別なソフトウェアを使うことがあるのですか．

今井●自分の経験では使ったことはありませんが，専門のコンサルティング会社やシステム会社が退職給付債務計算のためのソフトウェアを開発しているなどということはあるようです．また，コンサルティングということでは，年金アクチュアリーの中には，生命保険会社や信託銀行に所属していても，一般の

---

[9] 経済価値ベースのソルベンシー規制で，すべての資産・負債を時価評価することになる．
[10] 2006 年 3 月制定，2007 年 4 月適用の自己資本比率規制．

企業に対して退職金・企業年金・人事制度の設計に関する助言を中心とした，コンサルティング業務を行っているアクチュアリーもいます．

若手アクチュアリーの悩み

司会●黒田さんや今井君は，現在やっている業務で抱えている問題点はありますか．

今井●そうですね，例えば，DB 業務では年間で処理しないといけない件数が非常に多くて，1 件 1 件きちんと見るのが非常に大変だというところでしょうか．

日笠●私もそのあたりの実務には詳しくありませんが，件数が多いからといって，いい加減な仕事はできませんからね．今井さんが実務経験を重ねる中で，専門的知識をもった人間として重点的に見るべきポイントを整理して，より効率的に業務を処理していくということが必要なのではないでしょうか．

黒田●私の業務の悩みですが，今，収支分析の長期化や，経済価値ベースのソルベンシー・マージンの計算を求められたりしています．そうすると，将来 100 年にもわたる非常に長期のプロジェクションをする必要が出てきます．そこで困るのは金利シナリオです．日本国債は 40 年までしかなく，その先がありません．国債の利回りをベースにしてシナリオを設定する際には，そこを超える期間への補外が大きな課題となります．また，事業費[11)] の予測にも悩みます．インフレ率を入れる必要があるのか，保有契約が減少するような将来予測の場合には事業費をどのように減少させていくべきか，会社の事業費削減計画を織り込むべきかどうかなど，いろいろな課題があります．

日笠●将来収支分析の長期化については，実務基準の改正に向けて検討が行われています．また，経済価値ベースのソルベンシー規制の導入に向けた試行も行われています．我々にとっては新しい実務なので，実際の計算にあたってはやはりいろいろと迷う点や悩みというのも出てくるのでしょうね．

　こういう新しい実務については，何年か計算の経験を重ねた上で，やり方にもその都度改良を重ねていって，段々と実務として定着して，確立されていく

---

11) 保険契約の募集や維持管理のために使用される費用．

のだろうと思います．またこういった計算には，先ほども話に出しましたが，大量で高速な計算が不可欠です．これを少しでも効率的に実行できるようなモデルとしたり，システムの整備をしたり，といったところに，これからの若い人の柔軟な知恵が必要になってくることでしょうね．

　日本のアクチュアリーであれば，きっと困難な課題にも適切な解答を見つけていってくれるものと期待しています．

司会●黒田さんも今井君もこれから 2 次試験の試験勉強をするのだと思いますが，会社の業務のなかで勉強時間はどうやって見つけていますか．

黒田●私の場合は現在の仕事内容と勉強内容が直結していますので，仕事を覚えることが勉強にもなっています．仕事で分からないことが出てくれば教科書を開いて読んだりしています．暗記やノートの作成など集中してやる必要がある勉強は週末にやります．アクチュアリー資格の受験勉強は会社ぐるみで応援してくれますので，試験前の休みもとりやすいです．

今井●試験近くになると，平日の朝暗い時間から勉強を始めます．日中の仕事との兼ね合いがありますので，夜中に勉強するわけにいきません．基本的には週末で，あとは会社が月曜日の朝に 1 時間くれます．休みという意味では，試験勉強のための有給は 2 日取ることができます．

司会●ほかの会社だと，会社の研修所に行って 1 週間勉強しなさいというところもあるようですね．

今井●研修所は試験直前の土日に利用することができます．

黒田●ところで，2 次試験では「○○に関して留意すべきことを書け」という問題があります．教科書に載っていることをそのまま書けるような問題も多いのですが，そうでないものについては自分の書いたものに対して本当に正しいのかどうか添削してほしいと思ったりもします．

今井●うちは社内でやっています．正会員の管理職が優しいので，「このテーマで書いてください」という模擬試験が 3 回あって，一定の水準に達していない人は再提出，またコメントが返ってきます．さらに採点者から，全体的にこういう点を書いた人が多かったけれど，この視点も必要だ，など教えてもらえます．なおかつ，全員の答案をコピーして置いてあって，評価の良かった人の答案と見比べることができるのです．

日笠●それは勉強になりますね．

今井●ええ．それを積み上げていって，予想した問題と似たような問題が出るとうれしくなりますよ．

アクチュアリーの今後

司会●若手の人たちが今後身につけるべき素養や目指すべき方向ついてお話しいただけませんか．

日笠●アクチュアリーが最低限勉強すべきものとして，IAA の教育委員会が「教育シラバス」をつくっています．1998 年にできた制度ですが，5 年に 1 回程度見直しをすることになっており，2007 年，2012 年に少しずつ改訂が行われました．

　2012 年の改訂では，10 項目あるシラバスの中の「経済学」の項に「金融経済学の基本概念」が組み込まれました．その細目の中には「行動経済学」も含まれているのですが，これは 2008 年の金融危機での経験で，金融市場の参加者が必ずしも合理的な行動をとらないことが分かったため，アクチュアリーも「行動経済学」について勉強した方がいいと考えられたことから，含められたものです．

司会●経済学に元来あった「効率的市場仮説」とは結果が少し異なっていたということですね．

日笠●次に，「プロフェッショナリズム」という項目の中に「国際的な実務においてアクチュアリーが考慮すべき事項」が入りました．たとえば，アメリカの資格をもったアクチュアリーが日本で働く場合，彼が従うべき行動規範は日本のものかアメリカのものか．不適切な行為を行った場合に，懲戒を行うのは日本かアメリカか．別にそのような問題を起こすアクチュアリーが実際に出てきているということではないのですが，問題が起こりうるということは仮想的には考えられるので，IAA としてはそのような課題があることの認識はもっておいてほしいと考えたというところです．

　3 点目に，「教育シラバス」とセットになった，シラバス運用にあたっての考え方を示した「ガイドライン」があるのですが，その中に「コミュニケーショ

ンスキルの強化」が挙げられています．アクチュアリーとしての技術的なスキルだけでなく，分析結果などを同僚やシニアアクチュアリー，アクチュアリー資格をもたない人々など広い範囲に伝える能力をもつべき．そのような教育をしてほしいという内容です．

司会●ところで，CERA 資格をもっていると，どういうメリットがあるのでしょうか．

日笠● CERA 資格ができてまだ間もなく，海外のアクチュアリー会も含めて，これがメリットだ，という姿をまだ明確には示しきれていないと思います．しかし，将来的なビジョンとしては，金融業界を始めとしたさまざまな業界で，CERA 資格保有者がリスク管理分野における最先端の活躍をしているといった姿を実現していければいいと思っています．そのためにはアクチュアリー会による CERA 普及のための努力も必要ですし，すでに CERA を取った人が未来を切り開くパイオニアとして，リスク管理の分野で目覚ましい活躍を見せて，後に続くアクチュアリーが自分もあのようになりたいと思うようになってもらいたいと思います．

司会●たとえば CERA をもって，金融業界以外にもアクチュアリーが進出すべきなのでしょうか．

日笠● CERA をもっているかいないかに関わらず，アクチュアリーが金融業界以外の分野に進出できるポテンシャルは十分にあると思います．将来の不確定な事象に対し数理的なモデルによりリスクの定量的評価を行ったり，将来の財務予測をしたりといったスキルは金融業界以外でも応用可能です．

そのような他業界進出の動きが特に活発なのはオーストラリアです．オーストラリアでは，例えば，エネルギー問題や環境問題の分野でもアクチュアリーが活躍しているという話を聞いたことがあります．

日本では現実にはそこまで進んでいないのは事実ですが，将来に対する夢はありますね．ただ，経済価値ベースの規制や国際会計基準への対応，あるいはより競争が激化する中での保険商品の開発やリスク管理の高度化など，保険業界を中心として金融業界におけるアクチュアリーの需要は，日本ではまだまだ衰えることはないと思いますので，日本のアクチュアリーの活躍分野の中心は当面は金融関係の業界であり続けるでしょう．

黒田●金融業界と関係ないところで「アクチュアリーです」と名乗っても分かってもらえるんですね.
日笠●現状だと，アクチュアリーについての説明が必要でしょうね.
司会●今は昔に比べると，アクチュアリーも一般的な言葉になりつつあるように思います．以前はアクチュアリーといっても知らない学生がほとんどでしたが，最近は何人かは知っています．とはいえ，公認会計士や弁護士と比べると，人数的に全然少ないですよね.
日笠● IAA のホームページによれば，アクチュアリーの正会員は世界で 6 万人強だと書いてあります．公認会計士は世界に 125 万人いるという話ですから，そういう意味ではスモール・プロフェッションだと思います.
今井●日本アクチュアリー会の正会員は 1400 人くらいですね.
日笠●はい．研究会員や準会員を含めた個人会員全体では 4700 人ぐらいいます.
今井●もっと外向きに PR して認知度を上げないといけませんね.
日笠●そうですね．そのためには日本アクチュアリー会の組織としての努力が当然必要ですが，会員一人ひとりが自分のできる範囲で，周囲にアクチュアリーの良さを認めていってもらえるような努力をするということも必要だと思います.
司会●公認会計士の人たちのほうが海外に目が向いている感じもします.
日笠●単純な比較は難しく公認会計士とどちらがどちらという話ではありませんが，アクチュアリーの海外への目の向け方が弱いということはまったくないと思います.

　私は IAA の役員を務める機会に恵まれましたが，それは突然にして私個人が IAA に認められたというわけでは決してなく，1976 年に東京で ICA [12] が開催されたという事実に象徴されるのですが，私の諸先輩方が国際活動において大変な努力を払われてきたということや，現在に至るまで多くのアクチュアリーが IAA でさまざまな活躍を見せてきたことが，私の役員就任という形で実ったものです.

---

[12] 4 年に 1 度開催されるアクチュアリーの国際会議.

また日本アクチュアリー会では40年近くにわたり，ASEA(東アジアアクチュアリー講座)を実施して，近隣のアジア諸国のアクチュアリーを招き研修を行い，アジアでのアクチュアリーの発展に貢献してきました．

　ただ，やはり海外で活躍するためには英語力は必須です．その点で日本のアクチュアリーの中で英語力を有する人材をさらに増やしていくことは大きな課題だと思います．

司会●それでは国際化，グローバル化は今後も進んでいくとお考えですか．日本も将来的には周辺国にアクチュアリーが出て活躍する可能性もあるでしょうか．

日笠●多くの保険会社が海外で事業を展開しており，すでに海外で勤務するアクチュアリーも多くいます．国際化，グローバル化の波が止まることはないでしょうね．

司会●これからの展開が楽しみですね．では，本日はこれで終わりにします．ありがとうございました．

[2014年12月21日談]
[初出：『数学セミナー』(日本評論社) 2015年5月号]

A.2　演習問題解答

●——第1章演習問題

1.1

(A1) $\ddot{a}_{\overline{12|}}$　(A2) $\ddot{a}_{\overline{8|}}$　(B) $\ddot{a}_{\overline{1|}}^{(k)}$　(C) $\bar{a}_{\overline{1|}}$　(D1) $(I\ddot{a})_{\overline{20|}}$　(D2) $\ddot{a}_{\overline{20|}}$
(E1) v^8　(E2) $8\bar{a}_{\overline{27|}}$　(F1) v^{12}　(F2) $12\bar{a}_{\overline{5|}}$　(F3) $(\bar{I}\bar{a})_{\overline{13|}}$
(F4) $17\bar{a}_{\overline{13|}}$　((F3) と (F4) は逆でもよい)

1.2

$$v^{20}C_1 + v^{25}C_2 - v^7 K_1 - v^{15} K_2$$

1.3

(1.3) の公式により，
$$\begin{aligned}
P(10 < X < 20) &= \int_{10}^{20} \lambda^2 t e^{-\lambda t} dt \\
&= \lambda^2 \Big[-\frac{e^{-\lambda t}}{\lambda} \Big(t + \frac{1}{\lambda} \Big) \Big]_{10}^{20} \\
&= e^{-10\lambda}(1 + 10\lambda) - e^{-20\lambda}(1 + 20\lambda).
\end{aligned}$$

1.4

(1)　$d^{(k)} = k(1 - v^{\frac{1}{k}})$ に注意する．
$$\begin{aligned}
\ddot{a}_{\overline{n|}}^{(k)} &= \frac{1}{k} \Big(1 + v^{\frac{1}{k}} + v^{\frac{2}{k}} + \cdots + v^{\frac{nk-1}{k}} \Big) \\
&= \frac{1 - v^n}{k(1 - v^{\frac{1}{k}})} = \frac{1 - v^n}{d^{(k)}}.
\end{aligned}$$

(2)　(1) の結果と $a_{\overline{n|}}^{(k)} = v^{\frac{1}{k}} \ddot{a}_{\overline{n|}}^{(k)}$, $d^{(k)} = v^{\frac{1}{k}} i^{(k)}$ に注意すれば (2) の証明はえられる．

(3)　(1) の結果と $\ddot{s}_{\overline{n|}}^{(k)} = (1+i)^n \ddot{a}_{\overline{n|}}^{(k)}$ に注意すればよい．

(4)　(2) の結果と $s_{\overline{n|}}^{(k)} = (1+i)^n a_{\overline{n|}}^{(k)}$ に注意すればよい．

1.5

これの証明には

$$\frac{1}{a_{\overline{n}|}^{(k)}} = i^{(k)} + \frac{1}{s_{\overline{n}|}^{(k)}}$$

を示せばよいが，これは演習問題 1.4 の結果から従う．

● ── 第 2 章演習問題

2.1
(A1) ${}_9p_{37}$ (A2) ${}_4p_{46}$ (B1) ${}_{20}p_{30}$ (B2) ${}_{10}p_{30}$ (C) q_x
(D1) μ_x (D2) μ_{x+t} (E) $\mu_x \overset{\circ}{e}_x$ (F1) ${}_tp_x$ (F2) ${}_sp_x$
((F1) ${}_sq_x$, (F2) ${}_tq_x$ でもよい)

2.2

(1) ${}_tp_{30} = e^{-c_1 t}\left(\dfrac{70-t}{70}\right)^{c_2}\left(\dfrac{90-t}{90}\right)^{c_3}$.

(2) $\dfrac{d}{dx}\overset{\circ}{e}_x = \mu_x \overset{\circ}{e}_x - 1$ であるので，

$$\mu_x = \frac{5}{2(100-x)}$$

となり，次が成立：

$${}_tp_{30} = \left(\frac{70-t}{70}\right)^{\frac{5}{2}}.$$

2.3

(i) ${}_{t+10}p_{30} = {}_{10}p_{30} \cdot {}_tp_{40}$ より次のようになる：

$${}_tp_{40} = \begin{cases} \dfrac{60-t}{60} & (0 \leqq t < 10) \\ \dfrac{60-t}{60} e^{-c(t-10)} & (10 \leqq t \leqq 60) \end{cases}$$

(ii) $\dfrac{55}{6} + \dfrac{5}{6c} - \dfrac{1}{60c^2}(1 - e^{-50c})$

2.4

もとの死力による生命確率を $_tp_x$ と表し,死力が $\dfrac{k}{\omega-x}$ だけ増加したときの生命確率を $_tp'_x$ で表す.

題意より

$$_{10}p'_{30} = {}_{10}p_{30} \cdot \left(\frac{\omega-40}{\omega-30}\right)^k = {}_{10}p_{30} - \frac{45}{224}, \tag{A.1}$$

$_{20}p'_{30} = {}_{20}p_{30}\left(\dfrac{\omega-50}{\omega-30}\right)^k$ より

$$\left(\frac{\omega-50}{\omega-30}\right)^k = \frac{9}{16}, \tag{A.2}$$

$_{10}p'_{40} = {}_{10}p_{40}\left(\dfrac{\omega-50}{\omega-40}\right)^k$ より

$$\left(\frac{\omega-50}{\omega-40}\right)^k = \frac{36}{49}, \tag{A.3}$$

(A.2), (A.3) より

$$\left(\frac{\omega-40}{\omega-30}\right)^k = \frac{49}{64}$$

となるので,これを (A.1) に代入すると

$$_{10}p_{30}\cdot\frac{49}{64} = {}_{10}p_{30} - \frac{45}{224}$$

より,$_{10}p_{30} = \dfrac{6}{7}$ となる.

2.5

題意より

$$_tp_{30}^2 = e^{-ct^{\frac{1}{m}}} \cdot {}_tp_{30}$$

であるので $_tp_{30} = e^{-ct^{\frac{1}{m}}}$ となる.

$$\overset{\circ}{e}_{30} = \int_0^\infty e^{-ct^{\frac{1}{m}}}dt$$

において，$ct^{\frac{1}{m}} = u$ とおくと $t = \dfrac{u^m}{c^m}$ より $dt = \dfrac{mu^{m-1}}{c^m} du$ となるので，

$$\overset{\circ}{e}_{30} = \int_0^\infty e^{-u} \frac{mu^{m-1}}{c^m} du = \frac{m}{c^m} \int_0^\infty u^{m-1} e^{-u} du$$
$$= \frac{m\Gamma(m)}{c^m} = \frac{m!}{c^m}$$

となる ($\Gamma(m) = (m-1)!$：ガンマ関数).

2.6

死力 μ_x に関する生命確率を ${}_tp_x$，死力 μ'_x に関する生命確率を ${}_tp'_x$ で表す．

40 歳から 50 歳の間で死力が $\mu_x + \mu'_x$ となるときの，(30) が 60 歳で生存している確率を ${}_{30}p_{30}^{(1)}$ とすると，

$$\begin{aligned}{}_{30}p_{30}^{(1)} &= \exp\left\{-\int_0^{30} \mu_{30+u} \, du - \int_{10}^{20} \mu'_{30+u} \, du\right\} \\ &= {}_{30}p_{30} \cdot \exp\left\{-\int_0^{10} \mu'_{40+z} \, dz\right\} \\ &= {}_{30}p_{30} \cdot {}_{10}p'_{40}\end{aligned}$$

となる．

40 歳から 45 歳の間で死力が $\mu_x + \mu'_x$ となるときの，(30) が 60 歳で生存している確率を ${}_{30}p_{30}^{(2)}$ とすると，

$${}_{30}p_{30}^{(2)} = {}_{30}p_{30} \cdot {}_5p'_{40}$$

となり，45 歳から 50 歳の間で死力が $\mu_x + \mu'_x$ となるときの，(30) が 60 歳で生存している確率を ${}_{30}p_{30}^{(3)}$ とすると，

$${}_{30}p_{30}^{(3)} = {}_{30}p_{30} \cdot {}_5p'_{45}$$

となる．

したがって，

$$\begin{cases} {}_{30}p_{30} \cdot {}_{10}p'_{40} = \dfrac{\sqrt{14}}{7} \\ {}_{30}p_{30} \cdot {}_{5}p'_{40} = \dfrac{\sqrt{15}}{7} \\ {}_{30}p_{30} \cdot {}_{5}p'_{45} = \dfrac{4\sqrt{210}}{105} \end{cases}$$

となるので,

$${}_{30}p_{30} = \frac{4}{7}, \qquad {}_{10}p'_{40} = \frac{\sqrt{14}}{4}$$

となる.

2.7

${}_{20}p_{30} = e^{-20c}$ となり,

$$\begin{aligned}{}_{20}p_{50} &= p_{50} \cdot p_{51} \cdot p_{52} \cdots p_{69} \\ &= e^{-(c+c_0)} \cdot e^{-(c+2c_0)} \cdot e^{-(c+3c_0)} \cdots e^{-(c+20c_0)} \\ &= e^{-20c - c_0(1+2+3+\cdots+20)} \\ &= e^{-20c - c_0 \cdot \frac{1}{2} \cdot 20 \cdot 21} = e^{-20c - 210c_0}\end{aligned}$$

であるので, ${}_{40}p_{30} = e^{-40c - 210c_0}$ となる.

2.8

(1) ${}_t p_x \mu_{x+t}$ は (x) の余命 Z_x の確率密度関数であるので,

$$\int_0^\infty {}_t p_x \mu_{x+t}\, dt = 1$$

となることに注意する.

$$\begin{aligned}\int_0^\infty {}_t p_x \mu_{x+t}\, dt &= c \int_0^\infty t^2 e^{-\alpha t}\, dt = \frac{c}{\alpha^3} \int_0^\infty u^2 e^{-u}\, du \\ &= \frac{c\Gamma(3)}{\alpha^3} = \frac{2c}{\alpha^3}\end{aligned}$$

となるので, $c = \dfrac{\alpha^3}{2}$.

(2) $-\dfrac{d}{du}{}_u p_x = cu^2 e^{-\alpha u}$ であるので

$$-\int_0^t \frac{d}{du}{}_u p_x\, du = c\int_0^t u^2 e^{-\alpha u}\, du$$

$$-\Big[{}_u p_x\Big]_0^t = c\Big[-\frac{e^{-\alpha u}}{\alpha}\Big(u^2 + \frac{2u}{\alpha} + \frac{2}{\alpha^2}\Big)\Big]_0^t \quad ((1.3) \text{ を用いている})$$

$$1 - {}_t p_x = c\left\{\frac{1}{\alpha}\Big(\frac{2}{\alpha^2}\Big) - \frac{e^{-\alpha t}}{\alpha}\Big(t^2 + \frac{2t}{\alpha} + \frac{2}{\alpha^2}\Big)\right\}$$

となるので，c の値を代入すると

$${}_t p_x = \frac{1}{2} e^{-\alpha t}(\alpha^2 t^2 + 2\alpha t + 2)$$

となる．

(3)

$$\overset{\circ}{e}_x = \frac{1}{2}\int_0^\infty e^{-\alpha t}(\alpha^2 t^2 + 2\alpha t + 2)\, dt$$

$$= \frac{1}{2}\Big[-\frac{e^{-\alpha t}}{\alpha}\Big(\alpha^2 t^2 + 2\alpha t + 2 + \frac{2\alpha^2 t + 2\alpha}{\alpha} + \frac{2\alpha^2}{\alpha^2}\Big)\Big]_0^\infty$$

$$= \frac{3}{\alpha}.$$

2.9

Z_x, Z_y の確率密度関数は

$$f_{Z_x}(t_1) = c_1 e^{-c_1 t_1} \qquad (t_1 > 0)$$

$$f_{Z_y}(t_2) = c_2 e^{-c_2 t_2} \qquad (t_2 > 0)$$

であり，(Z_x, Z_y) の同時確率密度関数 $f(t_1, t_2)$ は

$$f(t_1, t_2) = c_1 c_2 e^{-c_1 t_1 - c_2 t_2} \qquad (t_1 > 0,\, t_2 > 0)$$

である．

$D = \{(t_1, t_2); 0 \leqq t_1 \leqq t_2 \leqq m\}$ とすると求める確率は

$$P(0 \leqq Z_x \leqq Z_y \leqq m) = \int\int_D dt_1 dt_2\, f(t_1, t_2)$$

$$= \int_0^m dt_1 \int_{t_1}^m dt_2 \, c_1 c_2 e^{-c_1 t_1 - c_2 t_2}$$
$$= \frac{c_1}{c_1 + c_2} + \frac{c_2}{c_1 + c_2} e^{-(c_1+c_2)m} - e^{-c_2 m}.$$

●──第 3 章演習問題

3.1

(1) (A) $\ddot{a}_{40:\overline{8}|}$

(2) (B) $(IA)^{1}_{30:\overline{10}|}$ (C) $A^{1}_{30:\overline{10}|}$ (D) $(IA)^{1}_{40:\overline{30}|}$ (E) $A^{1}_{40:\overline{30}|}$

(3) (F) $(\bar{I}\bar{a})_{40:\overline{8}|}$ (G) $(\bar{I}\bar{a})_{48:\overline{12}|}$ (H) $8 \cdot \bar{a}_{48:\overline{12}|}$ ((G) と (H) は順序が逆でもよい)

(4) (I) $\ddot{a}_{12:\overline{9}|}$ (J) $\ddot{a}_{\overline{9}|} \cdot {}_9 p_{12}$

(5) (K) $\bar{a}_{\overline{n}|}$ (L) $\bar{a}_{x:\overline{n}|}$

(5) については以下の計算を参照のこと：

$$\int_0^n v^t \bar{a}_{\overline{n-t}|} \cdot {}_t p_x \mu_{x+t} \, dt = \int_0^n \frac{1}{\delta} \left(e^{-\delta t} - e^{-\delta n}\right) \cdot \left(-\frac{d}{dt} {}_t p_x\right) dt$$
$$= \left[-\frac{1}{\delta}(e^{-\delta t} - e^{-\delta n}){}_t p_x\right]_0^n - \int_0^n e^{-\delta t} {}_t p_x \, dt$$
$$= \frac{1}{\delta}(1 - e^{-\delta n}) - \bar{a}_{x:\overline{n}|}$$
$$= \bar{a}_{\overline{n}|} - \bar{a}_{x:\overline{n}|}.$$

(6) (M) $(t-1)\ddot{a}_{\overline{n-t+1}|} + (I\ddot{a})_{\overline{n-t+1}|}$

(7) (N) $(\mu_x + \delta)\bar{a}_x$

(8) (O) $(\delta + \mu_x)\bar{a}_x$

(9) (P) $(I\ddot{a})_{20:\overline{8}|}$ (Q) $A^{1}_{20:\overline{8}|}$ (R) $(I\ddot{a})_{28:\overline{15}|}$
(S) $23\ddot{a}_{43:\overline{7}|}$ (T) $(I\ddot{a})_{43:\overline{7}|}$

3.2

(1) 次の関係式に注意する：

$$\ddot{a}_{30:\overline{40}|} = \ddot{a}_{30:\overline{10}|} + A^{1}_{30:\overline{10}|} \ddot{a}_{40:\overline{10}|} + A^{1}_{30:\overline{20}|} \ddot{a}_{50:\overline{20}|}.$$

これより

$$c_1 = \ddot{a}_{30:\overline{10|}} + c_4 c_2 + c_5 c_3$$

であるので，$\ddot{a}_{30:\overline{10|}} = c_1 - c_2 c_4 - c_3 c_5$ となる．

(2) $\ddot{a}_{30:\overline{20|}} = \ddot{a}_{30:\overline{10|}} + A_{30:\overline{\frac{1}{10|}}} \ddot{a}_{40:\overline{10|}}$ であるので，$\ddot{a}_{30:\overline{20|}} = c_1 - c_3 c_5$ となる．

(3)

$$\frac{c_5}{c_4} = \frac{v^{20}{}_{10}p_{30}\,{}_{10}p_{40}}{v^{10}{}_{10}p_{30}} = v^{10}{}_{10}p_{40}$$

より $A_{40:\overline{\frac{1}{10|}}} = v^{10}{}_{10}p_{40} = \dfrac{c_5}{c_4}$ であるので，次が成立：

$$\ddot{a}_{40:\overline{30|}} = \ddot{a}_{40:\overline{10|}} + A_{40:\overline{\frac{1}{10|}}} \ddot{a}_{50:\overline{20|}}$$
$$= c_2 + \frac{c_3 c_5}{c_4}.$$

3.3

(1) $P_{x:\overline{n|}}$ と $A_{x:\overline{n|}}$ の関係より $d = \dfrac{c_1(1-c_4)}{c_4}$，また

$$v = 1 - d = \frac{c_4 - c_1(1-c_4)}{c_4}$$

となる．

(2) $(IA)_{x:\overline{n|}} = \ddot{a}_{x:\overline{n|}} - d(I\ddot{a})_{x:\overline{n|}}$ と $\ddot{a}_{x:\overline{n|}} = \dfrac{c_4}{c_1}$ より

$$(I\ddot{a})_{x:\overline{n|}} = \frac{(c_4 - c_1 c_3)c_4}{c_1^2(1-c_4)}$$

また，$(I\ddot{a})_{x:\overline{n|}} = \ddot{a}_{x:\overline{n|}} + vp_x(I\ddot{a})_{x+1:\overline{n-1|}}$ であるので，

$$\frac{(c_4 - c_1 c_3)c_4}{c_1^2(1-c_4)} = \frac{c_4}{c_1} + \frac{c_4 - c_1 + c_1 c_4}{c_4} p_x c_2$$

より，

$$p_x = \frac{c_4(c_4 - c_1 c_3 - c_1 + c_1 c_4)}{c_1^2(1-c_4)(c_4 - c_1 + c_1 c_4)c_2}.$$

(3) $\ddot{a}_{x:\overline{n|}} = 1 + vp_x \ddot{a}_{x+1:\overline{n-1|}}$ より

$$\ddot{a}_{x+1:\overline{n-1|}} = \frac{c_1 c_2 (c_4 - c_1)(1 - c_4)}{c_4 - c_1 c_3 - c_1 + c_1 c_4}.$$

3.4

$$\ddot{a}_{30:\overline{20|}} = \frac{1}{d + 0.041019},$$
$$\ddot{a}_{50:\overline{20|}} = \frac{1}{d + 0.04433},$$
$$\ddot{a}_{30:\overline{20|}} + A_{30:\frac{1}{20|}} \cdot \ddot{a}_{50:\overline{20|}} = \ddot{a}_{30:\overline{40|}}$$

より,

$$\frac{1}{d + 0.041019} + \frac{0.64977}{d + 0.04433} = 26.6599$$

が成り立ち，これを整理すると

$$26.6599 d^2 + 0.625626 d - 0.022505 = 0$$

となり，これを解くと, $d = 0.0196$ となる.

3.5

$$P\left(\ddot{a}_{30:\overline{10|}}(v_1) + v_1^{10}{}_{10}p_{30} \cdot \ddot{a}_{40:\overline{10|}}(v_2)\right)$$
$$= K_1 A^1_{30:\overline{10|}}(v_1) + K_2 v_1^{10}{}_{10}p_{30} \cdot A^1_{40:\overline{10|}}(v_2)$$

より，次が成立：

$$P = \frac{K_1 (M_{30}(v_1) - M_{40}(v_1)) + K_2 \dfrac{D_{40}(v_1)}{D_{40}(v_2)}(M_{40}(v_2) - M_{50}(v_2))}{N_{30}(v_1) - N_{40}(v_1) + \dfrac{D_{40}(v_1)}{D_{40}(v_2)}(N_{40}(v_2) - N_{50}(v_2))}.$$

3.6

$$P^* \ddot{a}_{x:\overline{n|}} = A_{x:\frac{1}{n|}} + \alpha + \beta P^* \ddot{a}_{x:\overline{n|}} + \gamma \ddot{a}_{x:\overline{n|}} + P^* \sum_{t=1}^{n} v^t \ddot{s}_{\overline{t|}} \cdot {}_{t-1|}q_x$$

$$= A_{x:\overline{n}|}^{1} + \alpha + \beta P^* \ddot{a}_{x:\overline{n}|} + \gamma \ddot{a}_{x:\overline{n}|} + P^*(\ddot{a}_{x:\overline{n}|} - \ddot{a}_{\overline{n}|} \cdot {}_n p_x)$$

より P^* は次のように求まる：

$$P^* = \frac{A_{x:\overline{n}|}^{1} + \alpha + \gamma \ddot{a}_{x:\overline{n}|}}{\ddot{a}_{\overline{n}|} \cdot {}_n p_x - \beta \ddot{a}_{x:\overline{n}|}} = \frac{c_2 + \alpha + \gamma c_1}{c_3 c_2 - \beta c_1}. \quad (\ddot{a}_{\overline{n}|} \cdot {}_n p_x = \ddot{s}_{\overline{n}|} v^n {}_n p_x)$$

3.7

純保険料ベースでの収支相等の関係式をたてると

$$P \ddot{a}_{x:\overline{f}|} = {}_{f|}\ddot{a}_x + P^*(IA)^1_{x:\overline{f}|}$$

となり，P^* は次のようになる：

$$P^* = \frac{{}_{f|}\ddot{a}_x}{\dfrac{1}{1+c}\ddot{a}_{x:\overline{f}|} - (IA)^1_{x:\overline{f}|}}.$$

3.8

$$\bar{A}_{x:\overline{n}|} = \int_0^n e^{-\delta t} e^{-ct} \cdot c\, dt + e^{-\delta n} e^{-cn}$$

$$= \frac{c}{\delta + c} + \frac{\delta}{\delta + c} e^{-(\delta+c)n},$$

$$\ddot{a}_{x:\overline{n}|} = \sum_{t=0}^{n-1} e^{-(\delta+c)t} = \frac{1 - e^{-(\delta+c)n}}{1 - e^{-(\delta+c)}}.$$

これよりもとの年払い保険料 P_0 は次のようになる：

$$P_0 = \frac{c + \delta e^{-(\delta+c)n}}{\delta + c} \cdot \frac{1 - e^{-(\delta+c)}}{1 - e^{-(\delta+c)n}}.$$

死力を c' だけ増加させ，利力を c' だけ減少させたときの年払い保険料を P_1 とし，$(\delta - c') + (c + c') = \delta + c$ に注意すると，

$$P_1 = \frac{c + c' + (\delta - c')e^{-(\delta+c)n}}{\delta + c} \cdot \frac{1 - e^{-(\delta+c)}}{1 - e^{-(\delta+c)n}}$$

$$= P_0 + \frac{c'(1 - e^{-(\delta+c)})}{\delta + c}$$

となり，次が成立：
$$\frac{c'(1-e^{-(\delta+c)})}{\delta+c} = 0.006.$$

一方，利力を $\frac{1}{2}c'$ だけ増加させ，死力を $\frac{1}{2}c'$ だけ減少させたときの年払い保険料を P_2 とすると，

$$P_2 = \frac{c - \frac{1}{2}c' + \left(\delta + \frac{1}{2}c'\right)e^{-(\delta+c)n}}{\delta + c} \cdot \frac{1-e^{-(\delta+c)}}{1-e^{-(\delta+c)n}}$$
$$= P_0 - \frac{\frac{1}{2}c'(1-e^{-(\delta+c)})}{\delta + c}$$

となるので，保険料は 0.003 だけ減少する．

3.9

(1)
$$\ddot{a}'_{20:\overline{30|}} = \ddot{a}_{20:\overline{10|}} + A_{20:\overline{10|}}^{1}\left(1 + vp'_{30}\ddot{a}_{31:\overline{19|}}\right)$$
$$= \ddot{a}_{20:\overline{10|}} + A_{20:\overline{10|}}^{1}\left(1 + v(p_{30} - c_1)\ddot{a}_{31:\overline{19|}}\right)$$
$$= \ddot{a}_{20:\overline{30|}} - vc_1 A_{20:\overline{10|}}^{1}\ddot{a}_{31:\overline{19|}}$$
$$= b_1 - vc_1 f_1 b_3.$$

(2) まず，
$$\ddot{a}'_{20:\overline{40|}} = \ddot{a}'_{20:\overline{30|}} + A'_{20:\overline{30|}}^{1}\left(1 + vp'_{50}\ddot{a}_{51:\overline{9|}}\right)$$

と変形する．

$$A'_{20:\overline{30|}}^{1} = A_{20:\overline{10|}}^{1} \cdot vp'_{30} \cdot A_{31:\overline{19|}}^{1}$$
$$= A_{20:\overline{10|}}^{1} \cdot v(p_{30} - c_1) \cdot A_{31:\overline{19|}}^{1}$$
$$= A_{20:\overline{30|}}^{1} - A_{20:\overline{10|}}^{1} \cdot vc_1 \cdot A_{31:\overline{19|}}^{1}$$
$$= f_3 - vc_1 f_1 f_2$$

となり，また

$$1 + vp'_{50}\ddot{a}_{51:\overline{9}|} = 1 + v(p_{50} - c_2)\ddot{a}_{51:\overline{9}|}$$
$$= \ddot{a}_{50:\overline{10}|} - vc_2\ddot{a}_{51:\overline{9}|}$$
$$= b_5 - vc_2 b_4$$

となるので次が成立：

$$\ddot{a}'_{20:\overline{40}|} = b_1 - vc_1 f_1 b_3 + (f_3 - vc_1 f_1 f_2)(b_5 - vc_2 b_4).$$

3.10

$$(IA)_x - vq_x - vp_x(IA)_{x+1} = vp_x A_{x+1},$$
$$(IA)_{x+1} + d(I\ddot{a})_{x+1} = \ddot{a}_{x+1}$$

が成り立つので問題の式は

$$\frac{A_{x+1}}{\ddot{a}_{x+1}} = v(1 - e^{-c})$$

となり，$\ddot{a}_{x+1}, A_{x+1}$ は次のようになる：

$$\ddot{a}_{x+1} = \frac{1}{1 - ve^{-c}}, \qquad A_{x+1} = \frac{v(1 - e^{-c})}{1 - ve^{-c}}.$$

3.11

$(x+t, x+t+dt)$ で死亡するとき，$n-t$ が即時に支払われるのであるから $\bar{A}$ は次のように求まる：

$$\bar{A} = \int_0^n (n-t)e^{-\delta t}{}_t p_x \mu_{x+t}\, dt$$
$$= \int_0^n (n-t)e^{-\delta t}\left(-\frac{d}{dt}{}_t p_x\right) dt$$
$$= -[(n-t)e^{-\delta t}{}_t p_x]_0^n - \int_0^n e^{-\delta t}{}_t p_x\, dt - \delta \int_0^n (n-t)e^{-\delta t}{}_t p_x\, dt$$
$$= n - \bar{a}_{x:\overline{n}|} - \delta(n\bar{a}_{x:\overline{n}|} - (\bar{I}\bar{a})_{x:\overline{n}|})$$

$$= n - (n\delta + 1)\bar{a}_{x:\overline{n|}} + \delta(\bar{I}\bar{a})_{x:\overline{n|}}.$$

3.12
$A^1_{x:\overline{n|}}$ は次のようになる：

$$A^1_{x:\overline{n|}} = vq_x + v^2{}_{1|}q_x + \cdots + v^n{}_{n-1|}q_x$$
$$= vq + v^2(1-q)q + v^3(1-q)^2 q + \cdots + v^n(1-q)^{n-1} q$$
$$= vq\left(1 + v(1-q) + v^2(1-q)^2 + \cdots + v^{n-1}(1-q)^{n-1}\right)$$
$$= vq\frac{1 - v^n(1-q)^n}{1 - v(1-q)}.$$

また，$\ddot{a}_{x:\overline{n|}}$ は

$$\ddot{a}_{x:\overline{n|}} = 1 + vp_x + v^2{}_2p_x + \cdots + {}_{n-1}p_x$$
$$= 1 + v(1-q) + v^2(1-q)^2 + \cdots + v^{n-1}(1-q)^{n-1}$$
$$= \frac{1 - v^n(1-q)^n}{1 - v(1-q)}$$

であるので，次が成立：

$$P^1_{x:\overline{n|}} = \frac{A^1_{x:\overline{n|}}}{\ddot{a}_{x:\overline{n|}}} = vq.$$

3.13
まず主契約の営業保険料 P^* は

$$P^* \ddot{a}_{x:\overline{n|}} = K_1(1 - d\ddot{a}_{x:\overline{n|}}) + K_1\alpha_1 + K_1\gamma_1\ddot{a}_{x:\overline{n|}} + \beta_1 P^* \ddot{a}_{x:\overline{n|}}$$

で定まり，$P^* = c_1$ であるので，$\ddot{a}_{x:\overline{n|}}$ は次のようになる：

$$\ddot{a}_{x:\overline{n|}} = \frac{(1+\alpha_1)K_1}{(1-\beta_1)c_1 + (d-\gamma_1)K_1}.$$

(x) が $(x+t-1, x+t)$ で災害で死亡する確率は ${}_{t-1}p_x \cdot c_2$ であるので，

$$\tilde{P}^* \ddot{a}_{x:\overline{n|}} = K_2 \sum_{t=1}^{n} v^t{}_{t-1}p_x \cdot c_2 + K_1\alpha_2 + K_1\gamma_2\ddot{a}_{x:\overline{n|}} + \beta_2 \tilde{P}^* \ddot{a}_{x:\overline{n|}}$$

$$= K_2 v c_2 \ddot{a}_{x:\overline{n}|} + K_1 \alpha_2 + K_1 \gamma_2 \ddot{a}_{x:\overline{n}|} + \beta_2 \tilde{P}^* \ddot{a}_{x:\overline{n}|}$$

となり，$\tilde{P}^*$ は次のように求まる：

$$\tilde{P}^* = \frac{(K_2 v c_2 + K_1 \gamma_2)\ddot{a}_{x:\overline{n}|} + K_1 \alpha_2}{(1-\beta_2)\ddot{a}_{x:\overline{n}|}}$$

$$= \frac{K_2 v c_2 + K_1 \gamma_2}{1-\beta_2} + \frac{\alpha_2}{1-\beta_2} \cdot \frac{(1-\beta_1)c_1 + (d-\gamma_1)K_1}{1+\alpha_1}.$$

3.14

(A) $\quad v^{t-1}{}_{t-1}p_x \cdot v^{\frac{1}{2}} \left(\sum\limits_{j=5}^{124} c_j(j-4) + 120 \sum\limits_{j=125}^{\infty} c_j \right) K$

(B) $\quad \ddot{a}_{x:\overline{n}|} \cdot v^{\frac{1}{2}} \cdot \left(\sum\limits_{j=5}^{124} c_j(j-4) + 120 \sum\limits_{j=125}^{\infty} c_j \right) K$

(C) $\quad v^{\frac{1}{2}} \left(\sum\limits_{j=5}^{124} c_j(j-4) + 120 \sum\limits_{j=125}^{\infty} c_j \right) K$

● ── 第 4 章演習問題

4.1

(1) 収支相等の関係式より

$$P\ddot{a}_{35:\overline{30}|} = P(IA)^1_{35:\overline{30}|} + {}_{30|}\ddot{a}_{35:\overline{20}|} + A^{\ 1}_{35:\overline{30}|} \cdot \frac{1}{2}(\ddot{a}_{\overline{20}|} - \ddot{a}_{65:\overline{20}|})$$

となり，

$$P = \frac{{}_{30|}\ddot{a}_{35:\overline{20}|} + A^{\ 1}_{35:\overline{30}|} \cdot \frac{1}{2}(\ddot{a}_{\overline{20}|} - \ddot{a}_{65:\overline{20}|})}{\ddot{a}_{35:\overline{30}|} - (IA)^1_{35:\overline{30}|}}$$

となる．

(2) (35) が l_{35} 人この年金に加入するとして，初年度から 5 年度までの収入と支出を表にすると表 A.1 のようになる．

5 年度末の過去法による責任準備金を ${}_5V^P$ とすると，

$${}_5V^P l_{40} = P\left((1+i)^5 l_{35} + \cdots + (1+i)l_{39}\right)$$

$$- P\left((1+i)^4 d_{35} + 2(1+i)^3 d_{36} + \cdots + 5d_{39}\right)$$

表 A.1

	35	36	37	...	39	40
収入	Pl_{35}	Pl_{36}	Pl_{37}	...	Pl_{39}	0
支出	0	Pd_{35}	$2Pd_{36}$	...	$4Pd_{38}$	$5Pd_{39}$

となり，これを計算基数で表すと

$$D_{40} \cdot {}_5V^P = P(D_{35} + \cdots + D_{39}) - P(C_{35} + 2C_{36} + \cdots + 5C_{39})$$
$$= P(N_{35} - N_{40}) - P(R_{35} - R_{40} - 5M_{40})$$

となるので，

$$_5V^P = P\frac{(N_{35} - N_{40}) - (R_{35} - R_{40} - 5M_{40})}{D_{40}}$$

となる．

(3) 将来法による 5 年度末の責任準備金を ${}_5V^F$ とすると，

$$_5V^F = 5PA^1_{40:\overline{25|}} + P(IA)^1_{40:\overline{25|}} + {}_{25|}\ddot{a}_{40:\overline{25|}}$$
$$+ A_{40:\overline{25|}} \cdot \frac{1}{2}(\ddot{a}_{\overline{20|}} - \ddot{a}_{65:\overline{20|}}) - P\ddot{a}_{40:\overline{25|}}$$

となる．

4.2

(1) **解答のポイント**：責任準備金の再帰式から死亡給付がどのように与えられているのかを読み取る．

(i) 5 年以内の死亡に対しては死亡年度末にその年度末の責任準備金を支払う．

(ii) 35 歳から 50 歳までの死亡に対しては，死亡年度末に K_1 を支払う．

(iii) 50 歳から 60 歳までの死亡に対しては，死亡年度末に K_2 を支払う．

将来法で 5 年度末の責任準備金 ${}_5V$ を求めると，

$$_5V = K_1 \cdot A^1_{35:\overline{15|}} + K_2 \cdot {}_{15|}A^1_{35:\overline{10|}} - P\ddot{a}_{35:\overline{25|}}$$

となる.

$t = 1, \cdots, 5$ のときの再帰式は
$$Pv^{t-1} + v^{t-1}{}_{t-1}V = v^t{}_t V \qquad (t = 1, \cdots, 5)$$
となるので, $t = 1$ から $t = 5$ までの式を辺々足し合わせると,
$$P\ddot{a}_{\overline{5}|} = v^5{}_5 V$$
となり, 上の $_5V$ の式と合わせて,
$$(\ddot{s}_{\overline{5}|} + \ddot{a}_{35:\overline{25}|})P = K_1 \cdot A^1_{35:\overline{25}|} + K_2 \cdot {}_{15|}A^1_{35:\overline{10}|}$$
より
$$P = \frac{K_1 \cdot A^1_{35:\overline{25}|} + K_2 \cdot {}_{15|}A^1_{35:\overline{10}|}}{\ddot{s}_{\overline{5}|} + \ddot{a}_{35:\overline{25}|}}$$
となる.

(2) $t = 4, t = 5$ のときの再帰式より
$$_3V = v^2 {}_5V - P\ddot{a}_{\overline{2}|}$$
であるので,
$$_3V = v^2(K_1 \cdot A^1_{35:\overline{15}|} + K_2 \cdot {}_{15|}A^1_{35:\overline{10}|} - P\ddot{a}_{35:\overline{25}|}) - P\ddot{a}_{\overline{2}|}$$
となる.

4.3

まず将来法で $_{10}V$ を求めると
$$_{10}V = K_1 A^1_{x+10:\overline{20}|} + K_2 A_{x+10:\overline{20}|}{}^{\;1} - P\ddot{a}_{x+10:\overline{20}|}$$
となる.

$t = 1$ から $t = 5$ までの再帰式は
$$PD_{x+t-1} + {}_{t-1}VD_{x+t-1} = tC_{x+t-1}P + {}_tVD_{x+t}$$
となり, これの両辺を $t = 1$ から $t = 5$ まで足し合わせると,

$$P(N_x - N_{x+5}) = (R_x - R_{x+5} - 5M_{x+5})P + {}_5VD_{x+5}$$

となる.

また, $t=6$ から $t=10$ までの再帰式は

$$Pv^{t-1} + v^{t-1}{}_tV = v^t{}_tV \qquad (t=6,\cdots,10)$$

であるので, これらより

$$P\ddot{a}_{\overline{5}|} + {}_5V = v^5{}_{10}V$$

となる.

3つの式を合わせると,

$$P\left\{\ddot{a}_{\overline{5}|}D_{x+10} + \frac{D_{x+10}}{D_{x+5}}(N_x - N_{x+5} - (R_x - R_{x+5} - 5M_{x+5}))\right.$$
$$\left. + v^5(N_{x+10} - N_{x+30})\right\}$$
$$= v^5\left(K_1(M_{x+10} - M_{x+30}) + K_2 D_{x+30}\right)$$

となり, これより P が求まる.

4.4

責任準備金の再帰式をたてると

$${}_{t-1}V + P = vp_{30+t-1}{}_tV + (1 + {}_tV)vq_{30+t-1} \qquad (t=1,\cdots,30)$$

となる.

$q_{30+t} = c(1+i)^t$ を用いると

$$v^{t-1}{}_{t-1}V + v^{t-1}P = v^t{}_tV + cv$$

が成り立ち, $t=1,\cdots,30$ について辺々足し合わせると, ${}_{30}V = K$ であるので

$$P\ddot{a}_{\overline{30}|} = Kv^{30} + 30cv$$

となり,

$$P = \frac{Kv^{30} + 30cv}{\ddot{a}_{\overline{30|}}}$$

となる.

4.5

次の式に注意する：

$$_5V_{30:\,\overline{20|}} = 1 - \frac{\ddot{a}_{35:\,\overline{15|}}}{\ddot{a}_{30:\,\overline{20|}}},$$

$$_8V_{35:\,\overline{15|}} = 1 - \frac{\ddot{a}_{43:\,\overline{7|}}}{\ddot{a}_{35:\,\overline{15|}}},$$

$$_6V_{43:\,\overline{7|}} = 1 - \frac{\ddot{a}_{49:\,\overline{1|}}}{\ddot{a}_{43:\,\overline{7|}}}.$$

これらより

$$\frac{\ddot{a}_{35:\,\overline{15|}}}{\ddot{a}_{30:\,\overline{20|}}} \cdot \frac{\ddot{a}_{43:\,\overline{7|}}}{\ddot{a}_{35:\,\overline{15|}}} \cdot \frac{\ddot{a}_{49:\,\overline{1|}}}{\ddot{a}_{43:\,\overline{7|}}} = (1-c_1)(1-c_2)(1-c_3)$$

となり,

$$\ddot{a}_{30:\,\overline{20|}} = \frac{1}{(1-c_1)(1-c_2)(1-c_3)}$$

となる.

4.6

$$_tP^r = P_{x:\,\overline{n|}} - {}_tP^s = P_{x:\,\overline{n|}} - (v\, {}_tV_{x:\,\overline{n|}} - {}_{t-1}V_{x:\,\overline{n|}})$$

に注意して

$$\sum_{t=1}^{n} v^{t-1}{}_tP^r = P_{x:\,\overline{n|}}\ddot{a}_{\overline{n|}} - \sum_{t=1}^{n}(v^t\, {}_tV_{x:\,\overline{n|}} - v^{t-1}\,{}_{t-1}V_{x:\,\overline{n|}})$$

$$= \ddot{a}_{\overline{n|}}P_{x:\,\overline{n|}} - (v^n\,{}_nV_{x:\,\overline{n|}} - {}_0V_{x:\,\overline{n|}})$$

より,

$$P_{x:\,\overline{n|}} - \frac{\sum_{t=1}^{n}v^{t-1}{}_tP^r}{\ddot{a}_{\overline{n|}}} = \frac{v^n}{\ddot{a}_{\overline{n|}}} = \frac{1}{\ddot{s}_{\overline{n|}}}$$

となり，$(A) = \ddot{s}_{\overline{n|}}$.

4.7

営業年払い保険料を P^* とすると，

$$P^* \ddot{a}_{20:\overline{40|}} = A_{20:\overline{40|}} + \alpha + \beta P^* \ddot{a}_{20:\overline{40|}} + \gamma \ddot{a}_{20:\overline{40|}}$$

より，

$$P^* = \frac{1 - c_1 c_2 + \alpha + \gamma c_1}{(1 - \beta) c_1}$$

また，初年度の純保険料を P_1，2 年度以降の純保険料を P_2 とすると，

$$P_2 - P_1 = \alpha',$$

$$P_1 + P_2 (\ddot{a}_{20:\overline{40|}} - 1) = A_{20:\overline{40|}}$$

であるので

$$P_1 = \frac{1 - c_1 c_2 + \alpha'(1 - c_1)}{c_1}, \quad P_2 = \frac{1 + \alpha' - c_1 c_2}{c_1}$$

となる．

したがって，初年度の付加保険料は

$$P^* - P_1 = \frac{\alpha - \alpha' + \beta + \alpha' \beta + (\gamma + \alpha' - \alpha' \beta) c_1 - \beta c_1 c_2}{(1 - \beta) c_1}$$

となり，2 年度以降の付加保険料は

$$P^* - P_2 = \frac{\alpha - \alpha' + \beta + \alpha' \beta + \gamma c_1 - \beta c_1 c_2}{(1 - \beta) c_1}$$

となる．

4.8

$$_{10}V_{31:\overline{34|}} = 1 - \frac{\ddot{a}_{41:\overline{24|}}}{\ddot{a}_{31:\overline{34|}}},$$

$$_{11}V^{[z]}_{30:\overline{35|}} = {}_{11}V_{30:\overline{35|}} - \alpha \frac{\ddot{a}_{41:\overline{24|}}}{\ddot{a}_{30:\overline{35|}}}$$

$$= 1 - (\alpha + 1)\frac{\ddot{a}_{41:\overline{24|}}}{\ddot{a}_{30:\overline{35|}}}$$

であるので，問題の仮定より

$$\frac{\ddot{a}_{41:\overline{24|}}}{\ddot{a}_{31:\overline{34|}}} = (\alpha + 1)\frac{\ddot{a}_{41:\overline{24|}}}{\ddot{a}_{30:\overline{35|}}}$$

となり，

$$\alpha = \frac{\ddot{a}_{30:\overline{35|}}}{\ddot{a}_{31:\overline{34|}}} - 1 = \frac{1 + (vp_{30} - 1)\ddot{a}_{31:\overline{34|}}}{\ddot{a}_{31:\overline{34|}}}$$

$$= P_{31:\overline{34|}} + d + vp_{30} - 1$$

$$= P_{31:\overline{34|}} - vq_{30} = c_1 - c_2 c_3.$$

4.9

仮定より

$$1 - \frac{\ddot{a}'_{x+t:\overline{n-t|}}}{\ddot{a}'_{x:\overline{n|}}} = 1 - \frac{\ddot{a}_{x+t:\overline{n-t|}}}{\ddot{a}_{x:\overline{n|}}} \qquad (0 \leqq t \leqq n-2)$$

が成り立つので

$$\frac{\ddot{a}'_{x:\overline{n|}}}{\ddot{a}_{x:\overline{n|}}} = \frac{\ddot{a}'_{x+t:\overline{n-t|}}}{\ddot{a}_{x+t:\overline{n-t|}}} = c$$

となるので

$$\begin{cases} \ddot{a}'_{x+t:\overline{n-t|}} = c\ddot{a}_{x+t:\overline{n-t|}} \\ \ddot{a}'_{x+t+1:\overline{n-t-1|}} = c\ddot{a}_{x+t+1:\overline{n-t-1|}} \end{cases}$$

が成り立つ．

上の式より

$$1 + vp'_{x+t}\ddot{a}'_{x+t+1:\overline{n-t-1|}} = c(1 + vp_{x+t}\ddot{a}_{x+t+1:\overline{n-t-1|}}).$$

下の式を用いると

$$1 + vc(1 - q'_{x+t})\ddot{a}_{x+t+1:\overline{n-t-1|}} = c + vc(1 - q_{x+t})\ddot{a}_{x+t+1:\overline{n-t-1|}}$$

が成り立ち，
$$q'_{x+t} = q_{x+t} + \frac{1-c}{cv \cdot \ddot{a}_{x+t+1:\overline{n-t-1}|}}$$
が成り立つ．

4.10
r 年度までの死亡給付金が $_tV$ であり，$r+1$ 年度以降の死亡給付金が 1 であることに注意する．

(1) 責任準備金の再帰式をたてると，$1 \leqq t \leqq r$ のとき
$$_{t-1}V + P = vq_{x+t\,t}V + vp_{x+t\,t}V$$
となるので
$$v^{t-1}{}_{t-1}V + Pv^{t-1} = v^t{}_tV \qquad (t=1,\cdots,r)$$
となる．この両辺を $t=1,\cdots,r$ について辺々足し合わせると
$$_rV = P\frac{\ddot{a}_{\overline{r}|}}{v^r} = P\,\ddot{s}_{\overline{r}|}$$
となる．

(2) $r+1$ 年度以降の死亡給付金は 1 なので
$$_rV = A^{\,1}_{x+r:\overline{n-r}|} + 2A_{x+r:\overline{\frac{1}{n-r}|}} - P\ddot{a}_{x+r:\overline{n-r}|}.$$

(3) (1) と (2) の結果より
$$P\ddot{s}_{\overline{r}|} = \frac{M_{x+r} - M_{x+n} + 2D_{x+n}}{D_{x+r}} - P\frac{N_{x+r} - N_{x+n}}{D_{x+r}}$$
となり，
$$P = \frac{M_{x+r} - M_{x+n} + 2D_{x+n}}{N_{x+r} - N_{x+n} + \ddot{s}_{\overline{r}|}D_{x+r}}$$
となる．

4.11

(4.7) より

$$c_0 = P_{x+1:\overline{n-1|}} - vq_x$$
$$= \frac{1}{\ddot{a}_{x+1:\overline{n-1|}}} - d - vq_x.$$

$\ddot{a}_{x:\overline{n|}}$ に関する再帰式より

$$\ddot{a}_{x+1:\overline{n-1|}} = \frac{\ddot{a}_{x:\overline{n|}} - 1}{vp_x} = \frac{c_2 - 1}{vp_x}$$

であるので,

$$c_0 = \frac{1 - dc_2 - c_2 vq_x}{c_2 - 1}$$

となり,

$$d = \frac{1 - c_1}{c_2}, \quad v = \frac{c_1 + c_2 - 1}{c_2}$$

であるので,

$$q_x = \frac{c_1 - c_0 c_2 + c_0}{c_1 + c_2 - 1}$$

となる.

4.12

まず, 次式に注意する:

$$p'_{x+t} = p_{x+t} - (1-c)p_{x+t},$$
$$_tp'_x = c^t {}_tp_x,$$
$$q'_{x+t} = q_{x+t} + (1-c)p_{x+t}.$$

責任準備金再帰式より

$$P'_{x:\overline{n|}} + {}_{t-1}V'_{x:\overline{n|}} = vq'_{x+t-1} + vp'_{x+t-1} {}_tV'_{x:\overline{n|}},$$
$$P_{x:\overline{n|}} + {}_{t-1}V_{x:\overline{n|}} = vq_{x+t-1} + vp_{x+t-1} {}_tV_{x:\overline{n|}}.$$

辺々引くことにより，

$$(P'_{x:\overline{n}|} - P_{x:\overline{n}|}) + \Delta_{t-1}V$$
$$= vp'_{x+t-1}\Delta_t V + \frac{v(1-c)}{c}p'_{x+t-1} - \frac{v(1-c)}{c}p'_{x+t-1} {}_tV_{x:\overline{n}|}$$

となるので，(A) $\dfrac{v(1-c)}{c}$，(B) $\dfrac{v(1-c)}{c}$．

この両辺に $v^{x+t-1}l'_{x+t-1}$ を掛けると，

$$(P'_{x:\overline{n}|} - P_{x:\overline{n}|})D'_{x+t-1} + \Delta_{t-1}VD'_{x+t-1}$$
$$= \Delta_t V D'_{x+t} + \frac{1-c}{c}\left(1 - {}_tV_{x:\overline{n}|}\right)D'_{x+t}$$

となるので，(C) $\dfrac{1-c}{c}\left(1 - {}_tV_{x:\overline{n}|}\right)$ となる．

$t = 1, \cdots, n$ について和を取り，さらに両辺を $D'_x = v^x l'_x$ で割ると

$$(P'_{x:\overline{n}|} - P_{x:\overline{n}|})\ddot{a}'_{x:\overline{n}|} = \frac{1-c}{c}\sum_{t=1}^{n} v^t {}_tp_x c^t(1 - {}_tV_{x:\overline{n}|})$$

となるので，(D) $\dfrac{1-c}{c}$，(E) $c^t(1 - {}_tV_{x:\overline{n}|})$ となる．

●──第 5 章演習問題

5.1

(1) ${}_tp_x \mu_{x+t}$ は (x) の余命の確率密度関数であるので，

$$\int_0^\infty {}_tp_x \mu_{x+t}\, dt = c\int_0^\infty te^{-3t} = \frac{c}{9}\Gamma(2) = 1$$

より，$c = 9$ となる．

また，

$$-\frac{d}{du}{}_up_x = 9ue^{-3u}$$

の両辺を u について 0 から t まで積分すると

$$-\int_0^t \frac{d}{du}{}_up_x\, du = 9\int_0^t ue^{-3u}\, du$$

より
$$1 - {}_tp_x = 9\left[-\frac{e^{-3u}}{3}\left(u + \frac{1}{3}\right)\right]_0^t$$
となり，${}_tp_x = e^{-3t}(3t+1)$ となる．
$$dx = l_x q_x = l_x(1 - p_x) = l_x(1 - 4e^{-3}),$$
また L_x は次のようにして求まる：
$$L_x = l_x \int_0^1 {}_tp_x\, dt = l_x \int_0^1 e^{-3t}(3t+1)\, dt$$
$$= l_x\left[-\frac{e^{-3t}}{3}\left(3t + 1 + \frac{3}{3}\right)\right]_0^1$$
$$= \frac{l_x}{3}(2 - 5e^{-3})$$
したがって，$m_x = \dfrac{3(e^3 - 4)}{2e^3 - 5}$ となる．

よって，(A) 9, (B) $\dfrac{3(e^3 - 4)}{2e^3 - 5}$ となる．

(2) 題意から以下の関係式がえられる：

- $T_0 = c_1$
- $l_0 = c_2$
- $l_{30} = c_3$
- $\dfrac{T_0 - T_{30} - 30l_{30}}{l_0 - l_{30}} = 23$
- $l_{30} - l_{40} = c_4$
- $T_{30} - T_{40} = c_5$

これより，$T_{30} = c_1 - 23c_2 - 7c_3$, $T_{40} = c_1 - 23c_2 - 7c_3 - c_5$ となり，30 歳と 40 歳の間で死亡する人の死亡時の平均年齢は
$$30 + \frac{T_{30} - T_{40} - 10l_{40}}{l_{30} - l_{40}} = 30 + \frac{c_5 - 10(c_3 - c_4)}{c_4}$$
となるので，

(C) $c_1 - 23c_2 - 7c_3$, (D) $c_1 - 23c_2 - 7c_3 - c_5$,

(E) $30 + \dfrac{c_5 - 10(c_3 - c_4)}{c_4}$.

5.2

(1)
$$-\frac{d}{du}{}_up_x = \frac{e^{-cu}}{b^2}(cu^2 - 2(1+bc)u + b^2c + 2b)$$

であるので，u について 0 から t まで積分すると，

$$1 - {}_tp_x = \int_0^t \frac{e^{-cu}}{b^2}(cu^2 - 2(1+bc)u + b^2c + 2b)\,du$$
$$= \frac{1}{b^2}\left[-\frac{e^{-cu}}{c}\left\{cu^2 - 2(1+bc)u + 2b + b^2c\right.\right.$$
$$\left.\left.+\frac{2cu - 2(1+bc)}{c} + \frac{2c}{c^2}\right\}\right]_0^t$$
$$= 1 - \frac{e^{-ct}}{b^2}(b-t)^2$$

より，
$${}_tp_x = \frac{e^{-ct}}{b^2}(b-t)^2$$

となる．

(2)
$$\int_0^1 {}_up_x\mu_{x+u}\,du = \int_0^1 \frac{e^{-cu}}{b^2}(cu^2 - 2(1+bc)u + b^2c + 2b)\,du$$
$$= 1 - \frac{e^{-c}}{b^2}(b-1)^2$$

となり，
$$\int_0^1 {}_up_x du = \int_0^1 \frac{e^{-cu}}{b^2}(u-b)^2\,du$$
$$= \frac{1}{b^2}\left[-\frac{e^{-cu}}{c}\left((t-b)^2 + \frac{2(t-b)}{c} + \frac{2}{c^2}\right)\right]_0^1$$

$$= \frac{1}{b^2 c^3} \Big\{ \big(b^2 c^2 - 2bc + 2 \big) \\ - e^{-c} \big(c^2(b-1)^2 - 2c(b-1) + 2 \big) \Big\}$$

となるので,
$$m_x = \frac{b^2 c^3 - c^3 e^{-c}(b-1)^2}{(b^2 c^2 - 2bc + 2) - e^{-c}\left(c^2(b-1)^2 - 2c(b-1) + 2\right)}$$

となる.

5.3

(1) まず $_tp_0$ を求めると
$$_tp_0 = \Big(\frac{100-t}{100}\Big)^\alpha$$

となる. これより,
$$T_0 = a\int_0^{100} \Big(\frac{100-t}{100}\Big)^\alpha dt$$
$$= \frac{100a}{\alpha+1}$$

となるので,
$$\frac{100}{\alpha+1} = \frac{200}{3}$$

となり, $\alpha = \frac{1}{2}$ となる.

(2) 定常社会の総年齢を求めると
$$a\int_0^{100} t\Big(\frac{100-t}{100}\Big)^{\frac{1}{2}} dt$$
$$= 10000a \int_0^1 (1-u) u^{\frac{1}{2}} \, du \qquad \Big(\frac{100-t}{100} = u\Big)$$
$$= 10000a \cdot B\Big(2, \frac{3}{2}\Big)$$

$$= 10000a \frac{\Gamma(2)\Gamma\left(\frac{3}{2}\right)}{\Gamma\left(\frac{7}{2}\right)} = 10000a \frac{\frac{1}{2}\Gamma\left(\frac{1}{2}\right)}{\frac{5}{2} \cdot \frac{3}{2} \cdot \frac{1}{2}\Gamma\left(\frac{1}{2}\right)}$$

$$= \frac{8000a}{3}$$

となる.

したがって，定常社会の平均年齢は

$$\frac{\frac{8000a}{3}}{\frac{200a}{3}} = 40$$

となる.

5.4

(1) $T_0 = \dfrac{a_0}{c_1}$.

(2) レキシスの図形において死力は次の図 A.1 のようになる.

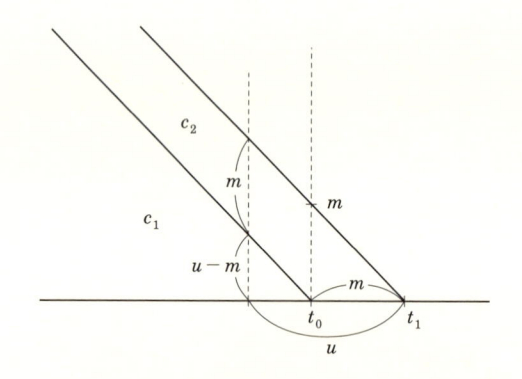

図 A.1

これより，$_u p_0$ は次のようになる：

(i) $0 \leqq u \leqq m$ のとき

$$_u p_0 = e^{-c_2 u}.$$

(ii) $m < u$ のとき

$$_u p_0 = e^{-c_1(u-m)} \cdot e^{-c_2 m} = e^{-(c_2-c_1)m} \cdot e^{-c_1 u}.$$

これより

$$\begin{aligned}
T_0^{(1)} &= a_0 \int_0^\infty {}_u p_0 \, du \\
&= a_0 \int_0^m e^{-c_2 u} \, du + a_0 e^{-(c_2-c_1)m} \int_m^\infty e^{-c_1 u} \, du \\
&= \frac{a_0}{c_2} + a_0 \left(\frac{1}{c_1} - \frac{1}{c_2} \right) e^{-c_2 m}
\end{aligned}$$

となり,人口減少率は

$$\frac{T_0 - T_0^{(1)}}{T_0} = c_1 \left(1 - e^{-c_2 m} \right) \left(\frac{1}{c_1} - \frac{1}{c_2} \right)$$

となる.

(3) レキシスの図形において死力は次の図 A.2 のようになる.

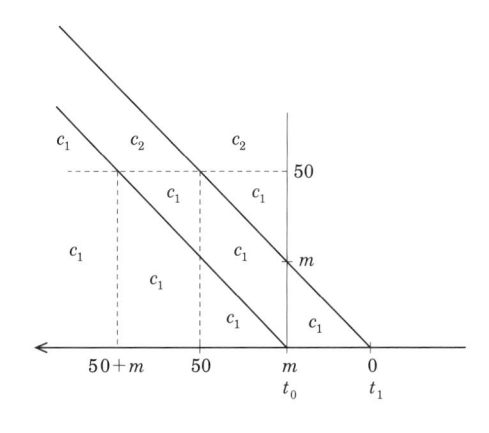

図 **A.2**

ここで,t_1 を原点にとり,負の方向に座標 u をとる.

(i) $0 \leqq u \leqq 50$ のとき

$$_u p_0 = e^{-c_1 u}.$$

(ii) $50 < u < 50+m$ のとき

$$_u p_0 = e^{-50c_1} \cdot e^{-(u-50)c_2} = e^{50(c_2-c_1)} \cdot e^{-c_2 u}.$$

(iii) $50+m < u$ のとき

$$_u p_0 = e^{-(u-m)c_1} \cdot e^{-mc_2} = e^{-(c_2-c_1)m} \cdot e^{-c_1 u}$$

となるので

$$T_0^{(2)} = a_0 \int_0^{50} e^{-c_1 u} du + a_0 e^{50(c_2-c_1)} \int_{50}^{50+m} e^{-c_2 u} du$$
$$+ a_0 e^{-(c_2-c_1)m} \int_{50+m}^{\infty} e^{-c_1 u} du$$
$$= \frac{a_0}{c_1}(1 - e^{-50c_1}) + \frac{e^{-50c_1}}{c_2} a_0 (1 - e^{-c_2 m}) + \frac{e^{-50c_1 - c_2 m}}{c_1} \cdot a_0$$

となる.

5.5

$T_0 = 3a$ とすると,仮定から $T_m = 2a$, $T_{m+k} = a$ となる.
また次の2つの式が成り立つ:

$$\begin{cases} \dfrac{T_m - T_{m+k} - k l_{m+k}}{l_m - l_{m+k}} = b \\ \dfrac{T_{m+k}}{l_{m+k}} = c \end{cases}$$

(1) $l_{m+k} = \dfrac{a}{c}$.

(2) $l_m = \dfrac{a}{bc}(b - k + c)$.

(3) $m + \dfrac{T_m}{l_m} = m + \dfrac{2bc}{b-k+c}$.

●──第6章演習問題

6.1

(A1) $_{t-1|}q_x^{aa}$ (A2) $_{t-1|}q_x^{(i)}$ (B1) $_{t-1|}q_x^{aa} + {}_{t-1|}q_x^{(i)}$ (B2) $_n p_x^{aa}$
(C1) $\bar{a}_{\overline{t|}}$ (C2) μ_{x+t}^{ad} (C3) μ_{x+t}^{ai} (C4) $\bar{a}_{\overline{n|}}\, {}_n p_x^{aa}$

(3) [(C1)～(C4)] の証明

$$\int_0^n \bar{a}_{\overline{t}|} {}_tp_x^{aa} \left(\mu_{x+t}^{ad} + \mu_{x+t}^{ai}\right) dt + \bar{a}_{\overline{n}|} {}_np_x^{aa}$$
$$= \frac{1}{\delta} \int_0^n \left(1 - e^{-\delta t}\right) \left(-\frac{d}{dt} {}_tp_x^{aa}\right) dt + \bar{a}_{\overline{n}|} {}_np_x^{aa}$$
$$= \frac{1}{\delta} \left\{ \left[-(1 - e^{-\delta t}) {}_tp_x^{aa}\right]_0^n + \delta \int_0^n e^{-\delta t} {}_tp_x^{aa} dt \right\} + \bar{a}_{\overline{n}|} {}_np_x^{aa}$$
$$= -\frac{1}{\delta}(1 - e^{-\delta t}) {}_np_x^{aa} + \bar{a}_{x:\,\overline{n}|}^{aa} + \bar{a}_{\overline{n}|} {}_np_x^{aa}$$
$$= \bar{a}_{x:\,\overline{n}|}^{aa}.$$

(D)　$v^{10} {}_{10}p_{25}^{aa} \cdot a_{35:\,\overline{25}|}^{ai} + v^{10} {}_{10}p_{25}^{ai} \cdot a_{35:\,\overline{25}|}^{i}$

注意　(D) の第 2 項を $v^{10} {}_{10}p_{25}^{ai} \ddot{a}_{35:\,\overline{26}|}^{i}$ とする解答をよく見かける．35 歳時点で就業不能者として生存しているのだから，35 歳時点での給付を含めれば期始払いとなり，最後 60 歳時点での給付も込めれば 26 年契約になるはずだという論理であろう．しかし，35 歳時点での給付は $a_{25:\,\overline{10}|}^{ai}$ に含まれていることに注意しよう．

(5)　20 歳の就業者が就業者でなくなった年度末から 40 年度末まで年額 1 の確定年金が支払われる年金の現価に関する問題である．(E1) $a_{\overline{40}|}$, (E2) $a_{20:\,\overline{40}|}^{aa}$.

(6)　(6.8) より (F) ${}_tp_x^{aa} \mu_{x+t}^{ai}$.

(7)　${}_tp_x^{ai} = {}_tq_x^{(i)} - {}_tq_x^{ai}$ であるので，(G1) ${}_tp_x^{aa}\mu_{x+t}^{ai}$, (G2) ${}_tp_x^{ai}\mu_{x+t}^{id}$ となる．

(8)　(H) $v^{n_1} {}_{n_1}p_x^{aa} \cdot A_{x+n_1:\,\overline{n_2}|}^{1\,ai} + v^{n_1} {}_{n_1}p_x^{ai} \cdot A_{x+n_1:\,\overline{n_2}|}^{1\,i}$.

6.2

$l_x - l_{x+1} = c$ となり，$d_x^A = d_x^B, d_x^C = 2d_x^A$ であるので，$4d_x^A = c$ となり，

$$d_x^A = \frac{c}{4}, \quad d_x^B = \frac{c}{4}, \quad d_x^C = \frac{c}{2}$$

となる.

一方,
$$q_x^{A*} = \frac{q_x^A}{1 - \frac{1}{2}(q_x^B + q_x^C)}, \quad q_x^{C*} = \frac{q_x^C}{1 - \frac{1}{2}(q_x^A + q_x^B)}$$

であるので,
$$q_x^{A*} = \frac{d_x^A}{l_x - \frac{1}{2} \cdot 3d_x^A} = \frac{2c}{(8a - 3c) - 8cx},$$

$$q_x^{C*} = \frac{d_x^C}{l_x - d_x^A} = \frac{2c}{(4a - c) - 4cx}.$$

6.3

(1) $\quad {}_{10}p_{30}^{ai} = \frac{l_{40}^{ii} - l_{30}^{ii} {}_{10}p_{30}^{i}}{l_{30}^{aa}} \Longrightarrow c_6 = \frac{c_3 - c_2 {}_{10}p_{30}^{i}}{c_1}$ より

$${}_{10}p_{30}^i = \frac{c_3 - c_1 c_6}{c_2}.$$

また
$${}_{10|}q_{30}^{ai} = \frac{d_{40}^{ii} - l_{30}^{ii} {}_{10|}q_{30}^{i}}{l_{30}^{aa}} \Longrightarrow c_5 = \frac{c_4 - c_2 \cdot {}_{10|}q_{30}^i}{c_2}$$

より
$${}_{10|}q_{30}^i = \frac{c_4 - c_1 c_5}{c_2}$$

となり. 次がえられる:
$${}_{11}p_{30}^i = {}_{10}p_{30}^i - {}_{10|}q_{30}^i = \frac{c_3 - c_4 - c_1 c_6 + c_1 c_5}{c_2},$$

$$p_{40}^i = \frac{{}_{11}p_{30}^i}{{}_{10}p_{30}^i} = \frac{c_3 - c_1 c_6 - c_4 + c_1 c_5}{c_3 - c_1 c_6} \Longrightarrow q_{40}^i = \frac{c_4 - c_1 c_5}{c_3 - c_1 c_6}.$$

一方, i_{40} が次のようにして求まる:

$$q^i_{40} = \frac{d^{ii}_{40}}{l^{ii}_{40} + \frac{1}{2}i_{40}} \Longrightarrow i_{40} = \frac{2c_1(c_3 c_5 - c_4 c_6)}{c_4 - c_1 c_5}.$$

(2) 就業者でなくなったとき，その期末から第 35 年度始めまで支給される年額 1 の確定年金の現価は $\ddot{a}_{\overline{35|}} - \ddot{a}^{aa}_{30\,:\,\overline{35|}}$ であるので，収支相等の関係式は

$$P\ddot{a}^{aa}_{30\,:\,\overline{35|}} = \ddot{a}_{\overline{35|}} - \ddot{a}^{aa}_{30\,:\,\overline{35|}} + A^{1\,ai}_{30\,:\,\overline{35|}}$$

となり，(D) $\dfrac{\ddot{a}_{\overline{35|}} - \ddot{a}^{aa}_{30\,:\,\overline{35|}} + A^{1\,ai}_{30\,:\,\overline{35|}}}{\ddot{a}^{aa}_{30\,:\,\overline{35|}}}$ となる．

また，就業不能者は確定年金を受給しており，保険料払い込みは免除されているので，(E) $\ddot{a}_{\overline{25|}} + A^{1\,i}_{40\,:\,\overline{25|}}$ となる．

(3) 収支相等の関係式は

$$\begin{aligned}P\ddot{a}^{aa}_{35\,:\,\overline{30|}} &= P\sum_{t=1}^{30} v^t({}_{t-1|}q^{aa}_{35} + {}_{t-1|}q^{(i)}_{35}) \cdot \ddot{s}_{\overline{t|}} \\ &\quad + K_1(v^{30}{}_{30}p^{aa}_{35} + v^{30}{}_{30}p^{ai}_{35}) + K_2 A^{1\,ai}_{35\,:\,\overline{30|}} \\ &= P(\ddot{a}^{aa}_{35\,:\,\overline{30|}} - \ddot{a}_{\overline{30|}} \cdot {}_{30}p^{aa}_{35}) \\ &\quad + K_1(v^{30}{}_{30}p^{aa}_{35} + v^{30}{}_{30}p^{ai}_{35}) + K_2 A^{1\,ai}_{35\,:\,\overline{30|}}\end{aligned}$$

より (F) $\dfrac{K_1(v^{30}{}_{30}p^{aa}_{35} + v^{30}{}_{30}p^{ai}_{35}) + K_2 A^{1\,ai}_{35\,:\,\overline{30|}}}{\ddot{a}_{\overline{30|}} \cdot {}_{30}p^{aa}_{35}}$ となる．

6.4

脱退率 $q^A_{30}, q^A_{31}, q^B_{30}, q^B_{31}$ と生存率 p^*_{30} は次のようになる：

$$\begin{aligned}q^A_{30} &= q^A_{31} = c_1\left(1 - \frac{1}{2}c_2\right), \\ q^B_{30} &= q^B_{31} = c_2\left(1 - \frac{1}{2}c_1\right), \\ p^*_{30} &= (1-c_1)(1-c_2).\end{aligned}$$

(1) $\ddot{a}_{30\,:\,\overline{2|}} = 1 + v(1-c_1)(1-c_2)$.

(2) 一時払い保険料 A は

$$A = K_1(vq_{30}^A + v^2 p_{30}^* q_{31}^A) + K_2(vq_{30}^B + v^2 p_{30}^* q_{31}^B)$$

$$= vK_1 \cdot c_1(1 - \frac{1}{2}c_2)(1 + v(1-c_1)(1-c_2))$$

$$+ vK_2 \cdot c_2 \left(1 - \frac{1}{2}c_1\right)(1 + v(1-c_1)(1-c_2))$$

$$= v(1 + v(1-c_1)(1-c_2))\left(K_1 c_1 \left(1 - \frac{1}{2}c_2\right) + K_2 c_2 \left(1 - \frac{1}{2}c_1\right)\right)$$

(3) 営業年払い保険料 P^* は $A, \ddot{a}_{30:\overline{2}|}$ を用いると次のようにえられる：

$$P^* \ddot{a}_{30:\overline{2}|} = A + K_1(\alpha_1 + \gamma_1 \ddot{a}_{30:\overline{2}|})$$
$$+ K_2(\alpha_2 + \gamma_2 \ddot{a}_{30:\overline{20}|}) + \beta P^* \ddot{a}_{30:\overline{2}|}.$$

これより

$$P^* = \frac{A + K_1(\alpha_1 + \gamma_1 \ddot{a}_{30:\overline{2}|}) + K_2(\alpha_2 + \gamma_2 \ddot{a}_{30:\overline{20}|})}{(1-\beta)\ddot{a}_{30:\overline{2}|}}.$$

6.5

次の 2 つの再帰式に注意する：

$$\begin{cases} a_{x:\overline{n}|}^{ai} = vp_x^{ai} + vp_x^{aa} a_{x+1:\overline{n-1}|}^{ai} + vp_x^{ai} a_{x+1:\overline{n-1}|}^{i} \\ A_{x:\overline{n}|}^{1\,ai} = vq_x^{ai} + vp_x^{aa} A_{x+1:\overline{n-1}|}^{1\,ai} + vp_x^{ai} A_{x+1:\overline{n-1}|}^{1\,i} \end{cases}$$

これより

$$\begin{cases} c_1 = vc_2 \cdot p_x^{aa} + v(1+c_3) \cdot p_x^{ai} \\ c_4 = vc_8 + vc_5 \cdot p_x^{aa} + vc_6 \cdot p_x^{ai} \end{cases}$$

となるので，これを p_x^{aa}, p_x^{ai} について解くと

$$p_x^{aa} = \frac{(1+c_3)(c_4 - vc_8) - c_1 c_6}{v((1+c_3)c_5 - c_2 c_6)},$$

$$p_x^{ai} = \frac{c_1 c_5 - c_2(c_4 - vc_8)}{v((1+c_3)c_5 - c_2 c_6)}$$

となる．

(2) $p_x^{aa} + p_x^{ai} + q_x^{aa} + q_x^{ai} = 1$ であるので，(1) で求めた p_x^{aa}, p_x^{ai} を代入して v を求めると，

$$v = \frac{c_1(c_5+c_6) - (1+c_2+c_3)c_4}{(1-c_7-c_8)(c_5+c_3c_5-c_2c_6) - (1+c_2+c_3)c_8}$$

となる．

6.6

(1) $l_{33}^{ii} = l_{32}^{ii} + i_{32} - d_{32}^{ii}$ であるので，$i_{32} = c_6 - c_4 + c_5$ となる．よって，

$$q_{32}^i = \frac{2c_5}{c_4+c_5+c_6}$$

となる．

(2)

$$\alpha_1 = \frac{c_4 - c_2 \cdot {}_2p_{30}^i}{c_1}, \quad \alpha_2 = \frac{c_6 - c_2 \cdot {}_3p_{30}^i}{c_1}$$

であるから

$$_2p_{30}^i = \frac{c_4 - c_1\alpha_1}{c_2}, \quad {}_3p_{30}^i = \frac{c_6 - c_1\alpha_2}{c_2}$$

となり，

$$_{2|}q_{30}^i = {}_2p_{30}^i - {}_3p_{30}^i = \frac{c_4 - c_6 - c_1\alpha_1 + c_1\alpha_2}{c_2}$$

となる．

(3) $_{2|}q_{30}^{ai} = \dfrac{c_5 - c_2 \cdot {}_{2|}q_{30}^i}{c_1} = \dfrac{c_5 - c_4 + c_6 + c_1\alpha_1 - c_1\alpha_2}{c_1}$.

(4) $p_{32}^i = 1 - q_{32}^i$ であるから

$$p_{32}^i = \frac{c_4 - c_5 + c_6}{c_4 + c_5 + c_6}$$

となる．

(5) $p_{32}^{ai} = \dfrac{l_{33}^{ii} - l_{32}^{ii}p_{32}^i}{l_{32}^{aa}} = \dfrac{c_4c_5 + c_5c_6 + c_6^2 - c_4^2}{c_3(c_4+c_5+c_6)}$.

6.7

(1) まず、
$$_tp^{aa}_{30} = \frac{70-t}{70}e^{-c_1 t}$$

となるので、
$$_tp^{ai}_{30} = \int_0^t \frac{70-u}{70}e^{-c_1 u}\frac{1}{70-u}e^{-c_2(t-u)}\,du$$
$$= \frac{1}{70(c_1-c_2)}(e^{-c_2 t} - e^{-c_1 t})$$

となる.

(2)
$$_{10|}q^{ai}_{30} = \int_{10}^{11} {_tp^{ai}_{30}}\,\mu^{id}_{30+t}\,dt = \frac{c_2}{70(c_1-c_2)}\int_{10}^{11}(e^{-c_2 t} - e^{-c_1 t})\,dt$$
$$= \frac{1}{70(c_1-c_2)}\left(e^{-10c_2}(1-e^{-c_2}) - \frac{c_2}{c_1}e^{-10c_1}(1-e^{-c_1})\right).$$

(3) $q^{(i)}_{30} = \displaystyle\int_0^1 \frac{70-t}{70}e^{-c_1 t}\frac{1}{70-t}dt = \frac{1}{70c_1}(1-e^{-c_1}).$

(4) 求める確率は
$$_{10}p^{ai}_{30} \cdot (1 - {_{10}p^i_{40}}) = \frac{1}{70(c_1-c_2)}(e^{-10c_2} - e^{-10c_1})(1-e^{-10c_2})$$

となる.

6.8

(1) $P = \dfrac{(M^{ii}_{30} - M^{ii}_{60}) - \dfrac{D^{ii}_{30}}{D^{i}_{30}}(M^{i}_{30} - M^{i}_{60})}{(N^{aa}_{30} - N^{aa}_{60}) - (R^{aa}_{30} - R^{aa}_{60} - 30M^{aa}_{60})}.$

(2) $l_{40} - \dfrac{l^{ii}_{30}}{l^{i}_{30}}l^{i}_{40}.$

(3) $Pl^{aa}_{30+u}.$

(4) $uPd^{aa}_{30+u-1} + l^{aa}_{30\,u-1|}q^{ai}_{30} = uPd^{aa}_{30+u-1} + \left(d^{ii}_{30+u-1} - l^{ii}_{30}\dfrac{d^{i}_{30+u-1}}{l^{i}_{30}}\right).$

(5)
$$_{10}V^P = \frac{P(N_{30}^{aa} - N_{40}^{aa}) - P(R_{30}^{aa} - R_{40}^{aa} - 10M_{40}^{aa})}{D_{40} - \dfrac{D_{30}^{ii}}{D_{30}^{i}}D_{40}^{i}}$$

$$- \frac{(M_{30}^{ii} - M_{40}^{ii}) - \dfrac{D_{30}^{ii}}{D_{30}^{i}}(M_{30}^{i} - M_{40}^{i})}{D_{40} - \dfrac{D_{30}^{ii}}{D_{30}^{i}}D_{40}^{i}}.$$

(6)
$$_{10}V^F = \frac{1}{D_{40} - \dfrac{D_{30}^{ii}}{D_{30}^{i}}D_{40}^{i}}$$

$$\times \left\{ 10P(M_{40}^{aa} - M_{60}^{aa}) + P(R_{40}^{aa} - R_{60}^{aa} - 20M_{60}^{aa}) \right.$$

$$\left. + (M_{40}^{ii} - M_{60}^{ii}) - \dfrac{D_{30}^{ii}}{D_{30}^{i}}(M_{40}^{i} - M_{60}^{i}) - P(N_{40}^{aa} - N_{60}^{aa}) \right\}.$$

6.9

(1) 30年度に就業不能になっても免除する保険料はないので，特約の一時払い保険料は次のようになる：

$$P_0 \cdot a_{30:\overline{29|}}^{a(i:\overline{20|})} = P_0 \left(a_{30:\overline{29|}}^{ai} - v^{20}{}_{20}p_{30}^{aa} \cdot a_{50:\overline{9|}}^{ai} \right).$$

特約が有効なのは 50 歳までの 20 年間 (49 歳と 50 歳の間で就業不能になっても 50 歳から 59 歳までの P_0 の払い込みは免除されることに注意) 特約の年払い保険料を P とすると

$$P\ddot{a}_{30:\overline{20|}}^{aa} = P_0 \left(a_{30:\overline{29|}}^{ai} - v^{20}{}_{20}p_{30}^{aa} \cdot a_{50:\overline{9|}}^{ai} \right)$$

より P は求まる．

(2) 就業者契約のとき

$$V = P_0 \cdot a_{40:\overline{19|}}^{a(i:\overline{10|})} - P\ddot{a}_{40:\overline{10|}}^{aa}$$

就業者不能契約のとき

$$_{10}\tilde{V} = P_0 \cdot \ddot{a}^i_{40:\,\overline{20|}}.$$

6.10

(1) 収支相等の関係式をたてると次のようになる：

$$P\ddot{a}^{aa}_{30:\,\overline{35|}} = K_1 v^{35}{}_{35}p^{aa}_{30} + K_2 \sum_{t=1}^{35} v^t \ddot{a}_{\overline{35-t|}} \left({}_{t-1|}q^{aa}_{35} + {}_{t-1|}q^{(i)}_{35}\right)$$

$$= K_1 v^{35}{}_{35}p^{aa}_{30} + K_2(\ddot{a}_{\overline{35|}} - \ddot{a}^{aa}_{30:\,\overline{35|}}).$$

これより，

$$P = \frac{K_1 v^{35}{}_{35}p^{aa}_{30} + K_2(\ddot{a}_{\overline{35|}} - \ddot{a}^{aa}_{30:\,\overline{35|}})}{\ddot{a}^{aa}_{30:\,\overline{35|}}}.$$

(2) $_{10}V = K_1 v^{25}{}_{25}p^{aa}_{40} + K_2(\ddot{a}_{\overline{25|}} - \ddot{a}^{aa}_{40:\,\overline{25|}}) - P\ddot{a}^{aa}_{40:\,\overline{25|}}.$

(3) $_{10}\tilde{V} = K_2 \ddot{a}_{\overline{25|}}.$

(4) $_{t-1}V + P = v_t V p^{aa}_{30+t-1} + v_t \tilde{V}(1 - p^{aa}_{30+t-1}).$

6.11

(1) 収支相等の関係式は次のようになる：

$$P\ddot{a}^{aa}_{x:\,\overline{n|}} = K_1 v^n {}_n p^{aa}_x + K_2 v^n {}_n p^{ai}_x + P\sum_{t=1}^{n} \ddot{a}_{\overline{t|}}\left({}_{t-1|}q^{aa}_x + {}_{t-1|}q^{(i)}_x\right)$$

$$= K_1 v^n {}_n p^{aa}_x + K_2 v^n {}_n p^{ai}_x + P(\ddot{a}^{aa}_{x:\,\overline{n|}} - \ddot{a}_{\overline{n|}}{}_n p^{aa}_x).$$

これより

$$P = \frac{K_1 {}_n p^{aa}_x + K_2 {}_n p^{ai}_x}{\ddot{s}_{\overline{n|}}{}_n p^{aa}_x}$$

となる．

(2)

$$_tV = K_1 v^{n-t}{}_{n-t}p^{aa}_{x+t} + K_2 v^{n-t}{}_{n-t}p^{ai}_{x+t}$$

$$+ P\sum_{u=1}^{n-t} v^u \ddot{s}_{\overline{t+u|}}\left({}_{u-1|}q^{aa}_{x+t} + {}_{u-1|}q^{(i)}_{x+t}\right) - P\ddot{a}^{aa}_{x+t:\,\overline{n-t|}}.$$

$\ddot{s}_{\overline{t+u|}} = (1+i)^t \ddot{s}_{\overline{u|}} + \ddot{s}_{\overline{t|}}$ なので次が成立する：

$$\sum_{u=1}^{n-t} v^u \ddot{s}_{\overline{t+u|}} \left({}_{u-1|}q^{aa}_{x+t} + {}_{u-1|}q^{(i)}_{x+t} \right)$$
$$= (1+i)^t \sum_{u=1}^{n-t} \ddot{a}_{\overline{u|}} \left({}_{u-1|}q^{aa}_{x+t} + {}_{u-1|}q^{(i)}_{x+t} \right)$$
$$+ \ddot{s}_{\overline{t|}} \left(A^{1\ aa}_{x+t:\,\overline{n-t|}} + A^{(i)}_{x+t:\,\overline{n-t|}} \right)$$
$$= (1+i)^t \left(\ddot{a}^{aa}_{x+t:\,\overline{n-t|}} - \ddot{a}_{\overline{n-t|}}\, {}_{n-t}p^{aa}_{x+t} \right)$$
$$+ \ddot{s}_{\overline{t|}} \left(A^{1\ aa}_{x+t:\,\overline{n-t|}} + A^{(i)}_{x+t:\,\overline{n-t|}} \right).$$

よって，

$$\begin{aligned} {}_tV &= K_1 v^{n-t}\, {}_{n-t}p^{aa}_{x+t} + K_2 v^{n-t}\, {}_{n-t}p^{ai}_{x+t} \\ &\quad + P(1+i)^t \left(\ddot{a}^{aa}_{x+t:\,\overline{n-t|}} - \ddot{a}_{\overline{n-t|}}\, {}_{n-t}p^{aa}_{x+t} \right) \\ &\quad + P\ddot{s}_{\overline{t|}} \left(A^{1\ aa}_{x+t:\,\overline{n-t|}} + A^{(i)}_{x+t:\,\overline{n-t|}} \right) - P\ddot{a}_{x+t:\,\overline{n-t|}} \end{aligned}$$

となる．

(3) ${}_t\tilde{V} = K_2 v^{n-t}\, {}_{n-t}p^i_{x+t}.$

6.12

まず，

$$-\int_0^t \frac{d}{du} {}_up_x\, du = \frac{1}{(\omega_1 - x)(\omega_2 - x)} \int_0^t (\omega_1 + \omega_2 - 2x - 2u)\, du$$

より

$${}_tp_x = \frac{(\omega_1 - x - t)(\omega_2 - x - t)}{(\omega_1 - x)(\omega_2 - x)} \tag{A.4}$$

となる．

また，

$${}_tp_x = \exp\left\{ -\int_0^t \mu^A_{x+u}\, du \right\} \cdot \exp\left\{ -\int_0^t \mu^B_{x+u}\, du \right\}$$

$$= \frac{\omega_1 - x - t}{\omega_1 - x} \cdot \exp\left\{-\int_0^t \mu_{x+u}^B \, du\right\} \tag{A.5}$$

であるので，(A.4), (A.5) より

$$-\int_0^t \mu_{x+u}^B \, du = \log(\omega_2 - x - t) - \log(\omega_2 - x)$$

となるので，両辺を t で微分すると

$$\mu_{x+t}^B = \frac{1}{\omega_2 - x - t}$$

となり，

$$\mu_x^B = \frac{1}{\omega_2 - x}$$

となる．

$$c_1 = 1 - \exp\left\{-\int_0^1 \mu_{30+u}^A \, du\right\} = 1 - \frac{\omega_1 - 31}{\omega_1 - 30} \Longrightarrow \omega_1 = 30 + \frac{1}{c_1}.$$

また

$$c_2 = p_{30}^* = \frac{\omega_1 - 31}{\omega_1 - 30} \cdot \frac{\omega_2 - 31}{\omega_2 - 30} = (1 - c_1) \cdot \frac{\omega_2 - 31}{\omega_2 - 30}$$

$$\Longrightarrow \omega_2 = \frac{31c_1 + 30c_2 - 31}{c_1 + c_2 - 1}$$

であるので

$$_2q_{30}^B = \int_0^2 {}_u p_{30} \mu_{30+u}^B \, du$$

$$= \frac{1}{(\omega_1 - 30)(\omega_2 - 30)} \int_0^2 (\omega_1 - 30 - u) \, du$$

$$= \frac{2c_1 c_2}{1 - c_1}$$

となる．

●——第7章演習問題

7.1

(1) (A) ${}_tp_y$ (B) $\ddot{a}_{y+t:\overline{n-t+1|}}$

(2) (C) ${}_{t-1}p_{\overline{x+1\,y+1}}$ (D) q_y (E) ${}_{t-1}p_{x+1}$
(F) p_y (G) q_x (H) ${}_{t-1}p_{y+1}$

(3) (I) p_{xy} (J) $\ddot{a}_{x+1,y+1:\overline{n-1|}}$

(4) (K) $\ddot{a}_{\overline{x+1\,y+1}:\overline{n-1|}}$ (L_1) p_x (L_2) q_y (M) $\ddot{a}_{x+1:\overline{n-1|}}$
(N_1) p_y (N_2) q_x (O) $\ddot{a}_{y+1:\overline{n-1|}}$

(5) (P) $a_{x|y:\overline{n_1|}}$ (Q) $v^{n_1}{}_{n_1}p_x{}_{n_1}p_y$ (R) $v^{n_1}{}_{n_1}q_x{}_{n_1}p_y \cdot a_{y+n_1:\overline{n_2|}}$

7.2

(1) (30) の死亡時点に着目すると，求める確率は次のようになる：

$$\int_0^3 {}_uq_{20}\, {}_up_{30}\, \mu_{30+u}\, du + \int_3^{10} {}_up_{30}\, \mu_{30+u} \cdot {}_{u-3}p_{20}\, {}_3q_{20+u-3}\, du$$

$$= {}_3q_{30} - {}_3q_{20,30}^{\;1}$$

$$+ \int_3^{10} {}_up_{30}\, \mu_{30+u} \cdot {}_{u-3}p_{20}\, du - \int_3^{10} {}_up_{30}\, \mu_{30+u} \cdot {}_up_{20}\, du$$

$$= {}_3q_{30} - {}_{10}q_{20,30}^{\;1}$$

$$+ \int_0^7 {}_{t+3}p_{30}\, \mu_{33+t} \cdot {}_tp_{20}\, dt - \int_0^7 {}_{t+3}p_{30}\, \mu_{33+t} \cdot {}_{t+3}p_{20}\, dt$$

$$= {}_3q_{30} - {}_{10}q_{20,30}^{\;1} + {}_3p_{30}\, {}_7q_{33,20}^{\;1} - {}_3p_{30}\, {}_3p_{20}\, {}_7q_{33,23}^{\;1}$$

$$= 1 - c_1 - c_2 + c_1 c_3 - c_1 c_4 c_5.$$

(2) (20) の死亡時点に着目する：

$$\int_0^7 {}_up_{20}\, \mu_{20+u}\, {}_up_{30}\, {}_3q_{30+u}\, du + \int_7^{10} {}_up_{20}\, \mu_{20+u}\, {}_up_{30}\, {}_{10-u}q_{30+u}\, du$$

$$= \int_0^7 {}_up_{20,30}\, \mu_{20+u}\, (1 - {}_3p_{30+u})\, du$$

$$+ \int_7^{10} {}_up_{20,30}\, \mu_{20+u}\, (1 - {}_{10-u}p_{30+u})\, du$$

$$= \int_0^7 {}_u p_{20,30}\, \mu_{20+u}\, du - \int_0^7 {}_3 p_{30}\, {}_u p_{33}\, {}_u p_{20}\, \mu_{20+u}\, du$$
$$+ \int_7^{10} {}_u p_{30}\, {}_u p_{20}\, \mu_{20+u}\, du - \int_7^{10} {}_{10} p_{30}\, {}_u p_{20}\, \mu_{20+u}\, du$$
$$= {}_{10}q_{20,30}^{\,1} - {}_3 p_{30}\, {}_7 q_{33,20}^{\,1}$$
$$+ \left({}_{10}q_{20,30}^{\,1} - {}_7 q_{20,30}^{\,1}\right) - {}_{10}p_{30}({}_7 p_{20} - {}_{10}p_{20})$$
$$= c_3 - c_1 c_4 + c_3 - c_4 - c_7(c_5 - c_8).$$

7.3

(1) (30) の死亡時点を $3 < u < 10$ とすると $u-3$ 時点までに (20) は死亡していなくてはならないので求める確率は次のようになる.

$$\int_3^{10} {}_u p_{30}\, \mu_{30+u} \cdot {}_{u-3}q_{20}\, du$$
$$= \int_0^7 {}_{t+3}p_{30}\, \mu_{33+t} \cdot {}_t q_{20}\, dt$$
$$= {}_3 p_{30} \left(\int_0^7 {}_t p_{33}\, \mu_{33+t}\, dt - \int_0^7 {}_t p_{33}\, \mu_{33+t} \cdot {}_t p_{20}\, dt \right)$$
$$= {}_3 p_{30} \left({}_7 q_{33} - {}_7 q_{33,20}^{\,1} \right)$$

よって，(A) ${}_7 q_{33}$ (B) ${}_7 q_{33,20}^{\,1}$.

(2) (30) の死亡時点を $2 < u$ とすると，$u-2$ では (20) は既に死亡し，$u+2$ で (40) が生存していれば良いので，求める確率は次のようになる：

$$\int_2^{\infty} {}_u p_{30} \mu_{30+u} \cdot {}_{u-2}q_{20} \cdot {}_{u+2}p_{40}\, du$$
$$= \int_2^{\infty} {}_u p_{30} \mu_{30+u} \cdot (1 - {}_{u-2}p_{20}) \cdot {}_2 p_{40\,u}p_{42}\, du$$
$$= {}_2 p_{40} \int_2^{\infty} {}_u p_{30} \mu_{30+u} \cdot {}_u p_{42}\, du$$
$$\quad - {}_2 p_{40} \int_2^{\infty} {}_u p_{30} \mu_{30+u} \cdot {}_{u-2}p_{20\,u}p_{42}\, du$$

$$\begin{aligned}
&= {}_2p_{40} \left({}_\infty q^{\,1}_{30,42} - {}_2q^{\,1}_{30,42} \right) \\
&\quad - {}_2p_{40} \cdot {}_2p_{30} \cdot {}_2p_{42} \int_0^\infty {}_tp_{32}\mu_{32+t} \cdot {}_tp_{20} \cdot {}_tp_{44}\, dt \\
&= {}_2p_{40} \left({}_\infty q^{\,1}_{30,42} - {}_2q^{\,1}_{30,42} \right) - {}_2p_{30} \cdot {}_4p_{40} \cdot {}_\infty q^{\,1}_{32,20,44}.
\end{aligned}$$

よって, (C) ${}_2p_{40}$, (D) ${}_\infty q^{\,1}_{30,42}$, (E) ${}_2q^{\,1}_{30,42}$, (F) ${}_4p_{40}$, (G) ${}_\infty q^{\,1}_{32,20,44}$ となる.

7.4

(30) の死亡から 10 年以上経ってから (25) が死亡したとき, 即時に保険金 1 が支払われる保険の一時払い保険料が c_1 であるので

$$\begin{aligned}
c_1 &= \int_{10}^\infty v^t \, {}_tp_{25}\mu_{25+t} \cdot {}_{t-10}q_{30}\, dt \\
&= \int_0^\infty v^{10+u} \, {}_{10+u}p_{25}\mu_{35+u} \cdot {}_uq_{30}\, du \\
&= v^{10}\, {}_{10}p_{25} \int_0^\infty v^u \, {}_up_{35}\mu_{35+u} \cdot {}_uq_{30}\, du \\
&= c_2 \cdot \bar{A}^{\,2}_{35,30}
\end{aligned}$$

となり, $\bar{A}^{\,2}_{35,30} = \dfrac{c_1}{c_2}$ となる.

また, (25) の死亡時に (30) が生存しているかまたは (30) の死亡から 10 年以内であるとき, 保険金 1 が即時に支払われる保険の一時払い保険料を $\bar{A}$ とすると,

$$\begin{aligned}
\bar{A} &= \bar{A}^{\,1}_{25:\overline{10|}} + \int_{10}^\infty v^u \, {}_up_{25}\mu_{25+u} \cdot {}_{u-10}p_{30}\, du \\
&= \bar{A}^{\,1}_{25:\overline{10|}} + \int_0^\infty v^{10+t} \, {}_{t+10}p_{25}\mu_{35+t} \cdot {}_tp_{30}\, du \\
&= \bar{A}^{\,1}_{25:\overline{10|}} + v^{10}\, {}_{10}p_{25} \int_0^\infty v^t \, {}_tp_{35}\mu_{35+t} \cdot {}_tp_{30}\, du \\
&= c_4 + c_2 \bar{A}^{\,1}_{35,30}
\end{aligned}$$

となる.

$\bar{A}^{\,1}_{35,30} + \bar{A}^{\,2}_{35,30} = \bar{A}_{35} = c_3$ となるので

$$\bar{A}^1_{35,30} = \bar{A}_{35} - \bar{A}^2_{35,30}$$
$$= c_3 - \frac{c_1}{c_2} = \frac{c_2 c_3 - c_1}{c_2}$$

であるので，

$$\bar{A} = c_4 + c_2 \cdot \frac{c_2 c_3 - c_1}{c_2} = c_4 + c_2 c_3 - c_1$$

となる．

7.5

(1) 収支相等の関係式は

$$P(0.6\ddot{a}_{30,2:\,\overline{20|}} + 0.4\ddot{a}_{28,2:\,\overline{20|}} + v^{20}{}_{20}p_{30,28,2} \cdot \ddot{a}_{22:\,\overline{3|}}$$
$$+ 0.4v^{20}{}_{20}q_{30} \cdot {}_{20}p_{28,2} \cdot \ddot{a}_{22:\,\overline{3|}} + 0.6v^{20}{}_{20}q_{28} \cdot {}_{20}p_{30,2} \cdot \ddot{a}_{22:\,\overline{3|}} + {}_{23|}\ddot{a}_2)$$
$$= A^1_{30,2:\,\overline{20|}} + 0.6 \cdot a_{30|2:\,\overline{20|}} + 0.5 \cdot A^1_{28,2:\,\overline{20|}} + 0.4a_{28|2:\,\overline{20|}} + {}_{23|}A_2$$

となり，これより P が定まる．

(2) 将来法で考えると

$$_{10}V = A^1_{40,12:\,\overline{10|}} + 0.6a_{40|12:\,\overline{10|}} + 0.5A^1_{38,12:\,\overline{10|}} + 0.4a_{38|12:\,\overline{10|}} + {}_{13|}A_{12}$$
$$- P(0.6\ddot{a}_{40,12:\,\overline{10|}} + 0.4\ddot{a}_{38,12:\,\overline{10|}} + v^{10}{}_{10}p_{40,38,12}\ddot{a}_{22:\,\overline{3|}}$$
$$+ 0.4v^{10}{}_{10}q_{40} \cdot {}_{10}p_{38,12}\ddot{a}_{22:\,\overline{3|}} + 0.6v^{10}{}_{10}q_{38} \cdot {}_{10}p_{40,12}\ddot{a}_{22:\,\overline{3|}} + {}_{13|}\ddot{a}_{12})$$

となる．

(3)

$$_{10}\hat{V} = A^1_{40,12:\,\overline{10|}} + 0.6a_{40|12:\,\overline{10|}} + 0.4\ddot{a}_{12:\,\overline{11|}} + {}_{13|}A_{12}$$
$$- P(0.6\ddot{a}_{40,12:\,\overline{10|}} + 0.6v^{10}{}_{10}p_{40,12}\ddot{a}_{22:\,\overline{3|}} + {}_{13|}\ddot{a}_{12}).$$

(4)

$$_{10}\tilde{V} = 0.5A^1_{38,12:\,\overline{10|}} + 0.4a_{38|12:\,\overline{10|}} + 0.6\ddot{a}_{12:\,\overline{11|}} + {}_{13|}A_{12}$$
$$- P(0.4\ddot{a}_{38,12:\,\overline{10|}} + 0.4v^{10}{}_{10}p_{38,12}\ddot{a}_{22:\,\overline{3|}} + {}_{13|}\ddot{a}_{12}).$$

(5) $\quad _{10}\overline{V} = \ddot{a}_{12:\overline{11|}} + _{13|}A_{12} - P_{13|}\ddot{a}_{12}.$

(6)
$$P + {}_tV = vp_{30+t,28+t,2+y} \cdot {}_{t+1}V + vq_{30+t}p_{28+t,2+t}{}_{t+1}\tilde{V}$$
$$+ vq_{28+t}p_{30+t,2+t} \cdot {}_{t+1}\hat{V} + vq_{30+t} \cdot q_{28+t} \cdot p_{2+t} \cdot {}_{t+1}\overline{V}$$
$$+ vq^1_{30+t,2+t} + 0.5vq^1_{28+t,2+t}.$$

● ——第 8 章演習問題

8.1

まず 20 年度末の責任準備金を求めると,
$$_{20}V_{30:\overline{35|}} = 1 - \frac{\ddot{a}_{50:\overline{15|}}}{\ddot{a}_{30:\overline{35|}}} = 0.4898$$
となる. S_1 については $d = \dfrac{0.02}{1.02} = 0.0196$ であるので,
$$0.4898 = S_1(1 - d\ddot{a}_{50:\overline{15|}} + 0.002\ddot{a}_{50:\overline{15|}})$$
より $S_1 = 0.6292$ となる.

S_2 は
$$0.4898 = A^1_{50:\overline{15|}} + 0.001 \cdot \ddot{a}_{50:\overline{15|}} + S_2(A_{50:\overline{15|}}^{1} + 0.001 \cdot \ddot{a}_{50:\overline{15|}})$$
より $S_2 = 0.568$ となる.

8.2

まず, $_7V_{35}$ は
$$_7V_{35} = 1 - \frac{\ddot{a}_{42}}{\ddot{a}_{35}} = 1 - \frac{25.7761}{28.8072} = 0.1052$$
となり, $_7W = 0.1052 - 0.0065 = 0.0987$ となる.

したがって, 払い済み保険金額を S とすると
$$0.0987 = S(1 - d\ddot{a}_{42} + 0.002\ddot{a}_{42})$$
より, $S = 0.180723$ となる.

8.3

$$_{20}V_{30:\overline{35|}} = 1 - \frac{\ddot{a}_{50:\overline{15|}}}{\ddot{a}_{30:\overline{35|}}} = 0.4898,$$

$$_{20}V_{30:\overline{30|}} = 1 - \frac{\ddot{a}_{50:\overline{10|}}}{\ddot{a}_{30:\overline{30|}}} = 0.5984$$

であるので,責任準備金の不足分 $= 0.5984 - 0.4898 = 0.1086$ であるので,これを 10 年間で平準化したときの年払い保険料は

$$\frac{0.1086}{\ddot{a}_{50:\overline{10|}}} = \frac{0.1086}{8.9646} = 0.01211$$

となる.また $P^*_{30:\overline{30|}}$ は $d = 0.0196$ なので

$$P^*_{30:\overline{30|}} = \frac{1 - 0.0196 \cdot 22.3214 + 0.03 + 0.002 \cdot 22.3214}{(1 - 0.03) \cdot 22.3214} = 0.02942$$

となり,求める営業年払い保険料は

$$0.02942 + 0.01211 = 0.04153$$

となる.

8.4

まず旧契約の 20 年度末責任準備金は

$$_{20}V_{30:\overline{35|}} = 1 - \frac{\ddot{a}_{50:\overline{15|}}}{\ddot{a}_{30:\overline{35|}}} = 0.4898$$

である.

次に P^* は

$$P^* \ddot{a}_{50:\overline{10|}} = 2(1 - d\ddot{a}_{50:\overline{10|}}) + 2\alpha + \beta P^* \ddot{a}_{50:\overline{10|}} + 2\gamma \ddot{a}_{50:\overline{10|}}$$

より,

$$P^* = \frac{2(1 - 0.0196 \cdot 8.9646) + 0.06 + 0.004 \cdot 8.9646}{0.97 \cdot 8.9646}$$
$$= 0.2006$$

となり,旧契約の責任準備金を平準化して減算する額は

$$\frac{0.4898}{\ddot{a}_{50:\overline{10|}}} = \frac{0.4898}{8.9646} = 0.05464$$

なので，求める営業年払い保険料は

$$0.2006 - 0.05464 = 0.1460$$

となる．

文献案内

[1] 黒田耕嗣, 斧田浩二, 松山直樹,『アクチュアリー数学入門 [第 3 版]』(アクチュアリー数学シリーズ 1), 日本評論社, 2014.
　——1 次試験の「数学」,「生保数理」,「年金数理」,「損保数理」の概要について述べている.

[2] 黒田耕嗣,『生保年金数理 I (理論編)』(補訂版), 培風館, 2007.
　——アクチュアリー試験の数学と生保数理をコンパクトに学ぶための本.

[3] 田中周二, 小野正昭, 斧田浩二,『年金数理』(アクチュアリー数学シリーズ 3), 日本評論社, 2011.
　——年金数理の本格書. 生保数理を勉強した後に続く本である.

[4] 黒田耕嗣,『保険とファイナンスのための確率論』, 遊星社, 2000.
　——予備知識なく読める保険数理とファイナンスの入門書.

[5] 山内恒人,『生命保険数学の基礎——アクチュアリー数学入門 [第 2 版]』, 東京大学出版会, 2014.
　——生保数理の詳細なテキスト.

[6] Gerber H.U.,*Life insurance mathematics*, Springer, 1997.
　——確率論的立場で書かれている本で読みやすい本である.

　以下は日本アクチュアリー会で出版しているテキストである. (市販はされていない. 日本アクチュアリー会に申し込んで購入.)

[7] 二見隆,『生命保険数学 (上)(下)』(改訂版), 生命保険文化研究所, 1992.

[8] 日本アクチュアリー会編,『損保数理』(平成 23 年 2 月改訂), 日本アクチュアリー会, 2011.

[9] 日本アクチュアリー会編,『年金数理』(平成 27 年 3 月改訂), 日本アクチュアリー会, 2015.

[10] 日本アクチュアリー会編,『モデリング』, 日本アクチュアリー会, 2005.

索 引

● アルファベット
Thiele の微分方程式　　98

● ア行
安全割増　　79
維持費　　75
遺族年金　　67, 173
一時払い純保険料　　37
永久年金　　15
営業保険料　　35, 75, 77
エッシャー原理　　80
延長保険　　189

● カ行
開集団　　21, 108
解約控除　　187
解約返戻金　　187
確定年金　　15
過去法による責任準備金　　87
完全年金　　70
元利均等返済　　17
元利合計　　9
危険保険料　　96
期始払い確定年金　　15
期待値原理　　34, 80
既払い込み保険料返還付き保険　　51, 182
期末払い確定年金　　15
計算基数　　54, 148
現価率　　10

減債基金　　18
ゴムパーツモデル　　171

● サ行
災害入院保険　　84
災害保障特約　　84
再帰式　　60
支出現価　　35
実利率　　11
支払われる保険金の現価の期待値　　135
就業-就業不能脱退残存表　　138
就業-就業不能に関する生命確率　　139
就業-就業不能に関する年金と保険　　145
就業-就業不能に対する脱退力　　153
集金経費　　75
収支相等原理　　35
終身契約　　58
収入現価　　35
将来の支出現価の期待値　　91
将来の収入現価の期待値　　91
将来の保険金 (年金) 支出　　86
将来法による責任準備金　　88
初年度定期式責任準備金　　102
死力　　25
新契約費　　75
据置生命年金　　44
据置定期保険　　42
据置平均余命　　30
生存保険　　34
生存保険の年払い保険料　　47

生命年金　15
生命年金現価　40
責任準備金　86
絶対脱退率　124
全期チルメル式　102
全期払い込み年払い保険料　46
総人口　112
総年齢　115

●タ行
多重脱退残存表　123
脱退力　130
単生命表　143
中央死亡率　116
貯蓄保険料　96
チルメル式責任準備金　100
チルメル割合　101
積立方式　118
定期平均余命　30
定期保険　34
定期保険の年払い保険料　47
定常社会　108
定常状態　108
テイラー展開　7
転化　11
転化回数　11
転換　190

●ナ行
年金現価　15
年払い保険料　46

●ハ行
パーセンタイル原理　80
払い済み保険　188
標準偏差原理　80

ファックラーの再帰式　95
賦課方式　118
付加保険料　75
閉集団　21
保証期間付き年金　71
保険料振替貸付　196
保険料決定原理　77

●マ行
名称利率　11

●ヤ行
養老保険　34
予定事業費　75
予定利率　9
余命　22

●ラ行
略算平均余命　30
利力　11
累加，累減生命年金　51
累加，累減定期保険　49
レキシスの図形　109
連合生命　164
連合生命に関する年金と保険　173
連続払い生命年金　42

●ワ行
割引率　12

プロフィール一覧

◎著者

黒田耕嗣●くろだ・こうじ

1951 年生まれ．東京教育大学大学院理学研究科修士課程修了．理学博士．
ニュージャージー州立大学，慶應義塾大学を経て，日本大学大学院総合基礎科学研究科教授．
専門は確率論，数理物理学，経済物理学．著書に『統計力学』(培風館),『経済リスクと確率論』(日本評論社) などがある．

◎座談会参加者

日笠克巳●ひかさ・かつみ

1947 年生まれ．東京大学理学部数学科卒業．
三井生命保険相互会社 (現・株式会社) 入社後，主計部長，執行役員団体年金部門長，常務取締役経営企画部門長，取締役専務執行役員兼保険計理人などを経て 2013 年 3 月に定年退職．2008 年から 2010 年まで国際アクチュアリー会役員 (2009 年度会長)，2004 年 7 月から 2007 年 3 月まで日本アクチュアリー会理事長，2007 年 4 月から 2010 年 3 月まで会長を歴任した．

今井勇城●いまい・ゆうき

1984 年生まれ．慶應義塾大学経済学部卒業，一橋大学大学院商学研究科修士課程修了．
第一生命保険株式会社団体年金事業部企業年金数理室所属．日本アクチュアリー会準会員．

黒田涼子●くろだ・りょうこ

東京大学工学部物理工学科卒業，同大学大学院数理科学研究科中退．
以後，学習塾講師など 10 年程度職を転々とした後，外資系生命保険会社数社で勤務し，現在はアメリカンファミリー (アフラック) 生命保険会社経営数理部数理企画課所属．日本アクチュアリー会正会員．

| せいめいほけんすうり 生命保険数理 | アクチュアリー数学シリーズ5 |

2016年3月20日 第1版第1刷発行

著 者	黒 田 耕 嗣
発行者	串 崎 浩
発行所	株式会社 日 本 評 論 社

〒170-8474 東京都豊島区南大塚3-12-4
電話 03-3987-8621［販売］
03-3987-8599［編集］

印 刷	藤原印刷
製 本	井上製本所
装 釘	林 健造

Ⓒ Koji KURODA 2016
Printed in Japan　　　　　　　　　ISBN 978-4-535-60717-0

JCOPY〈(社)出版者著作権管理機構 委託出版物〉

本書の無断複写は著作権法上での例外を除き禁じられています．複写される場合は，そのつど事前に，(社)出版者著作権管理機構（電話：03-3513-6969, fax：03-3513-6979, e-mail：info@jcopy.or.jp）の許諾を得てください．

また，本書を代行業者等の第三者に依頼してスキャニング等の行為によりデジタル化することは，個人の家庭内の利用であっても，一切認められておりません．

アクチュアリー数学シリーズ

① アクチュアリー数学入門 [第3版]

黒田耕嗣・斧田浩二・松山直樹●著

アクチュアリーになるための基礎を解説する入門書の第3版。平成25年度までの資格試験出題箇所、CERA試験など、最新情報を追加！

◆本体2,900円+税　ISBN978-4-535-60716-3

- アクチュアリーの業務とは
- アクチュアリー数学のための確率論
- 生命保険数理入門
- 年金数理入門
- 損害保険数理入門
- アクチュアリー試験の先にあるもの

② 経済リスクと確率論

黒田耕嗣●著

保険やファイナンスなどに起こるさまざまなリスクの評価において、確率論がどのように使われているのかを解説する。

◆本体3,000円+税　ISBN978-4-535-60707-1

- 保険やファイナンスのリスクとは
- 確率論概論
- ブラウン運動
- 株価変動過程とブラウン運動
- 生命保険と死亡リスクの数理
- 損害保険とリスク

③ 年金数理

田中周二・小野正昭・斧田浩二●著

個人や企業での需要拡大で関心が高まる「年金」の、制度や背景にある数理、設計方法と、近年の展開について解説する。

◆本体3,200円+税　ISBN978-4-535-60708-8

- 年金制度とは
- 年金数理のための基礎知識
- 財政方式と数理債務
- 定常状態と財政方式の分類
- 財政運営
- 退職給付会計基準
- 公的年金の数理
- 年金数理の革新

④ 損害保険数理

岩沢宏和・黒田耕嗣●著

損害保険の仕組みから、「確率過程論」「コピュラ」など、リスク管理に必要な数学・統計学まで、この一冊で要所を紹介します。

◆本体3,200円+税　ISBN978-4-535-60709-5

- 【座談会】損害保険とアクチュアリー
- 確率分布と確率空間
- 確率過程と条件付き期待値
- クレームの分析とPoisson過程
- サープラス過程と破産確率
- リスク尺度
- 漸近理論
- タリフ理論とGLM(一般化線形モデル)
- 信頼性理論
- 極値理論
- コピュラ

日本評論社　　http://www.nippyo.co.jp/